高考语文整本书阅读有效策略

红楼梦

导读序列化实践探索

曲永辉 著

中国石油大学出版社
CHINA UNIVERSITY OF PETROLEUM PRESS

山东·青岛

图书在版编目(CIP)数据

《红楼梦》导读序列化实践探索/曲永辉著. -- 青岛：中国石油大学出版社，2023.10
ISBN 978-7-5636-7902-7

Ⅰ.①红… Ⅱ.①曲… Ⅲ.①阅读课－高中－教学参考资料 Ⅳ.① G634.333

中国国家版本馆 CIP 数据核字(2023)第 173360 号

书　　名：	《红楼梦》导读序列化实践探索
	《HONGLOUMENG》DAODU XULIEHUA SHIJIAN TANSUO
著　　者：	曲永辉
责任编辑：	高建华　朱纪寒　刘平娟　任玉梅(电话　0532-86981536)
封面设计：	贺　淼
出 版 者：	中国石油大学出版社
	(地址：山东省青岛市黄岛区长江西路66号　邮编：266580)
网　　址：	http://cbs.upc.edu.cn
电子邮箱：	gaojianhua6@163.com
印 刷 者：	青岛北琪精密制造有限公司
发 行 者：	中国石油大学出版社(电话　0532-86983437)
开　　本：	710 mm×1 000 mm　1/16
印　　张：	16
字　　数：	294 千字
版 印 次：	2023 年 10 月第 1 版　2023 年 10 月第 1 次印刷
书　　号：	ISBN 978-7-5636-7902-7
定　　价：	68.00 元

序 言
PREFACE

我到烟台四中工作伊始,就知道红学社和《红楼梦》导读课是学校语文教学的特色之一,是学校语文教学乃至学校的靓丽名片。曲永辉老师就是烟台四中红学社的主要发起者和指导老师。

烟台四中语文教研组自2008年起开设了《红楼梦》导读课,受到学生的热烈欢迎。2012年学校成立了烟台市芝罘区首个中学生红学社,阅读《红楼梦》在校园里蔚然成风。在烟台市教科院语文教研员杨振贤老师和芝罘区教研室语文教研员林春龙老师的指导下,曲永辉老师十几年来潜心研究,笔耕不辍,将研究心得和教学实践进行精选、整理,结文成集——《〈红楼梦〉导读序列化实践探索》。

《红楼梦》位列中国古典四大名著之首,是一部具有世界影响力的世情小说、举世公认的中国古典小说巅峰之作、中国封建社会的百科全书、传统文化的集大成者。梁启超先生曾高度评价《红楼梦》:"以言夫小说,《红楼梦》矍立千古,余皆无足齿数。"红学家泰斗周汝昌先生说:"《红楼梦》是我们中华民族的一部古往今来、绝无仅有的'文化小说'。如果你想要了解中华民族的文化特点特色,最好的——既最有趣味又最为捷便(具体、真切、生动)的办法就是去读通《红楼梦》。"

就高中语文教学而言,《红楼梦》博大精深,蕴含着非常丰富的教育资源。2019年《红楼梦》入选教育部组织编写的高中语文教材"整本书阅读单元",旨在提升学生的阅读鉴赏能力,促进学生对中华优秀传统文化的深入学习和思考,形成正确的世界观、人生观和价值观。这充分体现了《红楼梦》在语文教学中的重要地位。

烟台四中《红楼梦》导读课旨在践行新课改和新高考的理念,以培养学生的学科核心素养为主线,将《红楼梦》错综复杂的内容进行整合梳理,使其条理清晰、内勾外联,既与课内的语文教学融会贯通,又在阅读写作方面加以拓展深化。曲永辉老师结合语文课堂教学和课外阅读,总结出了《红楼梦》导读课的"三步八法",从整体赏析、分回导读、课例展示三个方面入手,采取专题研究法、读写结合法、评点细读法、散点透视法、一线串珠法、比较阅读法、辩论深读法、答疑导读法等八种方法，引导学生对《红楼梦》进行阅读赏析，以导促读、以疑促读、以辩促读、读思结合、读写结合，使学生从中汲取思想、感情、艺术的营养，丰富和深化对历史、社会和人生的认识。

《〈红楼梦〉导读序列化实践探索》见证了烟台四中《红楼梦》导读课和红学社的成长。《红楼梦》导读课的开设是一个良好的开端，本书的出版则是阶段性的成果。在这个过程中，曲永辉老师作为一名语文老师和一个红学爱好者，辛勤耕耘，乐此不疲，收获颇丰。曲永辉老师多次执教公开课，向同行展示《红楼梦》导读的经验和成果；受邀在烟台市中小学阅读工程推进会议上进行典型交流，受到与会领导和同行的好评；主持并参与了"《红楼梦》导读与传统文化""基于整本书阅读的《红楼梦》导读实践研究"等课题的研究工作；指导多名青年教师开设《红楼梦》导读展示课，参加各级各类优质课比赛，均取得了优异成绩。

《〈红楼梦〉导读序列化实践探索》见证了学生综合素养的提升。曲永辉老师以"立德树人"为目标，以《红楼梦》导读为切入点，激发学生的语文学习兴趣，提升学生的文学素养，引导学生树立正确的世界观、人生观、价值观。曲永辉老师热爱阅读和写作，她写的散文多次获奖。在她的影响和鼓励下，很多学生也喜欢上了写作，多名学生在她的辅导下在国家级作文大赛中获特等奖和一等奖。她的学生肖正康、沈兴宇分别于2017年和2019年考入北京大学，另有多名学生考入全国双一流大学，其中肖正康同学高考语文取得了142分的优异成绩。

《〈红楼梦〉导读序列化实践探索》见证了烟台四中浓厚的教研氛围。新课改和新高考对教师提出了更高的要求，为了适应新课改和新高考的要求，学校各学科教研组开展了卓有成效的深度教研。曲永辉老师所在的语文教研组以"《红楼梦》导读"为教研特色，教研风气浓厚，老师们分工合作，协同研究，互勉互学，《红楼梦》导读课得到了推广和普及，教研组的整体实力有了很大提升，受到了烟台市教育局教科院的肯定和表扬。

我很高兴看到《〈红楼梦〉导读序列化实践探索》结集出版。这既是曲永辉老师多年笔耕不辍的结晶，又是烟台四中《红楼梦》导读课教研的成果。本书既有对《红楼梦》原著的深刻感悟，又有与学校教育教学的紧密结合，是一本实用性极强的整本书阅读指导用书。它的出版必将给学校的《红楼梦》导读课及语文教学带来一片新天地。我希望以此为契机，让《红楼梦》导读成为语文教研的"源头活水"，滋润学生的心灵，滋润语文教学的沃野，使之绿意葱茏，诗意盎然！

王　波
2023年4月28日

目 录

上 篇 赏析集锦：含英咀华品深意

诗书贾府观教育 三处世界三境界 2

丝线一缕串珠玉 伏脉千里话"红楼" 5

忆倩影如云曼妙 叹气韵如兰流芳
　　——贾敏形象分析 15

百鸟朝凤谁人及 熙熙攘攘为利来
　　——从名字看王熙凤其人 20

三春争及初春景 深宫榴花惜芳魂
　　——贾元春形象分析 22

黛影钗副孰优劣 芙蓉桃花各芳菲
　　——晴雯、袭人形象对比分析 27

书生意气今何在 红尘梦醒急流津
　　——再读贾雨村 32

琏瑚之间美意显 "二舍"细思意味深
　　——从名字看贾琏其人 35

如柳似莲世家子 玉树临风冷二郎
　　——从名字看柳湘莲其人 39

炼字炼意炼品位 平中见奇意蕴新
　　——以《红楼梦》第十七回至第十八回为例 42

宏大细腻融一体 前后勾连窥一斑
　　——浅析整本书阅读视角下的《红楼梦》第三回 44

读懂"红楼"无限情 滋润心田美之花
　　——《红楼梦》导读课中的德育案例 52

中　篇　分回导读：一字凝萃耀华章

缘：缘起缘落应有时　　彩线牵起千般缘
　　——第一回《甄士隐梦幻识通灵　贾雨村风尘怀闺秀》导读 …………… 62
群：荣辱相连四家族　　利害亲疏以群分
　　——第二回《贾夫人仙逝扬州城　冷子兴演说荣国府》导读 …………… 66
见：慧眼细观荣国府　　宝黛初见三生缘
　　——第三回《贾雨村夤缘复旧职　林黛玉抛父进京都》导读 …………… 72
利：权衡利弊判命案　　平步青云始妄断
　　——第四回《薄命女偏逢薄命郎　葫芦僧乱判葫芦案》导读 …………… 76
游：游幻境道尽天机　　费苦心难警痴顽
　　——第五回《游幻境指迷十二钗　饮仙醪曲演红楼梦》导读 …………… 81
试：贾宝玉梦游动情　　刘姥姥豪门试水
　　——第六回《贾宝玉初试云雨情　刘姥姥一进荣国府》导读 …………… 89
酸：梨香院不期而遇　　林黛玉含酸巧言
　　——第八回《比通灵金莺微露意　探宝钗黛玉半含酸》导读 …………… 92
理：洞若观火理弊端　　雷霆手段肃风气
　　——第十三回《秦可卿死封龙禁尉　王熙凤协理宁国府》导读 …………… 97
威：威震宁府胜须眉　　以儆效尤开新篇
　　——第十四回《林如海捐馆扬州城　贾宝玉路谒北静王》导读 …………… 101
才：锦心绣口蕴佳句　　才情兼美绘大观
　　——第十七回至第十八回《大观园试才题对额　荣国府归省庆元宵》导读 …… 104
谶：无意为文皆成谶　　悲凉之雾被华林
　　——第二十二回《听曲文宝玉悟禅机　制灯谜贾政悲谶语》导读 …………… 110
通：巧借戏语通心意　　偶闻唱词触悲情
　　——第二十三回《西厢记妙词通戏语　牡丹亭艳曲警芳心》导读 …………… 113
泣：戏蝶惊闻隐秘事　　伤春泣成《葬花吟》
　　——第二十七回《滴翠亭杨妃戏彩蝶　埋香冢飞燕泣残红》导读 …………… 118
责：责子心切大冲突　　尺水兴澜众生相
　　——第三十三回《手足眈眈小动唇舌　不肖种种大承笞挞》导读 …………… 122
吟：苦心吟咏觅诗韵　　雕章琢句慕书香
　　——第四十八回《滥情人情误思游艺　慕雅女雅集苦吟诗》导读 …………… 127

年：除夕祭祀彰气派　元宵夜宴显品位
　　——第五十三回《宁国府除夕祭宗祠　荣国府元宵开夜宴》导读 …………… 133
敏：倚云红杏敏而秀　风雅玫瑰玲珑心
　　——第五十六回《敏探春兴利除宿弊　时宝钗小惠全大体》导读 …………… 137
抄：小香囊引大抄检　忆前情现反常事
　　——第七十四回《惑奸谗抄检大观园　矢孤介杜绝宁国府》导读 …………… 145
断：断情缘诗缘尘缘　叹前生今生来生
　　——第九十七回《林黛玉焚稿断痴情　薛宝钗出闺成大礼》导读 …………… 150
归：飞鸟投林觅归宿　雪影绝尘梦无痕
　　——第一二〇回《甄士隐详说太虚情　贾雨村归结红楼梦》导读 …………… 156

下　篇　课例展示："红楼"探幽入佳境

《红楼梦》导读有效策略课例综述 ……………………………………………………… 162
课例一　读开篇浪漫神话　探传统文化密码
　　　　——《红楼梦》前五回三个神话故事的传统文化密码 ………………… 165
课例二　名字背后探深意　会心一笑悟匠心
　　　　——《红楼梦》小说中取名的艺术 …………………………………… 169
课例三　两行平仄蕴诗意　一副佳联寄深情
　　　　——《红楼梦》楹联选析 ……………………………………………… 175
课例四　千红一哭金钗泪　万艳同悲女儿心
　　　　——初识"金陵十二钗"（上） ………………………………………… 181
课例五　千红一哭金钗泪　万艳同悲女儿心
　　　　——初识"金陵十二钗"（中） ………………………………………… 186
课例六　千红一哭金钗泪　万艳同悲女儿心
　　　　——初识"金陵十二钗"（下） ………………………………………… 191
课例七　红楼一梦梦千古　金陵旧影影入心
　　　　——《红楼梦》中的金陵旧影 ………………………………………… 196
课例八　玉在匮中求善价　一曲判词话雨村
　　　　——为贾雨村写判词 …………………………………………………… 201
课例九　字斟句酌悟深意　评点赏析求真章
　　　　——《林黛玉进贾府》导读 …………………………………………… 206

课例十　浓墨重彩画熙凤　哭向金陵事更哀
　　——第十三回《秦可卿死封龙禁尉　王熙凤协理宁国府》导读……209

课例十一　姹紫嫣红撷春色　半片花上看人情
　　——第三回《贾雨村夤缘复旧职　林黛玉抛父进京都》导读……212

课例十二　曲径通幽寻梦处　天上人间写沧桑
　　——第一回《甄士隐梦幻识通灵　贾雨村风尘怀闺秀》赏析……218

课例十三　顽石遇仙通灵性　前世今生不了情
　　——玉的前世今生……225

课例十四　一处花开白海棠　两样情怀看钗黛
　　——薛宝钗、林黛玉《咏白海棠》诗赏析……230

课例十五　赋到沧桑文千古　似曾相识燕归来
　　——《红楼梦》《百年孤独》对比阅读……232

朝圣黄叶村（代后记）……236

参考文献……246

上 篇

赏析集锦：含英咀华品深意

诗书贾府观教育　三处世界三境界

20世纪70年代,红学家余英时先生在《〈红楼梦〉的两个世界》中指出:"曹雪芹在《红楼梦》里创造了两个鲜明而对立的世界,这两个世界,笔者想分别叫它们乌托邦的世界和现实的世界,落实到《红楼梦》这部书中,就是大观园的世界和大观园以外的世界。"近年来,随着红学的发展,不少学者主张将《红楼梦》划分为三个世界,即现实世界、大观园世界和神话世界。这三个世界,关联着贾宝玉的前世今生,贾宝玉在其中完成生命的轮回,经历了生命的成长觉悟。贾宝玉在这三个世界里接受了不同形式的教育,他在这三个世界里所接受的教育,体现着不同人物的教育梦想,也折射出我们当前的教育方式。

风刀霜剑严相逼——现实世界贾政的"科举取第之梦"

《红楼梦》里的应试教育源于中国封建社会科举制度,这是大多数封建学子谋取功名、衣锦还乡、光宗耀祖的唯一途径。宋真宗赵恒的《劝学诗》中的"书中自有千钟粟,书中自有黄金屋,书中自有颜如玉",激励着无数学子在科举之路上锲而不舍,皓首穷经。在《红楼梦》中,最热衷于科举制度的人莫过于贾政了。贾政是贾母的次子,自幼酷爱读书,原欲以科甲出身,因深受皇恩,未经考试,就得赐官。长子贾珠早逝,贾政遂把所有希望寄托在嫡子贾宝玉身上。对贾宝玉的教育,寄托着贾政这个正统的封建士大夫全部的教育梦想。贾政对贾宝玉,一直是严厉有加,冷言冷语,和贾府上下对贾宝玉的宠爱形成鲜明对比。表面上,贾政是贾宝玉最怕的人;而实际上,面对望子成龙的贾政,贾宝玉却是阳奉阴违,确切地说,贾政寄托在贾宝玉身上的教育梦想未能实现。但贾政固执己见,这不是贾政的错,这是封建社会价值观的体现,贾政不过是个代言人、实践者。

贾政追求教育梦想的手段首先是"一言堂"政策。例如八十一回《占旺相四美钓游鱼　奉严词两番入家塾》中,贾宝玉奉贾政之命二入家塾,贾政教导说,单要习学八股文章,并且亲自去告诉私塾老师贾代儒。贾政的严厉教导,并没有使贾宝玉有所触动。当天放学,贾宝玉就在林黛玉面前说:"更可笑是八股文章,拿他诓功名混饭吃还罢了,还要说代圣贤立言。"哪里有压迫,哪里就有反抗,尽管贾宝玉非常害怕贾政,但贾宝玉从没有在精神上屈从于贾政。由此看出,高压政策只会使人貌恭而心不服,并没有实际效果。

其次是"泼冷水"。记得有位哲学家说过,人最强烈的需要是被肯定。而这位贾政老爷,对儿子却是吹毛求疵。如果说第九回贾宝玉入家塾时贾政尖酸刻薄的送行词情有可原的话,那第十七回"大观园试才题对额"贾政的反应就有些不通情理了。贾宝玉在大观园的表现可圈可点，写出了"绕堤柳借三篙翠，隔岸花分一脉香"等雅致清新的句子，贾政虽然挑不出大毛病，但还是拿出老子的权威来压制贾宝玉，没有一句鼓励之语。他一会儿大骂贾宝玉"畜生"，一会儿要把贾宝玉拖出去打，真是侯门深如海，伴父如伴虎。苏联著名的教育家苏霍姆林斯基曾说："多用鼓励式的语言，不用警告式语言。善于鼓舞受教育者，是教育中最宝贵的经验。"贾政望子成龙的心情可以理解，但对孩子无缘无故贬低就不太合情理了。也许正是这种封建家长作风，让贾宝玉和贾政之间的距离越来越远。

最后是"打板子"。中国自古对孩子的教育就信奉"不打不成人，不打不成才"，类似的说法还有"棍棒底下出孝子""小树不修不成材，小孩不打不成器""子不教，父之过"，即所谓的棍棒教育。其实，打孩子是最无能的表现。第三十三回，贾政对贾宝玉"痛下杀手"，是他平日对贾宝玉不满的集中爆发，贾环的挑唆只是导火索。毒打贾宝玉之后，贾宝玉并没有幡然悔悟，依旧我行我素，可见贾政的打只是气急败坏的表现，并没有改变贾宝玉的思想。

在贾宝玉的现实世界中，与贾政形成鲜明对比的是贾母对贾宝玉的宠爱。贾母的宠爱客观上保护了贾宝玉的本性发展，但贾母只是隔辈亲，儿孙绕膝享天伦之乐是这位享尽荣华富贵的老太君的唯一追求。在男权社会中，人见人爱的贾宝玉可以满足老太君的这个要求。贾母对贾宝玉的精神追求没什么了解和认同，贾宝玉也从不在贾母面前说起，只是承欢膝下而已。对于摔玉之举、听说林黛玉回家的疯癫之举，老太君半哄半骗贾宝玉，并没有深究。王夫人对贾宝玉的宠爱，固然有老来得子的成分，但借贾宝玉稳固自身地位的想法也不容忽略。其他人对他的宠爱不过是奉承老太君，投老太君所好罢了。

综上所述，贾宝玉在现实世界中所受的教育是不健全的。贾政的专制式的教育梦想，理性有余，感性不足。这种教育压抑了贾宝玉的心灵，使贾宝玉陷入了心理学上的"习得性无助"的怪圈，使父子之间关系冷漠。老太君和王夫人等的宠爱，感性有余，理性不足，出发点多是利己的、本能的。无论是贾政还是贾母，其教育方式都不是心灵的教育。其实，教育是用智慧去启发智慧，以一颗心去感染另一颗心。然而在诗书簪缨的贾府中，教育是封建思想的传承，教育变得残酷无情，它使父子如仇人，兄弟如陌路。贾府的教育，不是使人性更完美，而是使心灵更扭曲。

姹紫嫣红总是春——大观园世界的"自主合作之梦"

从第二十三回贾元春恩赐诸位姐妹及贾宝玉、李纨来到大观园居住开始,曹雪芹就用诗意的笔触描写大观园的生活。在大观园的日子里,贾宝玉得以暂时摆脱贾政的专制教育,迎来了"柳暗花明又一村"。贾宝玉在大观园的学习成长方式,主要是和诸位姐妹的自主合作学习。从贾探春发起组建海棠社,到史湘云夜拟菊花题,从芦雪广争联即景诗,到暖香坞雅制春灯谜,贾宝玉跟众姐妹写诗赋词,好不快活。在这里,贾宝玉的性情得到了自由发展,他和众姐妹即景赋诗,不再学禄蠹们沽名钓誉的"四书",诗词有感而发,大家互相启发,取长补短,在平等坦诚的气氛中增长学问,在轻松愉悦的环境下品味诗情。特别是有薛宝钗、林黛玉和史湘云等才女的引领和促进,贾宝玉的诗词水平大有长进,写出了"晓风不散愁千点,宿雨还添泪一痕"等佳句。

贾宝玉暂时离开了贾政,彻底与圣贤书隔绝,开始涉猎当时所谓的禁书,如和林黛玉共读《西厢记》,共同领略《西厢记》中令人齿颊生香、余香满口的辞藻,体会张生和崔莺莺细腻真挚的感情。在大观园里,贾宝玉的心灵受到美的熏陶,他呼吸到了自由的空气。见多识广的薛宝琴的到来,更为大观园带来了新鲜的气息,薛宝琴吟诵外国美女创作的诗歌,令姐妹们赞叹不已,这无疑更开阔了贾宝玉的眼界。

大观园的生活,是贾宝玉人生中最幸福快乐的一段时光。大家无拘无束,吟诗作画,生活在一个诗情画意的世界里。自主合作的方式,使贾宝玉从被动、封闭、沉闷的学习气氛中解脱出来,才华喷薄而出,积极性空前绝后。每次诗社聚会,他都欣然参加,写诗作赋,文采飞扬,全无在贾政面前的如临深渊、如履薄冰之态。被贾政批评的贾宝玉,在大观园的自由气氛中,心性舒展,诗词方面长进不少。可以说,作为一个受教育者,大观园的生活符合贾宝玉的"教育梦想"——自主、自由、合作、和谐。

花自飘零水自流——神话世界的"启发点拨之梦"

神话世界也是贾宝玉受教育的一个场所。第五回贾宝玉神游太虚幻境,在梦境中,警幻仙子受其祖之托,使其历经饮馔情色之幻而迷途知返,也是仙界对贾宝玉进行点拨教育的一种方式。但无奈此时贾宝玉并未觉悟,最终堕入迷津。也可以说,此时的贾宝玉仍贪恋红尘,毫无舍弃之念,所以此时警幻仙子的点拨未收到预期的效果。孔子说:"不愤不启,不悱不发。"这告诉我们教育要抓住时机,抓准时机。等到经历了悲欢离合、尝尽了人生苦涩之后,贾宝玉对滚滚红尘的花柳繁华地、富贵温柔乡再了无牵挂,毅然离开凡尘,落得个"白茫茫大地真干净"。应该说,贾宝玉最终出家,并不是一僧一道的点化功夫多么高明,而是时机已到,一切水到渠成。

从贾宝玉的贪恋红尘,到了却尘缘,一僧一道可谓耐心之至,用心良苦。

二人数次在贾宝玉的生活中出现,但在时机尚未成熟之际,并没有强行拉贾宝玉出家,而是等着贾宝玉自悟。可见,顺其自然是二位仙人遵循的原则。不仅对贾宝玉,就是对柳湘莲的点拨还是如此。当冷面冷心的柳湘莲因自己的多疑痛失性情刚烈的尤三姐时,万念俱灰,不知所往,这时,跛足道人适时出现,带领柳二郎超脱凡俗,超脱痛苦。可见,点拨的时机不可等闲视之。适时的点拨,让迷途之人拨云见日,找到了自己的精神家园。

鲁迅先生在评价《红楼梦》时说:"单是命意,就因读者的眼光而有种种:经学家看见《易》,道学家看见淫,才子看见缠绵,革命家看见排满,流言家看见宫闱秘事……"作为教育工作者,我们从《红楼梦》中看到了不同人物不同的教育梦想。

全国特级教师窦桂梅说:"教育的真谛在于将知识转化为智慧,将文化沉淀为人格。"让我们从《红楼梦》中汲取教育智慧,让自己的教育之路与书香相伴,与花香同行!

丝线一缕串珠玉　伏脉千里话"红楼"

脂砚斋评价《红楼梦》"草蛇灰线,伏脉千里",这八个字比喻事物留下隐约可寻的线索和气象。《红楼梦》作为网状结构的小说,由几位线索人物串起全书。今天我们一起来探讨一下《红楼梦》中的线索人物。

首先明确什么是线索人物。线索人物就是指这个人物贯穿始终,由其引出故事或主要人物,推动情节的发展。在通读全书后,我们就可以确定哪些人物是《红楼梦》中的线索人物。

他们分别是下凡历劫的顽石、度化世人的一僧一道、看破红尘出家的甄士隐、见证贾府兴衰的贾雨村和刘姥姥。

一、顽石

我们一起看一下第一个线索人物——顽石的来龙去脉。

原来女娲氏炼石补天之时,于大荒山无稽崖炼成高经十二丈、方经二十四丈顽石三万六千五百零一块。娲皇氏只用了三万六千五百块,只单单剩了一块未用,便弃在此山青埂峰下。谁知此石自经煅炼之后,灵性已通,因见众石俱得补天,独自己无材不堪入选,遂自怨自叹,日夜悲号惭愧。

…………

这石凡心已炽,那(哪)里听得进这话去,乃复苦求再四。二仙知不可强制,乃叹道:"此亦静极思动,无中生有之数也。既如此,我们便携你去受享受享,只是到不得意时,切莫后悔。"石道:"自然,自然。"那僧又道:"若说你性灵,却又如此质蠢,并更无奇贵之处。如此也只好踮脚而已。也罢,我如今大施佛法助你助,待劫终之日,复还本质,以了此案。你道好否?"石头听了,感谢不尽。那僧便念咒书符,大展幻术,将一块大石登时变成一块鲜明莹洁的美玉,且又缩成扇坠大小的可佩可拿。那僧托于掌上,笑道:"形体倒也是个宝物了!还只没有实在的好处,须得再镌上数字,使人一见便知是奇物方妙。然后携你到那昌明隆盛之邦,诗礼簪缨之族,花柳繁华地,温柔富贵乡去安身乐业。"……

——第一回《甄士隐梦幻识通灵　贾雨村风尘怀闺秀》

首先梳理一下书中关于顽石的情节。在第一回中,作者对顽石的来历有了明确而详细的交代,我们之前也在三个神话故事中了解了相关内容。一僧一道将顽石变形为美玉,刻上字,使之投胎于诗礼簪缨之族,历劫终了后,又让它回到原地。

在第八回中,又出现了顽石的情节。薛宝钗要看贾宝玉佩戴的"通灵宝玉"。作者在此处有一段插叙交代,这块玉其实很小,但为了读者观赏方便,书中绘制了美玉的样式。

……那顽石亦曾记下他这幻相并癞僧所镌的篆文,今亦按图画于后。但其真体最小,方能从胎中小儿口内衔下。今若按其体画,恐字迹过于微细,使观者大废(费)眼光,亦非畅事。故今只按其形式,无非略展些规矩,使观者便于灯下醉中可阅。今注明此故,方无胎中之儿口有多大,怎得衔此狼犺蠢大之物等语之谤。

——第八回《比通灵金莺微露意　探宝钗黛玉半含酸》

——此时自己回想当初在大荒山中,青埂峰下,那等凄凉寂寞;若不亏癞僧、跛道二人携来到此,又安能得见这般世面。本欲作一篇《灯月赋》《省亲颂》,以志今日之事,但又恐入了别书的俗套。按此时之景,即作一赋一赞,也不能形容得尽其妙;即不作赋赞,其豪华富丽,观者诸公亦可想而知矣。所以倒是省了这工夫纸墨,且说正经的为是。

——第十七回至第十八回《大观园试才题对额　荣国府归省庆元宵》

这是第十七回至第十八回当中的内容,记叙了顽石目睹贾元春省亲的奢华场景时的心理感受。这块石头除了拥有红尘梦,还怀着一个作家梦。第一二○回当中,石头回到了故乡,恢复了原形,在大荒山青埂峰下的石头上写了自己的生平所历。石头上的故事被空空道人发现了,首尾内容如下:

后来,又不知过了几世几劫,因有个空空道人访道求仙,忽从这大荒山无稽崖青埂峰下经过,忽见一大块石上字迹分明,编述历历。空空道人乃从头一看,原来就是无材补天,幻形入世,蒙茫茫大士、渺渺真人携入红尘,历尽离合悲欢炎凉世态的一段故事。后面又有一首偈云：

> 无材可去补苍天，枉入红尘若许年。
> 此系身前身后事，倩谁记去作奇传？

诗后便是此石坠落之乡，投胎之处，亲自经历的一段陈迹故事。其中家庭闺阁琐事，以及闲情诗词倒还全备，或可适趣解闷；然朝代年纪、地舆邦国却反失落无考。

——第一回《甄士隐梦幻识通灵　贾雨村风尘怀闺秀》

……那僧道说："情缘尚未全结，倒是那蠢物已经回来了。还得把他送还原所，将他的后事叙明，不枉他下世一回。"士隐听了，便拱手而别。那僧道仍携了玉到青埂峰下，将宝玉安放在女娲炼石补天之处，各自云游而去……

——第一二〇回《甄士隐详说太虚情　贾雨村归结红楼梦》

第一二〇回当中，空空道人又经过青埂峰，想把《石头记》传于后人，于是找到急流津觉迷渡口的贾雨村，让他去找悼红轩的曹雪芹，经曹雪芹再次加工助力，写成此书。以上这几段文字，按照时间的顺序串起了这块顽石的前世今生。石头经一僧一道点化后，变身为贾宝玉佩戴的"通灵宝玉"。"通灵宝玉"下凡历劫，随贾宝玉见证了贾府的兴衰后，又回到大荒山无稽崖青埂峰下恢复原形，将所见所闻刻于石上，名曰《石头记》。所以说，石头是写作者、亲历者、旁观者和贾宝玉的护佑者，说它是"线索人物"，应该当之无愧。

"通灵宝玉"除了在书中起线索作用外，还有其他的作用。联系相关内容，我们不难看出，它的不同流俗和贾宝玉的命运息息相关，它的身上体现了作者的感慨：好事多磨。那么，"通灵宝玉"对贾宝玉本人有什么作用呢？我们可以从一僧一道刻的字当中窥见一斑。"通灵宝玉"正面刻的是"莫失莫忘，仙寿恒昌"，意思是如果戴在身上，可以长寿吉祥。反面是"一除邪祟，二疗冤疾，三知祸福"。我们从后面的情节中可以看出"通灵宝玉"的三大功效。

"通灵宝玉"的第一个功效是"除邪祟"。

……看看三日光阴，那凤姐和宝玉躺在床上，益发连气都将没了。合家人口无不惊慌，都说没了指望……

…………

正闹的（得）天翻地覆，没个开交，只闻得隐隐的木鱼声响，念了一句："南无解冤孽菩萨。有那人口不利，家宅颠倾，或逢凶险，或中邪祟者，我们善能医治。"贾母、王夫人听见这些话，那（哪）里还耐得住，便命人去快请进来。……众人举目看时，原来是一个癞头和尚与一个跛足道人。……

…………

……贾政听这话有意思，心中便动了，因说道："小儿落草时虽带了一块宝玉下来,上面说能除邪祟,谁知竟不灵验。"那僧道:"长官你那(哪)里知道那物的妙用。只因他如今被声色货利所迷,故不灵验了。你今且取他出来,待我们持诵持诵,只怕就好了。"

——第二十五回《魇魔法姊弟逢五鬼　红楼梦通灵遇双真》

从以上内容我们可以看出,在赵姨娘和马道婆联手用魔法对贾宝玉和王熙凤进行陷害时,"通灵宝玉"表现出除邪祟的神奇功效,使叔嫂二人起死回生。

"通灵宝玉"的第二个功效是疗冤疾。疗冤疾是什么意思呢?我们看一下第二十九回的内容:

那贾母见他两个都生了气,只说趁今儿那边看戏,他两个见了也就完了,不想又都不去。老人家急的(得)抱怨说:"我这老冤家是那(哪)世里的孽障,偏生遇见了这么两个不省事的小冤家,没有一天不叫我操心。真是俗语说的,'不是冤家不聚头'。……"自己抱怨着也哭了。这话传入宝林二人耳内。原来他二人竟是从未听见过"不是冤家不聚头"的这句俗语,如今忽然得了这句话,好似参禅的一般,都低头细嚼此话的滋味,都不觉潸然泣下。虽不曾会面,然一个在潇湘馆临风洒泪,一个在怡红院对月长吁,却不是人居两地,情发一心!

——第二十九回《享福人福深还祷福　痴情女情重愈斟情》

……宝玉点头叹道:"好妹妹,你别哄我。果然不明白这话,不但我素日之意白用了,且连你素日待我之意也都辜负了。你皆因总是不放心的原(缘)故,才弄了一身病。但凡宽慰些,这病也不得一日重似一日。"

…………

……(贾宝玉)说道:"好妹妹,我的这心事,从来也不敢说,今儿我大胆说出来,死也甘心!我为你也弄了一身的病在这里,又不敢告诉人,只好掩着。只等你的病好了,只怕我的病才得好呢。……"

——第三十二回《诉肺腑心迷活宝玉　含耻辱情烈死金钏》

……谁知宝玉见了紫鹃,方嗳呀(哎呀)了一声,哭出来了……

谁知宝玉一把拉住紫鹃,死也不放,说:"要去连我也带了去。"众人不解,细问起来,方知紫鹃说"(林黛玉)要回苏州去"一句顽话引出来的……

——第五十七回《慧紫鹃情辞试忙玉　慈姨妈爱语慰痴颦》

我们从以上文字中可以找到答案。在第二十九回当中,宝黛闹矛盾,贾母抱怨说,偏生遇见了这么两个不省事的小冤家,正对应了俗语说的"不是冤家不聚头"。这里的"冤家"指的是相爱相杀的有情男女,在这里用来指代宝黛二人确实是再合适不过了。

我们再来看"疾"的意思。在第三十二回中，贾宝玉对林黛玉说："你皆因总是不放心的原（缘）故，才弄了一身病……我为你也弄了一身病在这里，又不敢告诉人，只好掩着。只等你的病好了，只怕我的病才得好呢。"我们再看第五十七回，紫鹃对贾宝玉说，林黛玉要回原籍。贾宝玉当时犯病，失魂落魄，呆若木鸡。后来紫鹃说自己说的是玩笑话，贾宝玉这才恢复了原样。

这个病是相思病，是少男少女那种剪不断理还乱、说不清的朦胧情愫。"疗冤疾"在红学界没有一个固定的说法，我们可以这样来理解，这个"冤疾"是贾宝玉和林黛玉有情人不能成为眷属的遗憾，而"木石前盟"的真情弥补了此生的遗憾。随着林黛玉的去世，贾宝玉了却尘缘出家，"通灵宝玉"回到原地。林黛玉殉情而死，神瑛侍者回到仙界，贾宝玉采用超脱尘世的方法来治疗情伤。

"通灵宝玉"的第三个功效是知祸福。第五回贾宝玉梦游太虚幻境，通过画册判词曲子预知"金陵十二钗"的命运，这就是"知祸福"的含义。"通灵宝玉"深谙盛极必衰的道理，贾府的祸福它早已料到，只不过口不能言而已。

这三大功效贯穿小说的始终，推动小说情节的发展。

二、一僧一道

一僧一道也是小说的线索人物。他们的法号分别是茫茫大士、渺渺真人。茫茫大士和渺渺真人一道云游，二人在人间分别化身为癞头和尚、跛足道人。据统计，他们在《红楼梦》中一共出现了66次。他们既有分工，又有合作。癞头和尚主要负责度化女性，如林黛玉和香菱，都是癞头和尚出面让她们出家；跛足道人负责度化男性，如甄士隐、柳湘莲、贾瑞等。遇到大事二人则一起出现，如点化顽石，为贾宝玉、王熙凤解除魔魇，度化贾宝玉出家，等等。

癞头和尚度化女性的情节如下：他看见甄士隐抱着甄英莲，那僧人便大哭说，甄英莲是有命无运，累及爹娘之物，舍我吧，舍我吧！意思是让甄英莲随他出家。第三回中林黛玉自己说，三岁时一个癞头和尚让她出家，可保一生平安，若不出家，不许听哭声，不许见外姓之人。薛宝钗的"冷香丸"配方和金项圈上的字都是癞头和尚给的，但癞头和尚没说让薛宝钗出家，只为她治病祈福。金项圈上的八个字是"不离不弃，芳龄永继"，和贾宝玉"通灵宝玉"上的"莫失莫忘，仙寿恒昌"是对偶的，这也就是"金玉良缘"。

我们再来看一僧一道的外貌描写。第一回当中，顽石眼中的一僧一道"生得骨格不凡，丰神迥异"。来到世间，二人则化身为癞头和尚、跛足道人。作者将度化世人的一僧一道描绘定位成如此丑陋不堪的形象，体现的是文学作品中的美丑对立统一原则。雨果在《〈克伦威尔〉序》中提出了浪漫主义的美丑对照修辞手法,在《巴黎圣母院》中使其充分体现,他把善与恶、美与丑、崇高与卑下对照起来描写,并在环境、事件、情节的安排以及人物形象的塑造上,夸张地突出某些特性,造成强烈的对照。例如敲钟人卡西莫多外貌丑陋、身体畸形、五官失灵,但心地善良、行动勇敢、心灵高尚,与道貌岸然、内心卑鄙龌龊的副主教克罗德恰巧形成鲜明的对照。此外,在弓箭队队长菲比斯身上也体现了这一原则。在我国,战国时期的思想家、哲学家庄子借助"怪生笔端"的寓言修辞手法,开创了"以丑为美"的美学先河,创造的审"丑"意象对中华民族审美世界的丰富起到了不可替代的作用。庄子有言:"畸人者,畸于人而侔于天。"意思是说,残丑之人虽形体有异但精神合于天道,比如我们熟悉的《巴黎圣母院》当中的卡西莫多,还有济公、钟馗、《西游记》中的三个徒弟,都属于这种情况。作家把善恶美丑、崇高与卑下对照起来描写,给人以强烈的印象。

一日,行到毗陵驿地方,那天乍寒下雪,泊在一个清净去处。贾政打发众人上岸投帖辞谢朋友,总说即刻开船,都不敢劳动。船中只留一个小厮伺候,自己在船中写家书,先要打发人起早到家。写到宝玉的事,便停笔。抬头忽见船头上微微的雪影里面一个人,光着头,赤着脚,身上披着一领大红猩猩毡的斗篷,向贾政倒身下拜。贾政尚未认清,急忙出船,欲待扶住问他是谁。那人已拜了四拜,站起来打了个问讯。贾政才要还揖,迎面一看,不是别人,却是宝玉。贾政吃一大惊,忙问道:"可是宝玉么?"那人只不言语,似喜似悲。贾政又问道:"你若是宝玉,如何这样打扮,跑到这里?"宝玉未及回言,只见舡头上来了两人,一僧一道,夹住宝玉说道:"俗缘已毕,还不快走。"说着,三个人飘然登岸而去。贾政不顾地滑,疾(急)忙来赶。见那三人在前,那(哪)里赶得上。只听得他们三人口中不知是那个作歌曰:

  我所居兮,青埂之峰。我所游兮,鸿蒙太空。谁与我游兮?吾谁与从。渺渺茫茫兮,归彼大荒。

贾政一面听着,一面赶去,转过一小坡,倏然不见……

  ——第一二〇回《甄士隐详说太虚情 贾雨村归结红楼梦》

  这是第一二〇回中贾政最后见到贾宝玉的一段。一僧一道度贾宝玉下凡,又度贾宝玉出家,完成了神瑛侍者和顽石在世间的历劫之旅,一僧一道就是这场"劫"的总导演。

  一僧一道的第一个作用是"引","引"的意思是"导引、开启"。他们将不堪入选的顽石变成"通灵宝玉",引入荣华富贵的人间,开启了小说的序幕。第二个作用是"点",点化度脱一干男女。如甄英莲和林黛玉未听从癞头和尚出家的建议,最终香消玉殒。甄士隐听了跛足道人的《好了歌》,柳湘莲听了跛足道人的"哲学三问",毅然出家。第三个作用是"度","度"有"度人拯救"之意。如癞头和尚不让林黛玉听哭声,不许她见外姓亲友之人,这样可保平安,但林黛玉没有听从,最终泪尽而亡;癞头和尚给薛宝钗"冷香丸"的配方来治疗热毒,薛宝钗成为冷眼观世乖巧聪明的封建淑女。跛足道人以"风月宝鉴"来挽救奄奄一息的贾瑞,但他未听规劝而夭亡。第四个作用是"推",即推动情节发展,二人解除贾宝玉、王熙凤的魔魇,使情节得以继续。第五个作用是"了","了"的意思是"了结、归结"。贾宝玉出家,顽石归位,"金陵十二钗"各得其所,小说的大幕徐徐落下。

《红楼梦》既具有文学性,也具有哲学性。我们来看一下一僧一道的哲学意义。他们二人洞察世情和命运,体现的是宿命悲凉感;二人度化男女,一阴一阳,体现的是世间的对立统一。作者认为的处世大道,在二人身上得到了很好的体现,如佛家的慈悲、道家的无为等思想。

三、甄士隐

我们一起来看一下线索人物之三——甄士隐的经历。他曾为姑苏乡绅,资助贾雨村赶考,后来爱女甄英莲被拐走,他家附近的葫芦庙起火,家破人亡后随癞头和尚、跛足道人出家,后又在一个破庙里遇到了升任京兆尹的贾雨村,贾雨村离开后破庙失火,甄士隐不知所终。甄士隐在度香菱(甄英莲)入太虚幻境后,和被削职为民的贾雨村在急流津觉迷渡口见面,详说"通灵宝玉"的前世今生,包括他在姑苏老家的梦中见到茫茫大士、渺渺真人点化的"通灵宝玉""金陵十二钗"的结局以及贾府的兴衰。同时,甄士隐又是一个觉悟者和旁观者,他冷眼观世界,无悲亦无喜。

他的冷眼观世界,可以从他解读的《好了歌》中看出来。我们首先一起看一下跛足道人的《好了歌》。《好了歌》的前四句是第一个层次,说明功名终成空。这让我们想起了《三国演义》开篇词当中的"是非成败转头空。青山依旧在,几度夕阳红",还有李白的《登金陵凤凰台》当中的句子,"吴宫花草埋幽径,晋代衣冠成古丘"。第二个层次说的是世人对金钱的执念终成空。钱乃身外之物,再多的财富,生不带来,死不带去。第三个层次是说娇妻靠不住。"君生日日说恩情,君死又随人去了?"这就是人们常说的"夫妻本是同林鸟,大难临头各自飞"。第四个层次是说儿孙靠不住。"痴心父母古来多,孝顺儿孙谁见了?"真是可怜天下父母心。

苏轼曾感叹"人生如梦"。《好了歌》打碎了人们的功名梦、金钱梦、娇妻梦、天伦梦,甄士隐对"万境归空"的领悟,真是既深刻又悲凉。在实际生活中,我们应该辩证地看待它的消极色彩。甄士隐的解说比《好了歌》更加具体透彻,和小说的主旨内容更为贴近,抒发了人生无常、家族兴亡的无奈,实则是作者对人生的无限感慨。我们从甄士隐的解读当中很容易联想到《红楼梦》中一些人物的遭遇,如由"因嫌纱帽小,致使锁枷扛"一下子就联想到贾雨村。

四、贾雨村

贾雨村是小说中的另一个线索人物,他的人生经历可谓跌宕起伏。他是落魄的世家子弟,祖籍湖州,赶考途中困于葫芦庙,由甄士隐资助入京,赶考中进士,做大如州知府,因贪酷之弊、恃才侮上被革职,先在江南甄家做甄宝玉的老师,又到扬州林如海府上做林黛玉的老师,得到林如海、贾政的推荐,起复为应天府知府,刚上任就乱判葫芦案。他因包庇薛蟠受到贾政、王子腾的赏识,得以入京做官,历任兵部大司马、京兆尹,监管税务。因婪索被革职,与甄士隐在急流津觉迷渡口见面,在甄士隐的点化之下豁然了悟。"急流津"是"急流勇退"之意,暗示贾雨村在名利场上应该急流勇退,"觉迷渡口"有"迷途知返"之意,如陶渊明在《归去来兮辞》中感叹:"实迷途其未远,觉今是而昨非。"

我们来看第四回:

至次日坐堂,勾取一应有名人犯,雨村详加审问,果见冯家人口稀疏,不过赖此欲多得些烧埋之费;薛家仗势倚情,偏不相让,故致颠倒未决。雨村便徇情枉法,胡乱判断了此案。冯家得了许多烧埋银子,也就无甚话说了。

雨村断了此案,急忙作书信二封,与贾政并京营节度使王子腾,不过说"令甥之事已完,不必过虑"等语。此事皆由葫芦庙内之沙弥新门子所出,雨村又恐他对人说出当日贫贱时的事来,因此心中大不乐意,后来到底寻了个不是,远远的(地)充发了他才罢。

——第四回《薄命女偏逢薄命郎　葫芦僧乱判葫芦案》

从以上文字中,我们可感受到贾雨村包庇将冯渊打死的薛蟠,草草了结命案之后,向贾政、王子腾邀功请赏的迫切心情。

……今年春天,老爷不知在那(哪)个地方看见了几把旧扇子,回家看家里所有收着的这些好扇子都不中用了,立刻叫人各处搜求。谁知就有一个不知死的冤家、混(浑)号儿,世人叫他作石呆子,穷的(得)连饭也没的吃,偏他家就有二十把旧扇子,死也不肯拿出大门来。二爷好容易烦了多少情,见了这个人,说之再三,把二爷请到他家里坐着,拿出这扇子略瞧了瞧……老爷便叫买他的,要多少银子给他多少。偏那石呆子说:"我饿死冻死,一千两银子一把我也不卖!"老爷没法子,天天骂二爷没能为。……谁知雨村那没天理的听见了,便设了个法子,讹他拖欠了官银,拿他到衙门里去,说所欠官银,变卖家产赔补,把这扇子抄了来,作了官价送了来。那石呆子如今不知是死是活。老爷拿着扇子问着二爷说:"人家怎么弄了来?"二爷只说了一句:"为这点子小事,弄得人坑家败业,也不算什么能为!"……

——第四十八回《滥情人情误思游艺　慕雅女雅集苦吟诗》

这是借丫鬟平儿之口来侧面描写贾雨村的为人。贾雨村为取悦贾赦,罗织罪名陷害石呆子,抢夺他的古扇,其目的就是攀附贾家,保住乌纱帽,为此不惜伤天害理,不择手段。

忽一日,包勇奈不过,吃了几杯酒,在荣府街上闲逛,见有两个人说话。那人说道:"你瞧,这么个大府,前儿抄了家,不知如今怎么样了。"那人道:"他家怎么能败,听见说里头有位娘娘是他家的姑娘,虽是死了,到底有根基的。况且我常见他们来往的都是王公侯伯,那(哪)里没有照应。便是现在的府尹前任的兵部是他们的一家,难道有这些人还护庇不来么?"那人道:"你白住在这里!别人犹可,独是那个贾大人更了不得!我常见他在两府来往,前儿御史虽参了,主子还叫府尹查明实迹再办。你道他怎么样?他本沾过两府的好处,怕人说他回护一家,他便狠狠地踢了一脚,所以两府里才到底抄了。你道如今的世情还了得吗!"两人无心说闲话,岂知旁边有人跟着听得明白。包勇心下暗想:"天下有这样负恩的人!但不知是我老爷的什么人。我若见了他,便打他一个死,闹出事来我承当去。"

那包勇正在酒后胡思乱想,忽听那边喝道而来。包勇远远站着。只见那两人轻轻地说道:"这来的就是那个贾大人了。"包勇听了,心里怀恨,趁了酒兴,便大声的(地)道:"没良心的男女!怎么忘了我们贾家的恩了。"雨村在轿内,听得一个"贾"字,便留神观看,见是一个醉汉,便不理会过去了。那包勇醉着不知好歹,便得意扬扬回到府中,问起同伴,知是方才见的那位大人是这府里提拔起来的。"他不念旧恩,反来踢弄咱们家里,见了他骂他几句,他竟不敢答言。"……

——第一〇七回《散馀资贾母明大义　复世职政老沐天恩》

在这段文字中,作者同样借他人之口,写出了贾雨村忘恩负义、落井下石的行径。仆人包勇的激烈反应,说明贾雨村虽身居高位,他的所作所为为人所不齿。

且说贾雨村升了京兆府尹兼管税务,一日出都查勘开垦地亩,路过知机县,到了急流津。正要渡过彼岸,因待人夫,暂且停轿。只见村旁有一座小庙,墙壁坍颓,露出几株古松,倒也苍老。雨村下轿,闲步进庙,但见庙内神像金身脱落,殿宇歪斜,旁有断碣,字迹模糊,也看不明白。意欲行至后殿,只见一翠柏下荫着一间茅庐,庐中有一个道士合眼打坐。雨村走近看时,面貌甚熟,想着倒像在那(哪)里见来的,一时再想不出来。从人便欲吆喝。雨村止住,徐步向前叫一声:"老道。"那道士双眼微启,微微地笑道:"贵官何事?"雨村便道:"本府出都查勘事件,路过此地,见老道静修自得,想来道行深通,意欲冒昧请教。"那道人说:"来自有地,去自有方。"雨村知是有些来历的,便长揖请问:"老道从何处修来,在此结庐?此庙何名?庙中共有几人?或欲真修,岂无名山;或欲结缘,何不通衢?"那道人道:"葫芦尚可安身,何必名山结舍。庙名久隐,断碣犹存。形影相随,何须修募。岂似那'玉在匮中求善价,钗于奁内待时飞'之辈耶!"

雨村原是个颖悟人,初听见"葫芦"两字,后闻"玉钗"一对,忽然想起甄士隐的事来。重复将那道士端详一回,见他容貌依然,便屏退从人,问道:"君家莫非甄老先生么?"那道人从容笑道:"什么真,什么假!要知道真即是假,假即是真。"……

——第一〇三回《施毒计金桂自焚身　昧真禅雨村空遇旧》

这是甄士隐和做官后的贾雨村的第一次会面。在这段文字当中,甄士隐始终不肯承认自己的身份,但是我们从蛛丝马迹中可以断定这个人就是甄士隐。文章当中的"葫芦尚可安身"指贾雨村曾寄身于隔壁的葫芦庙。"玉在匮中求善价,钗于奁内待时飞"是贾雨村当年中秋之夜在葫芦庙高吟的一副对联,以此来抒发自己的抱负,被甄士隐听见并大加赞赏。"什么真,什么假!要知道真即是假,假即是真",对应甄士隐梦游太虚幻境时看到的一副对联——假作真时真亦假,无为有处有还无。

故人相见,应该分外亲热才是,此时甄士隐却不和贾雨村抵掌而谈,只约定日后还在这个渡口见面。这是因为贾雨村尚在官场之中,春风得意,热衷于功名,并未真正觉悟,真正度化贾雨村的时机未到。

到了第一二〇回,贾雨村被削职为民,又来到急流津觉迷渡口,甄士隐说明前期不肯相认的原因,是此前贾雨村高官显职,后又说起自己与"通灵宝玉"见过一面,贾雨村甚为惊异。我们记得第一回甄士隐梦游太虚幻境之时,听一僧一道说起把顽石变成了"通灵宝玉",让它随"木石前盟"的男主角神瑛侍者下凡历劫的故事。

甄士隐和贾雨村关系密切。二人姓氏的谐音是"真假",使小说笼罩着亦真亦幻的色彩。甄士隐是世外高人,贾雨村是世俗官员,二人以不同的身份和视角看待世情,串起全书,是全书的线索人物。二人分别代表着理想和现实:甄士隐仗义资助贾雨村,却落得家破人亡的下场;贾雨村书生意气被革职,起复后,徇私枉法却平步青云。甄士隐悟道出家,贾雨村一直汲汲于名利,直到被革职才醒悟。二人的人生际遇形成对比,颇具现实意义,发人深省。这两条线索时而交会,时而背离,体现了人生的复杂和矛盾。

五、刘姥姥

最后一个线索人物是刘姥姥。"刘姥姥三进荣国府"是《红楼梦》中的著名情节。刘姥姥第一次进荣国府,接待她的是王熙凤,王熙凤接济了她二十两银子;第二次刘姥姥随贾母游览大观园,得了一百零八两银子和若干财物;第三次是贾府抄家以后,她又来到贾府,接受了凤姐的"托孤"。她作为线索人物,见证了贾府的兴衰。作者塑造以刘姥姥为代表的小人物形象,表现了底层人民生活的辛酸和知恩图报的优秀品质。

《红楼梦》呈网状结构,作者设置的线索错综复杂却别具匠心。一僧一道和顽石(后变成"通灵宝玉")是仙界的使者,他们以先知先觉的视角来看待人世沧桑,更具宏大的视野和深邃的哲思;甄士隐是世间的得道者,他本是神仙一流的人品,历经世事磨难,他的视角更加超脱;贾雨村是官场的热衷者,他的宦海沉浮别具警示意义;而刘姥姥是底层的劳动者,她仰望着名门望族的荣华富贵。几条线索各自独立却又交错关联,作者通过他们的视角和经历,穿针引线,环环相扣,精心构思,成就了这部鸿篇巨制。

忆倩影如云曼妙　叹气韵如兰流芳
——贾敏形象分析

贾敏是一个美丽而孤独的影子。《红楼梦》开卷伊始,贾敏已经香消玉殒,她的女儿林黛玉寄居贾府。第二回《贾夫人仙逝扬州城　冷子兴演说荣国府》和第三回《贾雨村夤缘复旧职　林黛玉抛父进京都》点明了贾敏是得病而亡。年仅五岁的林黛玉年幼失母,回目中的"抛父"二字让人顿生怜惜,无限心酸。

在《红楼梦》中,提到贾敏的地方屈指可数,《红楼梦》博大精深,即使是不起眼的笔墨,也不可等闲视之。贾敏虽未出场,但透过曹公寥寥几处描写,我们还是可以窥见贾敏的容貌品格和才华风姿。贾敏芳魂已逝,但她如同一个美丽的影子,亦真亦幻,摇曳在字里行间。

贾府的掌上明珠:集万千宠爱于一身

贾敏出嫁前是贾府的掌上明珠,贾母的心肝宝贝,这从第三回贾母的话语中不难看出。贾母面对失母的外孙女,不由得想起自己的女儿,数次伤心哭泣。说到贾敏如何得病,如何服药,如何送死发丧,贾母不免又伤感起来,说道:"我这些儿女,所疼者独有你母,今日一旦先舍我而去,连面也不能一见,今见了你,我怎不伤心?"贾母当着邢、王两位儿媳妇,当着长孙媳妇李纳,当着三个孙女,直言不讳地说"所疼者独有你母",可见她对贾敏的宠爱程度。像贾母这样一位世事洞明的老人,是不会轻易表现出自己对儿女的偏爱的,即使是自己心中有所偏袒,也不会公然表明,以免引发儿女之间的矛盾或是儿女对自己的不满。第七十五回《开夜宴异兆发悲音　赏中秋新词得佳谶》中,贾赦对贾母的偏心非常直白地表达了不满。贾赦是贾代善和贾母的长子,袭了荣国府的爵位。因其寡廉鲜耻、酒色无度,贾母并不怎么喜欢这个大儿子,让他住在荣国府东边的旧院里,把荣国府正院给了小儿子贾政一家居住。贾母偏爱循规蹈矩的贾政夫妇,就连薛姨妈都说:"老太太偏心,多疼小儿子媳妇,也是有的。"而作为长子的贾赦看着偌大的荣国府正院被贾政住着,自然心生不满,表面上一团和气,实则如鲠在喉,不吐不快。贾赦在一次中秋夜宴上,终于把自己多年的不满情绪通过一个小笑话表达出来。那次宴会,在外为官多年的贾政也回家团聚。贾母为了活跃气氛,就令人折了一枝桂花,玩击鼓传花的游戏。桂花落到贾赦的手中,贾赦讲了一个儿子请婆子为母亲看病的笑话:那个婆子是庸医,她随口说男子的母亲得了心火,需要针灸治疗,又说天下母亲都偏心,只需针一下她的肋骨就可以。贾母怔了一下,笑着说:"我也得这个婆子针一针就好了。"

　　贾赦并没有适可而止,而是采取迂回战术,曲线救国,他就把目光投向了贾宝玉和贾环。贾宝玉是贾政的嫡子,最有可能继承荣国府家业。贾宝玉生得粉雕玉琢,气质高雅,张道士都说他有国公爷当年的派头,深得贾母宠爱,是贾府的"活龙"。贾环却没这种待遇。且不说嫡庶有别,贾宝玉和贾环两兄弟站在一起,一个光彩照人,一个举止猥琐,贾政自然喜欢贾宝玉多一些。贾母是最喜欢和孙儿辈一起玩的,她喜欢嫡出的贾元春,也喜欢庶出的贾探春,疼爱外孙女林黛玉,也怜惜亲戚家的女孩薛宝琴。可是,在小说中我们几乎看不到贾母和孙子贾环之间的情感对话,可见贾环不怎么招祖母喜欢。

　　出乎意料的是,贾赦对贾环却大感兴趣,他拿过贾环的诗品读了一遍,连连称赞,说贾环写的诗"甚是有骨气""不失咱们侯门的气概"。贾赦大方地赏了贾环许多东西,还亲昵地拍着贾环的头说:"以后就这么做去,方是咱们的口气,将来这世袭的前程定跑不了你袭呢。"贾赦对贾环评价如此之高,甚至说他将来有希望袭了爵位。贾赦的话有些酸溜溜的味道,实际上是故意和贾母、贾政唱反调。贾政说贾环走邪路,不爱读书,贾赦就为贾环辩护,说贾府不比穷酸人家,子孙们没必要刻苦读书,读成书呆子反而不好,似有暗讽贾政是书呆子的意味。

　　贾赦用一个笑话隐晦地表明了对母亲偏心的抱怨,他表扬贾环的话也暴露出了自己心中的不满。

这次,贾母却直言不讳地说出自己对贾敏的疼爱,实在是情动于衷,言为心声。贾母为什么特别疼爱贾敏?一是因为她是最小的女儿,二是从贾母疼爱的女孩子王熙凤、林黛玉、贾元春、贾探春、薛宝琴、秦可卿来看,贾敏应该也是一个容貌美丽、才华出众、聪明灵秀、伶牙俐齿的女孩子。

贾母对贾敏的疼爱体现了清代旗人的传统。《红楼梦》中有很多地方体现了满族特色、旗人传统。鲁迅的评价:"经学家看见《易》,道学家看见淫,才子看见缠绵,革命家看见排满,流言家看见宫闱秘事。"由"排满"可知,《红楼梦》中有满族的元素在里面。旗营中的女子,是清朝时地位最高的一个女性群体,在称呼、习俗、地位等方面都有她们特殊的地方。

古代满洲家家户户都供奉佛拉格托,这是满洲人心中的女神。入关以后,满洲人吸取了大量的中原文化,出现了佛、道、儒及民间众教皆奉的现象,汉族妇女的"三从四德"对满洲妇女也有影响。然而因为沿袭多年来本民族固有的传统,旗营中的妇女依然在家庭中起着主导作用。

在旗人的称呼上,旗营家中没出嫁的姑娘通称为"姑奶奶",管女婿叫"姑爷",家中的侄子管姑姑通称为"姑爸爸",管父亲的最小妹妹为"老爸"。在这里"老"是"最小"的意思。

旗人家谱中可列女儿乳名,结婚出嫁者须注明男方地点、旗籍、门第、姓名;允许营内知己的妇女、女孩结为异姓姐妹,也就是汉人讲的结拜姐妹,结拜后,多以大爷、二爷、三爷、四爷相称;营中允许女孩子穿满洲男装并可练习骑射;旗营学房中的学长一律由女孩子担任;旗营女子必须天足,不得缠脚;满族人将辫子盘上头顶,是孝顺母亲的表现,象征将母亲放在最高的位置……

贾敏的名字也是从弟兄而来的,在汉人男尊女卑风气盛行的时代,可见贾府对这个女儿的重视。

旗营家的女性接受的家教极严,对姑娘家教更严。她们自幼被要求懂礼貌、知法度、忠厚老实、办事为人不走样。虽然不能同男人一样从军打仗,但也不能失了规矩。由于旗家姑娘从小理财,勤俭持家,所以深受父母及兄弟的尊重。即使姑娘出阁了,也要守"妇道",遇事不卑不亢,在婆家以自己的言行来维护娘家的尊严。出阁的姑娘回到娘家,娘家人便会高呼"姑奶奶回来了","姑奶奶"在家有绝对的权威,在娘家说话算话,可以拍板定调。

曹雪芹作为健锐营镶白旗营最有名的京味文学家,根据满洲的民族传统,塑造了王熙凤、贾探春等具有理家才能的女性形象。在第五十六回《敏探春兴利除宿弊　时宝钗小惠全大体》中,贾探春、薛宝钗、李纨三人暂时代理家政,她们就做出了所谓兴利除弊的决策。她们除了决定裁减一些额定的花销，如取消贾环等上学的零用钱、小姐们的头油脂粉钱，还决定经营大观园，做到生产营利。《红楼梦》一书叙述如此详细，可推测身居香山脚下的曹雪芹有类似的生活经历。

贾敏待字闺中时无论是按旗人的传统，还是按贾府的风格，都是极受宠爱的，无论是精神上还是物质上都十分富足，以至多年以后，在第七十四回《惑奸谗抄检大观园　矢孤介杜绝宁国府》中，王夫人对王熙凤叹道："你说的何尝不是，但从公细想来，你这几个姊妹也甚可怜了。也不用远比，只说如今你林妹妹的母亲，未出阁时，是何等的娇生惯养，是何等的金尊玉贵，那才像个千金小姐的体统。如今这几个姊妹，不过比人家的丫头略强些罢了。通共每人只有两三个丫头像个人样，馀（余）者纵有四五个小丫头子，竟是庙里的小鬼……"王夫人对当年贾敏千金小姐的生活记忆犹新，一来看出贾府的今不如昔，另外可以想见王夫人说这话时的羡慕。王夫人也是千金小姐，嫁到贾府后唯唯诺诺做媳妇，上有精明强势的婆婆贾母，下有备受宠爱才貌双全的小姑子贾敏，还要时时提防贾政的赵姨娘、周姨娘，可谓内忧外患，心力交瘁。从她后来对林黛玉的不冷不热态度看，她和贾敏的关系好不到哪里去。

但从贾赦、贾政对林黛玉的态度看，两位哥哥是很宠爱贾敏这个小妹妹的。贾赦虽然没有接见初到贾府的林黛玉，但他几句谆谆嘱咐令人心生暖意，完全是一位慈爱舅舅的口吻。贾政非常欣赏林黛玉，第七十六回《凸碧堂品笛感凄清　凹晶馆联诗悲寂寞》中，林黛玉说到这两处的名字是她起的，贾政对凡她拟的大观园建筑的名字，一字不改都用了。第二十三回，当贾宝玉引用《西厢记》中的"我就是个多愁多病身，你就是那倾国倾城貌"时，林黛玉勃然大怒，说要"告诉舅舅舅母去"，可以看出林黛玉十分自信贾政会为自己做主。

从贾母对林黛玉宠爱的细节中也可以看出贾母对贾敏的宠爱。从初到贾府贾母让林黛玉和自己同住，到元宵节放鞭炮将其搂入怀中，再到不让林黛玉做针线活，怕她劳碌，以及配丸药、送燕窝，无不看出贾母对林黛玉发自内心的疼爱，这种疼爱又有一种对贾敏早逝的替代补偿心理。

林府的贤妻良母——除却巫山不是云

按照当时"高嫁低娶"的传统，贾敏嫁给林如海属于高嫁。贾母说自己家属于中等人家，虽说有谦虚的成分，但也有一定的可信度，比起北靖王、王子腾等人，贾府的确达不到根基雄厚、权倾朝野的地步。这固然与清代降袭制度有关，也与贾家子孙养尊处优、不思进取有很大关系。林如海的家世背景比贾府更胜一筹，林如海之祖，曾袭过列侯，业经五世，林如海本人探花出身，钦点为巡盐御史要职，既系钟鼎之家，亦是书香之族。难得林如海虽然学识渊博，仕途得意，却对贾敏一往情深。贾敏去世后，他说自己无意续弦，很有元稹诗中所写的"曾经沧海难为水，除却巫山不是云"的专一痴情。贾敏的美丽容貌、不凡气质、斐然才华，一定让林如海一生爱慕不已，贾敏应该也是最懂林如海的人。林黛玉身上超凡脱俗、不染尘埃、淡泊名利的品格，正是贾敏影子的投射。林黛玉的家庭教师贾雨村说过："怪道我这女学生言语举止另是一样，不与近日女子相同，度其母必不凡，方得其女，今知为荣府之孙，又不足罕矣……"林如海为人为官正直高洁，夫妻二人价值观十分相合，所以在林如海心中，贾敏是无人可以代替的贤妻。

贾敏又是一位很会教育孩子的母亲。大家印象比较深的应该是经典的"林黛玉进贾府"。时年六七岁的林黛玉初到贾府丝毫不怯场，面对贾府的豪门礼仪毫无差错，言谈举止进退有度，尤其对于王夫人有意无意设置的重重陷阱，审时度势，不卑不亢，凭借自己良好的家庭教养和聪明智慧巧妙化解。这些与贾敏生前对林黛玉的言传身教有很大关系。贾敏还非常重视对林黛玉的文化教育。林黛玉五岁之前，贾敏夫妇就让她识字读书，并灌输一些孝道伦理。贾雨村曾说林黛玉凡书中的"敏"都念作"密"，写"敏"又减掉一两笔，贾雨村有些疑惑。可见这些内容不是贾雨村的教诲，而是在此之前贾敏夫妇的教导。后来贾敏夫妇又延请学识渊博的贾雨村做林黛玉的家庭教师，对她进行系统的、高质量的传统教育。林黛玉在六七岁进贾府时，已经读完了《四书》，其文化程度和学习进度均在贾府年岁相当的诸公子小姐之上。

远嫁的孤独女子——万水千山总是情

贾敏出嫁后并没有再回娘家，她依靠回忆、书信、诉说抒发对娘家的依恋和思念。贾敏可能身体素质欠佳，这从林黛玉身上就可以看出来。贾敏并非暴病而亡，她在生命倒计时之际，对林黛玉的归宿有了较为周密妥当的安排，她觉得将女儿托付给老母亲是最佳选择。我们不难想象，一位母亲在弥留之际，是怀着怎样复杂的心情安排着身后之事：是面对命运的无奈绝望，是无尽的牵挂和不舍。林家属于高门大户，贾母给贾敏选定这门亲事，看中的是林家的书香门第、清白家风，而支庶不盛，虽避免了妯娌姑嫂争斗，但也平添门衰祚薄、无可傍依之感，所以林家的亲属不可指望，贾府才是林黛玉的安身之所。

在林黛玉的童年记忆中，贾敏对贾府反复而详细的叙述早已给她留下了深深的烙印。在第三回中，作者至少有四次写到林黛玉初到贾府时想起在家中听母亲讲过的一些内容，这些内容都在林黛玉亲临贾府时得到了印证。贾敏这样做：一来排解自己对娘家的思念，借以回味自己幸福的少女时光；另一方面,对娘家的显赫富贵感到十分自豪,让林黛玉了解自己诗书簪缨的母系家族。

我们不妨设想一下,假如贾敏活着,她会对宝黛婚事持赞成态度吗?假如贾敏活着,宝黛各自在自己家中,见面概率很小。即使见面,一见钟情,也未必如此心心相印,精神契合。从贾敏对贾宝玉的评价来看,贾宝玉未必就是贾敏心目中的乘龙快婿;但从贾敏对女儿的疼爱来看,她不会是以牺牲女儿幸福为代价的专制母亲。

贾敏是《红楼梦》中一个美丽的影子,她虚无缥缈,又充满魅力;她转瞬即逝,又引人遐思。在虚实之间,散发着别样的魅力。

百鸟朝凤谁人及　熙熙攘攘为利来
——从名字看王熙凤其人

王熙凤是《红楼梦》中最具光彩的人物形象。红学泰斗周汝昌曾说《红楼梦》中的两大主角是贾宝玉和王熙凤,毛泽东同志对王熙凤的评价甚高,认为王熙凤是当内务部长的料,称赞她"有战略头脑";红学家王昆仑则说出了广大读者对王熙凤的感情,"恨凤姐,骂凤姐,不见凤姐想凤姐";红学前辈王朝闻先生专门写了一本《王熙凤论》,有40多万字。王熙凤的个性复杂,虽出身于金陵王家,贵为荣国府当家少奶奶,却相当接地气;她奸诈狡猾,阴险狠毒,但让人恨不起来。她是千古奇书《红楼梦》中塑造得最成功、最有魅力的人物形象之一。

在《红楼梦》第五回《游幻境指迷十二钗　饮仙醪曲演红楼梦》中,王熙凤判词如下:

凡鸟偏从末世来,都知爱慕此生才。

一从二令三人木,哭向金陵事更哀。

"凡鸟"合成"凤"的繁体字,凤是传说中的瑞鸟,被称为百鸟之王。凤为雄性,凰为雌性。《诗经》有云"凤凰鸣矣,于彼高冈。梧桐生矣,于彼朝阳。菶菶萋萋,雍雍喈喈",说的是梧桐生长茂盛,引得凤凰啼鸣。菶菶萋萋,是写梧桐的丰茂;雍雍喈喈,是凤鸣之声。从这里我们不难看出,凤在高山之上鸣叫,栖息于梧桐之上,从生活环境上可见凤之不凡。梧桐如今司空见惯,古代则不然。《后汉书》载有"蔡邕泰山行,见焚桐,闻爆声曰'此良木也',取而为琴,是为焦尾,名琴",《瑞应图》说"王者任用贤良,则梧桐生于东厢",古籍中还有"梧桐不生,则九州异主"的说法。梧桐灵性在于它能知岁时,《花镜》上说"此木能知岁时,清明后桐始毕("毕"字,古时"华""花"同字),桐不华,岁必大寒。立秋地,至期一叶先坠,故有'梧桐一叶落,天下尽知秋'之句"。司马光《梧桐》诗曰:"初闻一叶落,知是九秋来。"《花镜》记载:梧桐"每枝十二叶,一边六叶,从下数一叶为一月,有闰月则十三叶。视叶小处,即知闰何月也"。梧桐的灵性,传说能引来凤凰。"非梧桐不止,非练实不食,非醴泉不饮。"凤凰如此高贵圣洁,便也与帝王结了缘,何况凤还是百鸟之王。唢呐演奏中有《百鸟朝凤》的曲子,因此,凤也成了皇后的象征。

由于古人常把梧桐和凤凰联系在一起,所以现在的人们常说"栽下梧桐树,自有凤凰来"。过去的殷实之家,常在院子里栽种梧桐,因为梧桐有气势,而且是祥瑞的象征。

在《三国演义》第三十七回《司马徽再荐名士 刘玄德三顾草庐》里有这样的描述:

玄德乃辞二人,上马投卧龙岗来。到庄前下马,扣(叩)门问童子曰:"先生今日在庄否?"童子曰:"现在堂上读书。"玄德大喜,遂跟童子而入。至中门,只见门上大书一联云:"淡泊以明志。宁静而致远。"玄德正看间,忽闻吟咏之声,乃立于门侧窥之,见草堂之上,一少年(诸葛均)拥炉抱膝,歌曰:

"凤翱翔于千仞兮,非梧不栖;

士伏处于一方兮,非主不依。

乐躬耕于陇亩兮,吾爱吾庐;

聊寄傲于琴书兮,以待天时。"

从上文可见,凤凰与梧桐珠联璧合,相得益彰。北宋婉约派词人柳永写有著名的《凤栖梧》,词牌名就有此意。凤还是英雄俊杰的象征,例如赞扬一个人才能卓越,就说"人中龙凤";赞美有才干的子弟或年轻人,李商隐诗中有"桐花万里丹山路,雏凤清于老凤声"的句子;形容宝贵的东西或罕见的人才,用"凤毛麟角"。"凤"就是天资聪颖、才能超群的代名词。

作者以雄性瑞鸟凤来命名,旨在表现王熙凤的才能无与伦比,不输男子,正如秦可卿托梦所言,是"脂粉队里的英雄",呼应了第十三回回末诗所写的"金紫万千谁治国,裙钗一二可齐家"。梧桐和凤凰相得益彰,这个"梧桐"是指贾府,王熙凤婚后在荣国府当家,正是"凤栖梧"。

所谓旁观者清,王熙凤的才能从《红楼梦》中他人的评价中可见一斑。第二回《贾夫人仙逝扬州城 冷子兴演说荣国府》中周瑞的女婿、古董商人冷子兴评价王熙凤:"谁知自娶了他令夫人(王熙凤)之后,倒上下无一人不称颂他(贾琏)夫人(王熙凤)的,琏爷倒退了一射之地:说模样又极标致,言谈又爽利,心机又极深细,竟是个男人万不及一的。"

第六回,刘姥姥一进荣国府,周瑞家的说如今是王熙凤当家,刘姥姥说:

"这凤姑娘今年大还不过二十岁罢了,就这等有本事,当这样的家,可是难得的。"周瑞家的听了道:"我的姥姥,告诉不得你呢。这位凤姑娘年纪虽小,行事却比世人都大呢。如今出挑的美人一样的模样儿,少说些有一万个心眼子。再要赌口齿,十个会说话的男人也说他(她)不过。回来你见了就信了。就只一件,待下人未免太严些个。"

　　第十四回,宁国府中都总管来升闻得里面委请了王熙凤,因传齐同事人等说道:"如今请了西府里琏二奶奶管理内事,倘或他(她)来支取东西,或是说话,我们须要比往日小心些。每日大家早来晚散,宁可辛苦这一个月,过后再歇着,不要把老脸丢了。那是个有名的烈货,脸酸心硬,一时恼了,不认人的。"

　　小厮兴儿说:"一辈子别见他(王熙凤)才好。嘴甜心苦,两面三刀,上头一脸笑,脚下使绊子,明是一盆火,暗是一把刀:都占全了。"

　　评价者的角度不同,观点不同,基于他们的身份各异。

　　王熙凤判词旁边的画,后面便是一片冰山,上有一只雌凤,寓意很明显,王熙凤是难得一见的人才,冰山最终会融化,贾府最终也摆脱不了衰落的命运。冰山最怕的是太阳,有人说《红楼梦》中太阳是帝王的象征,例如李白的"总为浮云能蔽日,长安不见使人愁",诗中的"日"指的就是皇帝,"浮云"指的是那些奸佞小人。这个"冰山"是王熙凤的靠山,指的是贾府和她的娘家王府,靠山山会倒,靠人人会跑,贾府衰落,贾母去世,王夫人开始刁难,贾琏无情休弃,最终王熙凤无依无靠,"机关算尽太聪明,反算了卿卿性命",落得个悲惨结局。

　　再来看这个"熙"字。司马迁在《史记·货殖列传》中说:"天下熙熙,皆为利来;天下攘攘,皆为利往。"乾隆游金山寺,问住持江上每天有多少船只,主持回答:"一共两条,一条为名,一条为利。"再回顾王熙凤的一生,也无非是为了"名利"二字。正如《红楼梦》第九支曲子《聪明累》所言:"机关算尽太聪明,反算了卿卿性命。生前心已碎,死后性空灵。家富人宁,终有个家亡人散各奔腾。枉费了,意悬悬半世心;好一似,荡悠悠三更梦。忽喇喇似大厦倾,昏惨惨似灯将尽。呀!一场欢喜忽悲辛。叹人世,终难定!"这首曲子对王熙凤的一生做了精辟的总结。

三春争及初春景　深宫榴花惜芳魂
——贾元春形象分析

　　《红楼梦》第五回贾元春的判词是:"二十年来辨是非,榴花开处照宫闱。三春争及初春景,虎兕相逢大梦归。"判词画香橼指代贾元春,挂于弓上,谐音"宫廷",暗指贾元春加封"贤德妃"。贾元春作为富贵已极的皇妃,在《红楼梦》前八十回中正面出场只有一次,即著名的"大观园省亲",但她对贾府的作用以及对《红楼梦》整个情节发展的作用不容小觑。

生日蕴藏命运密码

一个"元"字,可以看出她的不同寻常。"元"是"第一"的意思,如元年、元日等。在第二回《贾夫人仙逝扬州城 冷子兴演说荣国府》中从冷子兴对贾元春的介绍我们可以知道,贾元春名字的由来是因为大年初一出生,由此命名。生于春节,新年的第一天,是举国欢庆的日子,本身就不同寻常。按民间的说法,大年初一生日的人要么大贤大德,要么大奸大恶;要么大富大贵,要么穷困潦倒。贾元春显然属于前者。作者给她安排不同寻常的生日,就是为了显示出这个人物不同寻常的地位和作用。她的生日是开年的第一天,她的地位也无人能及,在贾府诸姐妹中,"自是花中第一流"。更为凑巧的是,贾元春和荣国公贾源的生日为同一天。在第六十二回《憨湘云醉眠芍药裀 呆香菱情解石榴裙》中,贾探春论及大家的生日时说:"大年初一日也不白过,大姐姐占了去。怨不得他(她)福大,生日比别人就占先。又是太祖太爷的生日。"这就很耐人寻味,贾元春的地位几乎可以和贾府的功勋人物荣国公相提并论。如果说荣国公贾源是贾府富贵基业的奠定者,那么贾元春就是使贾府中兴的功臣;贾源以自己的军功使贾府拥有荣耀,贾元春则以自己的恩宠使贾府再兴。

按续书所述,贾元春去世时四十三岁,死于甲寅年。是年十二月十八日立春,贾元春薨日是十二月十九日,已交卯年寅月,照应了判词当中的"虎兕相逢大梦归"。在贾元春短暂的生命中,大事件都与"元"有关:出生于大年初一,俗称"元日";省亲于正月十五元宵节;死于立春后的第一天。

开辟中兴"新纪元"

我们知道,历朝历代皇帝选妃都是高标准严要求,贾元春能在众多女子中脱颖而出,跻身于皇宫已属不易,能从入宫的众多才貌双全、家世显赫的女子中独得皇帝青睐,更是实力非凡。

据考证,清代选秀有两种用途:一种是为了满足皇帝和贵族的婚姻需求;一种是充当高级宫女,为公主、郡主入学陪侍,充为才人、赞善之职。而贾元春最初入宫时的身份是"女史",是掌管王后的礼职,显然属于第二种。一般说来,和皇帝有婚姻关系的女子得到恩宠的机会更多一些,做宫中女官得皇帝恩宠的概率极小。第十六回中贾元春晋封为"凤藻宫尚书",加封"贤德妃",实属千载难逢的恩遇,所以贾府上下"莫不喜气盈腮,欣然踊跃,个个有得意之状"。贾元春从一个籍籍无名的女史一跃成为地位显赫的皇妃,从一个以"贤孝才德"入宫的女子摇身一变成为宠荣有加的妃子,贾府作为皇亲国戚今后的尊荣可想而知。

贾元春开辟了贾府中兴的"新纪元"。第十三回,秦可卿临死托梦王熙凤,她对贾府的当前形势有着清醒而深刻的认识,"我们家赫赫扬扬,已将百载,一日倘或乐极生悲",又泄露了"眼见不日又有一件非常喜事,真是烈火烹油、鲜花着锦之盛"。贾府自从宁国公、荣国公以军功为家族奠定荣华富贵的基业以来,已近百年,随着时间的流逝,君主更迭,二位功臣的政治影响力逐渐减弱,贾府的子弟自幼生活在花柳繁华地、富贵温柔乡,除贾政还在朝中任官职,其余的人基本是坐吃山空。在贾府走向衰败的时刻,贾元春的封妃对贾府而言犹如一针强心剂,使贾府柳暗花明,枯木逢春。贾府这个老牌的名门望族出现了短暂的"回光返照",每一个不愿将就俭省却想安享尊荣的贾府成员都看到了希望。

不仅如此,贾元春的省亲也为贾府带来了无上的风光。省亲之前按照皇家规范修建的大观园、省亲仪式的烦琐庄严、省亲过程中贾元春对大观园的各处建筑题写匾额及回宫后自编大观园题咏、省亲之后的龙颜大悦及丰厚赏赐,无不为这个诗书簪缨的名门望族带来新的荣耀,为贾府在新的政治格局中提供了更有力的支撑。

才德冠闺阁

贾元春的综合能力堪称贾府诸芳之元。从贾府优良的遗传基因和贾母对贾元春从小亲自教养可以看出,贾元春的外貌应该是很美丽的。冷子兴说贾元春因"贤孝才德"入宫,可见贾元春是德、才、貌兼备的女子。贾元春具有哪些优良的品德和才干呢?细读文本,从字里行间可见一斑。

首先,贾元春是大胸怀、大格局的人。省亲过程中,她举止雍容端庄,言谈得体有度。贾元春看到大观园如此豪华,默默叹息奢华过度,说明她深居宫中,虽享受锦衣玉食,但对这种奢华排场并不推崇,绝非贪慕虚荣之辈。在众姐妹献上题咏之时,贾元春盛赞薛宝钗、林黛玉的才华,毫无私心。对于有个性的优伶龄官,贾元春也并没有强迫她唱指定的曲目,而是让她按自己的心愿唱戏,之后还大加赏赐,令"不可难为了这女孩子,好生教习"。由此可见,贾元春由衷欣赏有才华、有个性的女孩子,不以亲疏论高下,不以尊贵身份强人所难,体现的是一种阅尽人间百态之后沉淀的从容大气。

贾元春的大胸怀和大格局还体现在她对一些事情的理性取舍上。在贾宝玉的婚事上,贾元春最明确的一次表态是省亲后的端午节赐礼。在此之前的省亲赐礼,薛宝钗和林黛玉及诸姐妹都是新书一部,宝砚一方,新样格式金银锞两对。贾宝玉亦同此。但端午节的赐礼,通过袭人的嘴说出来:"……你(贾宝玉)的同宝姑娘的一样。林姑娘同二姑娘,三姑娘,四姑娘只单有扇子同数珠儿,别人都没了。"贾宝玉和薛宝钗的是上等宫扇两柄,红麝香珠二串,凤尾罗二端,芙蓉簟一领,这是贾元春一种含蓄的表态。从省亲时贾元春对薛宝钗、林黛玉才华和容貌的由衷赞美,到现在厚此薄彼,不难看出这是贾元春从家族利益的角度对薛宝钗、林黛玉进行了多方考虑后做出的理性选择,她认为薛宝钗更适合做宝二奶奶。不得不说,与生俱来的家族责任感和长期的深宫生活形成的政治理性判断,使贾元春对贾宝玉婚姻问题的考虑更加冷静理智。她身为一个弱女子,"一入皇宫深似海",何曾考虑过个人的情感需求?在皇宫中看惯了尔虞我诈、世态炎凉,哪有什么晓之以理,动之以情?所以,阅尽世事的她更懂得人世百态,最能理智地权衡事关家族利益的大事。

但贾元春绝不是一个"利"字当头、不讲情感的冷血皇妃。她自己在宫中战战兢兢,委曲求全,她并不希望自己的弟弟、妹妹们重蹈覆辙。省亲之后,她知道自己幸过大观园后,贾政必定敬谨封锁,于是下旨让贾宝玉和能诗会赋的姐妹们入园居住,也不使佳人落魄、花柳无颜。这一举动,体现了贾元春的开明。大观园寄托着她的人生理想——写诗作赋,自由生长,于是她把自己之所爱却不能实现的人生理想寄托在贾宝玉和众姐妹身上。

贾元春的才华体现在她超强的政治敏锐性上。前面说到她默叹大观园的奢靡,实际上可以看出她对贾府未来的隐忧。再殷实的家族,也抵不过积久的奢华浪费,况贾府如今生齿日繁,入不敷出,前景堪忧。她见到大观园石牌坊上有"天仙宝镜"四字,忙命换成"省亲别墅",因为"天"字僭越了臣子本分,非同小可。这是她多年宫中生活练就的政治敏锐性,非贾府众人所能及。但对于其他的匾额,她下旨旧的匾额不必摘去,并不十分在意。在众姐妹的大观园题咏中,贾元春盛赞林黛玉替贾宝玉写的那首《杏帘在望》为"前三首之冠",因喜欢其中的"一畦春韭绿,十里稻花香。盛世无饥馁,何须耕织忙",将"浣葛山庄"改为"稻香村",体现了她作为皇妃时时不忘天下生民疾苦的情怀。

贾元春的才华体现在她对诗歌的推崇和评判上。贾元春自那日幸大观园回宫去后,便命贾探春将那日所有的题咏依次抄录誊写,自己编次,叙其优劣;又命在大观园勒石,为千古风流雅事。她自己写的诗固然用词平平,难有清词佳句,但对于一个久居深宫、身负家族重任、每日如临深渊、如履薄冰的女子来说,敢于下笔率先赋诗一首已难能可贵。君不见读书人贾政在"试才题对额"中,连题匾额的勇气都没有,全是清客相公和贾宝玉在表演。贾元春敢于下水写诗,并亲自题匾和诗咏,既表明她响应当今皇帝"崇诗尚礼"的号召,也显示出一种身先士卒的勇气,令人佩服。贾元春对诗歌的评判和对匾额的取舍同样显示出其不俗的文学品位。姊妹们的应制诗，她一眼看出薛宝钗、林黛玉二人的诗歌不同凡响。林黛玉替贾宝玉写成的《杏帘在望》，也被她慧眼识珠，赞其为"前三首之冠"；之后赐出自制灯谜和姐妹们互猜，体现出她对传统文化的喜爱与推崇。

贾元春的美德体现在她对亲情的珍重。在第十七回贾元春省亲的过程中，我们看到她数次流泪。至贾母正室，贾元春欲行家礼，贾母等俱跪止不迭，此时她满眼垂泪和祖母、母亲三人呜咽对泣。贾政参见，贾元春也是隔帘含泪劝慰父亲。见到爱弟贾宝玉，抚其头颈，一语未终，泪如雨下。临别之际，又是满眼滚下泪来。这些泪水，固然有在宫中不为人知、又不能对人言的辛酸悲苦，更多的是她对家中老幼的挂念和眷恋。她对长辈的孝顺，对弱弟、姊妹的爱护，溢于言表。后来她还不时赐出各种物品，无不体现出她对家人的惦念和关爱。

贾元春的美德体现在她为家族勇于面对悲情人生上。一入侯门深似海，贾元春表面风光，背后却是战战兢兢、朝不保夕的辛酸生活。在贾元春的判词中，有"榴花开处照宫闱"的句子，曹雪芹用"榴花"来指代贾元春，石榴有"多子多福"的寓意，一方面说明贾元春可能因怀孕在宫中受宠，烜赫一时；另一方面，花开必败，贾元春很快便失宠以致香消玉殒，暗示其悲剧命运。第七十二回，负责为贾元春到贾府传话的太监夏守忠（谐音"下手重"）、周太监屡次来贾府勒索银子，动辄几百两甚至上千两。应该说，宫中太监是最精于世故的，他们敢肆无忌惮地向贾府勒索钱财，正说明贾元春在宫中已经失宠的现实。

贾元春的得宠，除了自身的贤孝才德，背后的政治力量不可忽视。小说中数次提到的老太妃，很有可能是她的支持者。她的舅舅王子腾，可以说是朝中的实权派，先任京营节度使，后擢九省统制，奉旨查边，旋升九省都检点，最后奉为内阁大学士，是朝廷的军政要员。贾元春被封为贵妃，很有可能得益于王子腾的力量，或者说皇帝晋封她是为了笼络王子腾。第九十五回，贾元春暴病身亡不久，王子腾也在赴京担任内阁大学士途中偶染风寒去世，两人去世日期相差不到一个月，不能不让人浮想联翩。贾元春、王子腾的非正常死亡，极有可能是政治斗争的结果。

千红一哭，万艳同悲。《红楼梦》是封建社会的挽歌，也是众多女子的挽歌。贾元春作为"金陵十二钗"之一，自然也逃不过悲剧的结局。一个颇具才德的女子，为了家族的荣耀，幽居深宫，命运沉浮，生死未卜，不由得让人扼腕叹息。林花谢了春红，太匆匆。正如《葬花吟》中所写的"一年三百六十日，风刀霜剑严相逼"。贾元春就像五月的榴花，最终没有逃过风刀严霜的摧残，香消玉殒,成为《红楼梦》众多女子悲剧命运的典型。在她身上,寄托了曹公深沉的悲悯之情。

黛影钗副孰优劣　芙蓉桃花各芳菲
——晴雯、袭人形象对比分析

晴雯和袭人是贾宝玉身边最重要的两个丫鬟,两个人个性迥异,各具特色。脂砚斋曾说"晴为黛影,袭为钗副",正如《红楼梦》两大女主角林黛玉和薛宝钗在读者中各有所爱,形成了"挺薛派"和"拥林派",晴雯和袭人也形成了两大"粉丝"阵营。到底孰优孰劣,大家见仁见智。我们不妨从文本出发,对人物做以对比。

同是天涯沦落人

《红楼梦》善用独具特色的修辞手法塑造人物,例如通过画册、判词、曲子、花签来暗示人物的出身、性格、命运。我们来看一下二人的画册和判词。

……只见这首页上画着一幅画,又非人物,也无山水,不过是水墨滃染的满纸乌云浊雾而已。后有几行字迹,写的是:

霁月难逢,彩云易散。心比天高,身为下贱。风流灵巧招人怨。
寿夭多因毁谤生,多情公子空牵念。

宝玉看了,又见后面画着一簇鲜花,一床破席,也有几句言词,写道是:

枉自温柔和顺,空云似桂如兰;
堪羡优伶有福,谁知公子无缘。

除"金陵十二钗"正册中的人物外,副册中仅出现香菱一个人的判词,在又副册当中仅出现晴雯、袭人二人的判词,这说明二人在又副册当中是非常重要的人物。她们的姓名隐含在画册和判词中。晴雯的名字隐含在判词中,"霁月难逢","霁"的本义就是雨雪初晴,隐含的是"晴";而"雯"的意思是"有花纹的云彩",即判词当中的"彩云"。袭人,本姓花,原名珍珠,后贾宝玉根据陆游的诗句"花气袭人知昼暖",改为花袭人。

从判词可以看出,二人都有着让人叹惋的悲剧命运。如晴雯的判词是"风流灵巧招人怨,寿夭多因毁谤生",预示着她遭人陷害、蒙冤夭亡的悲剧命运。袭人判词"枉自温柔和顺,空云似桂如兰",她所有的贤德,为她赢得了好名声,却没有迎来她所希望的人生归宿。二人都和贾宝玉无缘。晴雯判词中的"多情公子空牵念",抄检大观园后晴雯被逐出贾府,一病而亡,和贾宝玉阴阳两隔。袭人的判词中说"堪羡优伶有福,谁知公子无缘",她一心想做贾宝玉的姨娘,最后被迫离开贾府,嫁给了蒋玉菡。

二人到贾府的原因也令人唏嘘。晴雯是赖大家买来后作为礼物送给了贾母,袭人被卖到贾府是为了救活亲人。在第七十七回和第十九回中,分别交代了二人的家庭环境。我们从文中可以了解,晴雯没有父母,只有一个嗜酒如命的姑舅哥哥和作风放浪的嫂子。重病之时无人照料,她刚咽气哥嫂就来贾府要烧埋银子,并拿走了晴雯的衣服首饰,晴雯可谓是亲友难靠,孤苦伶仃。袭人家中有母兄,亲戚家姊妹来往团聚,亲人和睦,其乐融融,他的哥哥花自芳正派本分,懂礼节。家庭环境是否会对二人的性格产生影响,这是需要我们思考和注意的问题。家庭环境的影响即使不是决定因素,但肯定或多或少有影响。由此可见,二人尽管在贾府衣食无忧,但在贾府之前的身世也都是"一把辛酸泪",正如晴雯判词当中所说的——身为下贱。

二人都因贾母的器重而被派去侍奉贾宝玉,二人都梦想做贾宝玉的姨娘,以此改变自己卑贱的命运。二人在贾府的地位如何?我们或许从其他大丫鬟的遭遇和主子的态度中可以窥见一斑。金钏儿是王夫人的得力大丫鬟,因为和贾宝玉调笑,被王夫人撵走后投井自尽。王夫人有些内疚,而薛宝钗却说,多给几两银子发送也就算尽主仆之情。我们再看在第六十回当中,贾探春的生母赵姨娘和小丫头们打架,贾探春对赵姨娘说,小丫头们全是些玩意儿,如同猫狗一般。袭人的母亲去世,贾府欢度元宵节,袭人没有跟随伺候贾宝玉,引发贾母不满。王夫人解释说袭人的母亲刚刚去世,有热孝在身,所以没来,贾母却说跟主子却讲不起这孝与不孝。在贾母眼中,丫鬟的亲情简直不值一提。贾宝玉一向标榜"女儿是水作的骨肉",十分怜香惜玉。但在第三十回,天下雨,丫鬟们贪玩,没给他开门,他骂丫鬟们是"下流东西们",并且一脚踢中去开门的袭人,踢得袭人吐了血。综上所述,丫鬟们在主子眼中地位低贱,毫无尊严人权可言,晴雯和袭人也不例外。

那么两位丫鬟对主子又是怎样的情感呢?晴雯因为跌了扇子,和贾宝玉有了冲突,贾宝玉一气之下说撵走晴雯,一向刚烈的晴雯伤心流泪,表示宁死不出怡红院。再看袭人,她的母兄想赎她回家,她坚决不同意,一向稳重的她为此哭闹了一阵。由此可见,二人对贾宝玉的感情都很深,都不愿意离开贾府。

我们再来看相关的细节。重病的晴雯为贾宝玉补雀金裘,堪称《红楼梦》中的经典。作者用"勇"来赞扬她,其中的描写很令人感动。"(晴雯)补不上三五针,便伏在枕上歇一会儿",简直是拿自己的性命来补雀金裘。晴雯如此奋不顾身,只是为了不让老太太看出雀金裘有个洞。如此看来,与自己的性命相比,贾宝玉和老太太的喜怒哀乐更为重要。晴雯在临终前把指甲和贴身衣物留给贾宝玉做纪念,对贾宝玉用情至深,至死不渝。贾宝玉挨打之后,袭人"忘餐废寝""觅死寻活""含泪咬着牙",足见袭人对贾宝玉的疼惜,对贾政的不满。

以花喻人含深意

曹公擅长用各种花来暗示人物的性格命运。晴雯、袭人二人的性情不同,晴雯是"心比天高、风流灵巧",袭人是"温柔和顺、似桂如兰"。"风流"这个词并非贬义,此前曾出现在第三回当中,写众人眼中的林黛玉"却有一段自然的风流态度";第二十五回当中,薛蟠"见了林黛玉风流婉转,已酥倒在那里","风流"意为"美好的仪态"。曹公还为二人找到了对应的花卉。判词中写袭人"似桂如兰",将袭人比作桂花和兰花。"似桂如兰"到底是怎样的一种品格?我们可以联系诗词加以体会。唐代诗人张九龄的《感遇》诗中写到了兰和桂:"兰叶春葳蕤,桂华秋皎洁。欣欣此生意,自尔为佳节。谁知林栖者,闻风坐相悦。草木有本心,何求美人折?"赞颂了兰花的叶子特别繁茂,桂花在秋天开得特别纯洁、干净,在诗人笔下,幽兰和桂花是高洁情操的象征。李清照的《鹧鸪天·桂花》词中,作者在描写了桂花的颜色、体性、香味之后,赞叹其"何须浅碧深红色,自是花中第一流",对桂花给予了高度的评价。在《孔子家语》中有这样的句子:"与善人居,如入芝兰之室,久而不闻其香,即与之化矣;与不善人居,如入鲍鱼之肆,久而不闻其臭,亦与之化矣。""芝兰"是香草,比喻品德高尚之人,成语"芝兰玉树"比喻有出息的子弟。由此看出,桂和兰代表了高雅恬淡、本性美好、出类拔萃的特质,很符合袭人的性格特点。

从花签和题词中,可以看出二人的不同。晴雯是芙蓉的化身,在第七十八回中,晴雯死后,贾宝玉悲伤不已。一个小丫头为了讨好贾宝玉,谎称晴雯死后变成芙蓉花神,贾宝玉为悼念她写了《芙蓉女儿诔》。这里的芙蓉应该是水芙蓉,即荷花。荷花象征着晴雯高洁不俗、出淤泥而不染、濯清涟而不妖的特质。在第六十三回《寿怡红群芳开夜宴 死金丹独艳理亲丧》中,大观园众女子为贾宝玉庆祝生日,酒席上众人玩抽花签的游戏:袭人抽的花签是桃花,题词是"武陵别景",题诗是"桃红又是一年春"。这让我们想起了《桃花源记》中武陵捕鱼人经历了"山重水复疑无路"之后"柳暗花明又一村",来到了桃花源。袭人在贾府被抄之后,嫁给了名伶蒋玉菡,虽无大富大贵,但夫妻恩爱,这也算是比较好的结局。在二人的花语中,我们可以看出二人的区别:荷花的清雅之气扑面而来,桃花的世俗气更浓一些。

同场争艳性不同

晴雯和袭人常常出现在同一个场景当中,在面对同样的事件时,二人的反应和处理方式迥然不同,彰显出二人迥异的性格特点。贾宝玉曾给晴雯留过豆腐皮包子,为袭人留过糖蒸酥酪,但都被贾宝玉的奶妈李嬷嬷拿走或吃掉。当贾宝玉问起时,晴雯不加掩饰,直接告状;袭人则巧妙地转移话题,说自己不太喜欢吃,更喜欢吃风干栗子。面对同样的问题两个人处理问题的方式不同——一个直言不讳,一个息事宁人。怡红院的丫鬟坠儿偷走了平儿的虾须镯,平儿知道晴雯的脾气如爆炭,所以不让贾宝玉告诉晴雯,但贾宝玉还是告诉了晴雯,病中的晴雯勃然大怒,对坠儿又打又骂,还将她撵了出去。后来袭人回来,得知此事,表现得很平静,只说"太性急了些"。在这个事件中,晴雯表现得非常急躁,袭人却非常平和。

类似的事情还有很多。贾宝玉因为晴雯跌了扇子责怪她,晴雯直接反驳贾宝玉。三次反驳,三次冷笑,言语越来越犀利,也越来越过分,先是不满贾宝玉的脾气大,接着讽刺袭人被踢,又揭露贾宝玉和袭人的不正当关系。而袭人面对这些不友好的言论,只是好言相劝,忍气吞声。贾宝玉气急败坏,想撵走晴雯,袭人极力阻拦,息事宁人。在这一段当中,脂砚斋并未做任何评价,相信读者自有判断。在第六十回当中,赵姨娘来怡红院和芳官等小丫头打架,袭人尽己所能去拉架,晴雯则幸灾乐祸地在一旁看热闹。在这场争斗中,袭人具有主人翁的姿态,成熟而有担当;而晴雯则充当看客,单纯而幼稚。

我们再来看第三十四回。贾宝玉挨打后,担心林黛玉过于伤心,他支走袭人,让晴雯给林黛玉送旧帕子,其中的原因不言而喻。在古代,手帕常用作男女定情物,例如《红楼梦》第二十六回中,贾芸和小红就是以手帕来传情的。明代文学家、《三国演义》开篇词的作者杨慎被贬他乡时,他的夫人写了一首诗:"不写情词不写诗,一方素帕寄相思。郎君着意翻覆看,横也丝来竖也丝。"结尾句运用谐音的修辞手法,以手帕来寄托相思之情。送手帕之事关系重大,所以要选稳妥之人去送。袭人一向稳妥可靠,贾宝玉为什么不选她呢?在第三十二回当中,贾宝玉误把袭人看作林黛玉,说出了自己对林黛玉的肺腑之言,在看清是袭人后羞得满面紫胀跑开。如此看来,贾宝玉怎能让心思缜密的袭人去送手帕呢?虽然袭人不识字,但她心细如发,早已觉察出贾宝玉、林黛玉二人的非正常情感。而晴雯,大大咧咧,天真烂漫,她压根儿想不到贾宝玉、林黛玉二人的特殊情感。由此看来,在送手帕的人选上,贾宝玉还是动了脑筋的。

第七十四回抄检大观园时,二人的表现也大相径庭。我们从文中看出,袭人以身作则。而轮到检查晴雯的箱子时,她"闯进来,豁啷一声将箱子掀开,两手捉着底子朝天,往地下尽情一倒",这一连串的动作很明显是在发泄不满。之前王善保家的在王夫人面前说了晴雯不少坏话,这次王善保家的再向王夫人打小报告,又会怎样地添油加醋,可想而知。在这场抄检中,袭人是逆来顺受,而晴雯则负气刚烈。

各具风采任评说

在前八十回当中,晴雯出场22次,袭人出场35次。人们对林黛玉、薛宝钗意见不一,对晴雯和袭人也是各执一词,我们应该辩证地对他人的评价进行分析。这里列举的评价,既有小说中作者和其他人物的评价,也有红学评论家的评价。

我们从最简练的回目中的"一字定评"入手,来看作者对二人的评价。晴雯的一字定评是"勇"和"俏",概括出晴雯形象中最鲜明的特质——忠诚、俏丽。袭人的一字定评是"贤",是"贤惠贤良"之意。

在贾宝玉及众人眼中,袭人柔美娇俏,朴素本分;而晴雯长相标致,伶牙俐齿,美丽张扬。相比之下,书中对晴雯的容貌描写更多,更具个性,但外人对晴雯评价并不高,王善保家的对王夫人说起晴雯,说她"能说惯道,掐尖要强""水蛇腰",全是贬义词。即使她没有妆饰,王夫人也斥之为"轻狂、花红柳绿"。长得美,爱打扮,成了她的原罪。

薛姨妈对袭人的评价:袭人模样不错,行事大方,柔中有刚。小丫头佳蕙曾评价袭人素日殷勤小心,让人信服;而她评价晴雯等人时,却说仗着老子娘的脸面获得好处,难以服众。从他人的评价中,可以看出二人的外貌、气质不同,给众人留下的印象对比鲜明。

让我们来看一下评论家们的观点:张爱玲认为,袭人先告密,然后步入金屋,告密成为王夫人赏识她的主因;青山山农和涂瀛则认为袭人是贾府的奸臣,很有心机,非常伪善;脂砚斋对袭人大加赞赏,认为"晴卿不及袭卿远矣"。红学家野鹤则盛赞晴雯,认为她是丫鬟中第一,天性照人,自然磊落,胜过林黛玉。

大家普遍认为袭人向王夫人告密,导致了宝黛爱情和晴雯的悲剧。事实如何呢?让我们从原文当中寻找答案。第七十四回中,贾宝玉也怀疑袭人是告密者,而袭人则辩解说是因为贾宝玉说话不谨慎,说者无意,听者有心,导致王夫人知道了很多怡红院的细枝末节。真是如此吗?我们通过相关情节来看一看贾府复杂而高效的信息网络。第七十四回当中,贾琏、王熙凤夫妇让鸳鸯偷运出贾母的家当变卖,事情做得很隐秘,但很快被邢夫人知道了,邢夫人向贾琏敲诈了二百两银子。第三十二回当中,贾宝玉、林黛玉二人闹矛盾,林黛玉赌气铰了贾宝玉的扇套,此扇套出自史湘云之手,在这期间,史湘云并没有来过贾府,却也知道了这个消息。第六十回当中,玫瑰露引来茯苓霜亦是如此。由此可见,大观园是个小社会,人多嘴杂,人物关系错综复杂,贾宝玉平日一些不经意的话传到王夫人耳朵里也不足为奇。

我们再仔细分析一下第三十四回袭人告密的原文。在这段文字当中,袭人表达了自己的担心和忠心,提出以防为主的策略:防男女不才之事,防小人口舌是非,防贾政怪罪。这段话中并没有提到晴雯,提到林黛玉也是和薛宝钗放在一起,并没有单独强调林黛玉。第七十四回中王善保家的向王夫人说起晴雯的坏话,王夫人这才对上号,在此之前,王夫人并不知道有这个人。谁是真正害晴雯的人?读完之后,相信大家会有自己的答案。

千红一哭,万艳同悲。她们二人身上既有优点,也有缺点,这样的人物形象更加真实,体现了作者深厚的文学造诣。对人物的精准把握,寄寓着作者对生命的悲悯和对人生无常的感慨。晴雯和袭人各有千秋,各具魅力,这是作者塑造人物的成功之处,也是《红楼梦》这部作品的伟大之处。

书生意气今何在　红尘梦醒急流津
——再读贾雨村

我们读《红楼梦》,深知贾雨村是线索人物,作用不可小觑,但一直对他不感兴趣,大体印象是一个有才华、有抱负的落魄书生,科举及第后被黑暗的官场污染了灵魂,成了一个忘恩负义的无耻小人。此次要讲公开课,所教的高一学生刚读了前几回《红楼梦》,《红楼梦》中荡气回肠的儿女情长、错综复杂的人际关系、跌宕起伏的情节尚未拉开序幕,又不想为讲课让学生快马加鞭赶进度,斟酌再三,选定了并不喜欢的贾雨村作为专题研究的人物。

贾雨村是《红楼梦》中为数不多的被作者描写外貌的男性。作者对他的外貌描写很细致:"敝巾旧服,虽是贫窘,然生得腰圆背厚,面阔口方,更兼剑眉星眼,直鼻权腮。"从外貌看,贾雨村相貌堂堂,充满阳刚气,气场也很强大。"面阔口方"一看便是福相官相,破旧的衣着掩盖不住这个落魄书生的风采;"剑眉星眼"更是为他的形象加分,"剑眉"充满英气、锐气,"星目"指眼中有光,贾雨村眼中的光芒来自他饱读诗书形成的文人气质和他内心对功名的热烈追求。就是这样一个相貌堂堂、读圣贤书的人,进入官场后却做出一系列龌龊之事,他的外貌和内心形成强烈反差,封建官场对人的异化令人震惊。

贾雨村的姓名和字号寄寓作者借谐音表达讥讽之意。贾雨村姓贾,名化,字时飞,别号雨村,谐音"假话""实非""假语村言"。细究起来,贾雨村的名、字、号出自《孟子》中的句子,"君子之所以教者五:有如时雨化之者,有成德者,有达材者,有答问者,有私淑艾者。此五者,君子之所以教也"。"时雨化之"除表明贾雨村确实出身于"诗书仕宦之族",又契合其曾经做过甄宝玉、林黛玉家庭教师的经历。他教育学生也曾春风化雨，可惜甄家老太太辱师责子，贾雨村难以忍受，辞馆出来。林家倒是贵而好礼，然学生林黛玉是女流之辈，且体弱多病，贾雨村的"名师出高徒"的教育梦恐难实现，况贾雨村志不在此，一心想求取功名，再整基业。

"君子生非异也，善假于物也。"贾雨村就是一个善于抓住机会、善于借助外力助己成功的人。贾雨村的祖上恐怕也阔过，他说自己的正宗祖上是东汉被封为胶东侯的贾复，和荣国府是同支，但因贫富悬殊，又兼贾雨村家并无一位能干能言、善打秋风的刘姥姥，故和贾家只是"盈盈一水间，脉脉不得语"。贾雨村只能依靠自己的才学，寻找可能成功的一切机会，为自己打拼出一片天地。穷困潦倒之际，在姑苏葫芦庙寄居，见了甄士隐，第一句话便问"敢问街市上有甚新闻否？"第一次罢官后在扬州巧遇冷子兴，寒暄后的第一句话是"近日都中可有新闻没有？"贾雨村关心时事新闻，力图从中获得有价值的信息，以便规划自己的前程。

他结交甄士隐，起初因为同为读书人，兴味相投。相识日久，贾雨村认为甄士隐的价值不仅是可以一起谈论诗书，还可能是助他进京赶考。八月十五中秋夜他对月吟诗，抒发不凡抱负，恰被甄士隐听到，他的才华和抱负打动了甄士隐。接着他很自然地说到自己无钱应考的窘境，甄士隐古道热肠，慷慨解囊，于是贾雨村拿着甄士隐资助他的五十两银子和两套冬衣，一举高中，做了大如州知州。他从冷子兴嘴里得知自己的学生家长林如海乃贾府的女婿，又从张如圭处得知朝廷要起复旧员，于是谋之林如海，随林黛玉入都，借助贾政和王子腾的力量，轻轻谋了个复职候缺，不出两月，补缺金陵应天府东山再起，重新开始了自己的仕宦生涯，从此顺风顺水，经王子腾保荐，从金陵应天府入京做官，官至兵部大司马、京兆尹监管税务。要不是贾府被抄，拟升内阁大学士的王子腾暴病而亡，贾雨村恐怕还会平步青云。

为了适应官场规则，贾雨村不断去除自己的"书生气"，增添"官僚气"。想当年，甄士隐赠银五十两并两套冬衣，他不过略谢一语，甚至没有拜别恩人，就踏上了赶考之路。一个穷儒生，得此厚赠，内心的感激势必无以言表，此时他仅剩了读书人的骄傲和尊严，这点骄傲和尊严支撑着他行走于世，面对艰难的人生和未卜的前程。第二次谋求起复，林如海修荐书一封，并为之筹划妥帖所需费用，贾雨村"一面打躬，一面谢不释口"，感激之情形于色，发于声。此时的贾雨村，早已熟稔了官场规则，该表现的一定要淋漓尽致地表现出来，不该表现的不露半点儿痕迹。第一次被罢官，尽管"心中虽十分惭恨"，但他表面上还是"嬉笑自若"。贾雨村明白，官场是个很现实的地方，不相信眼泪，不存在真情，有的只是利益交换和对权势的膜拜。赴任应天府之前，他拜辞了贾政,道谢,拜望,拜辞,礼数周到,滴水不漏。以前那个"不在黄道黑道,总以事理为要"的贾雨村,择日上任,择的应该是黄道吉日。对失而复得的官职,贾雨村倍加珍惜,选个吉日,愿自己的仕途一帆风顺,不要再生波澜。

对待上司,贾雨村的态度也有了一百八十度的大转弯。前期因"恃才侮上"被革职,教训深刻,如今不仅不"侮上",还要"媚上"。他来贾府必见贾宝玉,因为他知道贾宝玉在贾府的地位,知道贾政"恨铁不成钢"背后的爱子心切。当他知道薛蟠和冯渊相争的丫头是恩人甄士隐之女时,并没有出手相助,反而避重就轻,说这是三人的"一段孽缘"。香菱命途多舛不言而喻,但碰上贾雨村这样为自保官职而忘恩负义之人,更是雪上加霜。"薛蟠命案"结束后,贾雨村并没有浓墨重彩地向贾政和王子腾表功,而是以信轻描淡写地说:"令甥之事已完,不必过虑。"贾雨村向领导汇报工作很及时,邀功请赏也十分含蓄有度。如果一味表功,让人反感;有功不说,恐无济于仕途。贾雨村这位饱学之士,几经斟酌,千言万语化作轻描淡写的几句话,语意浅近平常如言家事,自身无徇私枉法之过,对方无请托徇私之嫌,事情办得自然妥帖而不落痕迹,如打太极,看似轻柔绵软,实则蕴力千钧。此时的贾雨村迅速成长为"媚上"的官场高手。

贾雨村在官场浸染日久,我们从他身上看到了封建时代官场的真面目。首次做官,书生意气,锋芒毕露,"未免有些贪酷之弊"。"未免"二字用意极深,免不了,不能免俗,"贪酷之弊"乃旧时官场标配,人皆如此。但上司参他一本,并非为"贪酷",而是"生性狡猾,擅篡礼仪,且沽清正之名,而暗结虎狼之属,致使地方多事,民命不堪"。可见欲加之罪,何患无辞。不参"贪酷",是怕引火烧身;参其他罪状,是想除之而后快。彼时贾雨村尚无后台,及靠上了贾府和王子腾这两棵大树,"轻轻谋了一个复职候缺,不上两个月,金陵应天府缺出,便谋补了此缺"。"轻轻"二字言浅意深,写出了封建官场权势的巨大力量,一个被革职的人,就这样轻易起复,官场上的任人唯亲不言而喻。及至贾雨村乱审命案,也未见有人参他一本,反而步步升职。

贾雨村忘恩负义,为人不齿。先负甄家,后负贾家。细究其背后原因,除官场的政治斗争,还应注意贾雨村的心理。他多年巴结贾府,表面恭敬,实则心理不平衡。林如海、贾政、贾赦、王子腾及贾家后辈子弟,皆为官二代,含金钥匙出生,贾雨村颠沛流离地奔赴"罗马",这些官二代早就在"罗马"安享富贵尊荣。如果说在"神仙一流人品"的甄士隐面前还能保持最后的尊严,在贾府、王府等权贵面前,贾雨村这个寒门书生的尊严不值一钱。仰人鼻息的日子不好过,单看贾宝玉慑于父威不得不见贾雨村的不耐烦,并暗指其为"禄蠹",就可以想见其他贾府子弟对贾雨村的态度,可以体会到这个除了才华一无所有的书生的辛酸和压抑。官位仰仗他们所赐,今后的发展还离不开他们的扶持,这种寄人篱下的心理折磨可想而知。所以,后四十回,贾雨村在贾家被抄的过程中"狠狠地踢了一脚",落井下石,不能排除他多年压抑后的报复心理。

尽管贾雨村在求官过程中道德沦丧、人性扭曲,但对娇杏还是重情重义的。君不见孙绍祖为攀附贾家娶贾迎春,傅试为攀附权贵致使其妹年长待字闺中,薛家为薛宝钗嫁贾宝玉炮制"金玉良缘"的神话,贾雨村至少从未用婚姻为仕途助力,也未见记载其官运亨达时喜新厌旧。一朝中第做官,先娶来落魄时回眸两次的娇杏,后办案偶遇甄士隐,也第一时间回家向娇杏汇报,可见他和娇杏的感情一直很稳定,他非游戏人生、背叛感情之徒。

从贾雨村身上,我们读到了一个封建社会寒门子弟行走官场的心路历程。为了升迁,他一再降低做人的底线,直到堕入为人所不齿的道德深渊。命运的一声棒喝,浇灭了他对权势的高昂热情,惊醒了他的红尘一梦。脱下官袍,削职为民,在知机县急流津边,他终于开始了对自己灵魂的反思和救赎。

琏瑚之间美意显 "二舍"细思意味深
——从名字看贾琏其人

《红楼梦》作者在设计人名时,常常"随姓成名,随笔命名,随事生名,因情得文"。那么"贾琏"这个人名又有什么深意呢?

我们知道,贾琏是贾府现存的第三代子弟,隶属玉字辈。他的同辈兄弟并不多,人们熟悉的有宁国府的掌门人、族长贾珍,贾府的命根子贾宝玉,早逝的贾珠,庶出的贾环,还有没什么存在感的贾琮,再就是一些只出现人名的贾璜之类的人。在第二回《贾夫人仙逝扬州城 冷子兴演说荣国府》中,冷子兴介绍了贾琏:"若问那赦公,也有二子,长名贾琏,今已二十来往了,亲上做亲,娶的就是政老爹夫人王氏之内侄女,今已娶了二年。这位琏爷身上现捐的是个同知,也是不肯读书,于世路上好机变,言谈去的,所以如今只在乃叔政老爷家住着,帮着料理些家务。谁知自娶了他令夫人之后,倒上下无一人不称颂他夫人的,琏爷倒退了一射之地:说模样又极标致,言谈又爽利,心机又极深细,竟是个男人万不及一的。"由此可以看出,贾琏年纪不大,读书不行,但办事能力还是不错的,口才也可以,和其妻王熙凤一起管着荣国府。

我们再看一下贾琏名字中的"琏"的意思。《论语》中孔子说子贡好比是古代祭祀时用来盛放黍稷的祭器"瑚琏"。祭器"瑚琏",在夏朝时叫"瑚",到了商朝时就叫"琏"了,周朝时称作"簋"。加了玉字旁,说明是珍贵的玉器。孔子赞扬子贡是国之大器，有才干，有能力。其实子贡希望老师评价自己是"君子"，无奈孔子对"君子"品行方面的要求极高，这一点子贡似乎还达不到。我们知道，子贡是成功的商人和外交家，能力有目共睹。贾琏的才能、心机比起王熙凤是望尘莫及，比起贾府的其他子弟还是可圈可点的。

贾琏被贾政选来协理家务，是因为贾政充分信任贾琏的能力。贾琏和王熙凤一个主外，一个主内，将荣国府治理得差强人意。比起贾珍尤氏管辖的宁国府"扒灰的扒灰，养小叔子的养小叔子"，荣国府还算是纲纪严正。

贾琏办事仔细、可靠。林黛玉的父亲病重，贾母就委派贾琏送林黛玉回扬州探病，嘱咐仍旧将林黛玉带回来。后来贾琏打发昭儿回来报信，说林如海九月初三去世了，贾琏带了林姑娘同送林姑老爷灵到苏州，大约年底就回来。百忙之中，贾琏还让昭儿向家里人报信请安，还瞧瞧奶奶家里好。贾琏在扬州、苏州主持林如海的丧事，比起在家主持秦可卿丧事的王熙凤，身上的担子并不轻。远在异乡，要入乡随俗，还要照顾病弱悲伤的林黛玉，林如海作为巡盐御史，官位甚高，但支庶不盛，贾琏需要招待前来吊唁的达官贵人，还要妥善处理林如海的遗产，可以说繁杂程度比起秦可卿的丧事来有过之而无不及。贾琏圆满地完成了任务，林黛玉不但没因为丧父之痛一蹶不振，据贾宝玉看来，越发出落得超逸了，这不得不归功于贾琏。没有贾琏的悉心照顾，细心开导，诸事考虑周全，林黛玉恐怕没这么容易渡过这一难关。贾琏护送林黛玉回到贾府，并未听到其自伐其功，事情就这么无声无息地过去了。倒是他的夫人王熙凤，因为主持了秦可卿的丧事，声名大振，自命不凡，在贾琏面前欲扬先抑，得意之情溢于言表。贾琏不表其功，在他看来这是分内之事，不值得宣传得合宅皆知。我们不难看出夫妻二人的区别：王熙凤好大喜功，抓住一切机会表现自我；贾琏勇于担当，办事妥帖，不事张扬。

元妃省亲，贾府大兴土木准备接驾。贾政不惯俗务，将建造省亲别墅的重任托付给贾珍和贾琏两人。贾琏刚从苏州陪林黛玉奔丧回来，不顾劳乏，很快投身于大观园的建造中。第十七回至第十八回，大观园基本竣工，贾政带领贾宝玉和众清客相公游览并题字题联。行至潇湘馆，贾政忽然问起院子里的帐幔帘子并陈设玩器古董是不是一处一处合式配就的，同行的贾珍回答得模棱两可，便命人唤来贾琏。贾琏见问，忙向靴筒取出一个纸折略节来，看了看，将各处物品的数量、到位情况一一回明。在这个浩大的工程中，贾琏亲力亲为，万千头绪，井井有条，但全文未见他宣扬自己的功劳和辛苦。假如大观园的监工换作王熙凤，不知又将是怎样的自我炫耀。贾赦派贾琏去平安州办一件机密大事，贾琏也是圆满完成了任务，贾赦夸他能干，将自己的丫头秋桐赏给贾琏。这件机密大事内情如何，我们不得而知。但从文中看，平安州地处边疆，贾赦作为一个内臣，擅自结交守边大臣，在封建王朝是大忌。像明代的袁崇焕、严世蕃等都因此项罪名被治罪。贾赦此举是否为政敌留下把柄，是否成为贾府被抄的原因，颇令人思量。

贾琏还是讲原则、有底线的人。当贾蔷获得了去姑苏采买戏班子的美差，想贿赂贾琏时，贾琏严词拒绝。这说明在办事的过程中，他还是能做到不贪图利益，并能及时纠正后辈的错误想法。第四十八回，贾赦想要夺取石呆子的二十把古扇，让贾琏去弄来，贾琏费尽心力想买来，无奈石呆子嗜之如命，不肯出卖。贾雨村闻讯，讹石呆子拖欠官银，将其抓入官府，将那几把扇子作了官价，送给了贾赦。贾赦责备贾琏办事不力，没想到平日对贾赦唯命是从的贾琏顶嘴："为这点子小事，弄得人坑家败业，也不算什么能为！"再加上几件小事，贾赦直接开打，把贾琏的脸都打破了。在贾琏看来，像贾雨村这样为几把扇子图财害命，实在是有违天理。贾琏虽是纨绔子弟，还没有到不择手段、为所欲为的地步。当然，贾雨村如此为贾赦不遗余力，是因为他要极力巴结贾府，为自己的仕途铺路。第七十二回，王熙凤的陪房旺儿家的儿子看中了王夫人屋里的丫头彩霞，王熙凤出于各方面的考虑，就答应了。贾琏听林之孝说旺儿的儿子不成器，贾琏当即要阻挠这门亲事，还把旺儿的儿子锁起来，打了一顿。后来因为王熙凤插手，贾琏没能阻止这门亲事。尽管如此，贾琏在这件事上还是良心未泯，并没有因为彩霞是一个丫鬟就草率行事，也没有因为旺儿夫妇是王熙凤的得力干将而妄加包庇。

正如孔子对子贡的评价仅仅是才能出众一样，贾琏在生活作风上还是有很多不足的。作为贾府的子弟，他和贾珍、薛蟠等人最投合，身上有浓厚的纨绔子弟作风——不读书，喜玩乐，好酒色。《红楼梦》中一共写了贾琏三次出轨。第二十一回贾巧姐出痘，按规矩贾琏夫妻分房，贾琏和多浑虫的老婆多姑娘又厮混在一处。这次王熙凤忙着张罗给孩子治病，没抓着现行，平儿却在贾琏的行李中发现了一绺长发。第二次是第四十四回王熙凤生日，女眷们凑份子为她庆祝，贾琏趁此机会将鲍二家的招到自己屋里偷情，他和鲍二家的说王熙凤就是个"夜叉星"，被回家换衣服的王熙凤发现，王熙凤一顿大闹，贾琏羞愧不已，酒壮人胆，贾琏甚至拿着剑追杀王熙凤。贾琏和这些女子都是"一夜情"，这些女子不足以对王熙凤的少奶奶地位造成威胁。最让王熙凤忧心的是尤二姐，因为贾琏对尤二姐是动了真情，在小花枝巷置办了房子，还举办了过门的仪式，不计较尤二姐的过往，把体己钱都交给尤二姐。尤二姐被王熙凤骗入大观园后，贾琏因为有了贾赦赏赐的秋桐，对尤二姐冷落了许多，暴露了他喜新厌旧的公子哥作风。尤二姐吞金自杀，贾琏觉察到是王熙凤的阴谋，对王熙凤更加警惕，同时也后悔自己对尤二姐不够细致，留下尤二姐旧时的裙子作为纪念。

从这三段婚外情看,贾琏的确风流好色,但在封建大家庭中,这也并不是十恶不赦的错误。一本正经的贾政有一妻两妾,贾琏虽有平儿这个通房丫头,但王熙凤时时防着贾琏和平儿在一处,贾琏等于只有一个妻子。贾琏在外偷情秉持着"你情我愿"的原则,没有强迫之意。多浑虫的老婆早就有意于贾琏,鲍二家的也是得了钱财后自愿献身。对和他有关系的女人,他还是比较负责任的。鲍二家的因恐惧上吊,贾琏悄悄地让林之孝给了其亲属二百两银子,又拿出体己钱给了鲍二,让他再娶一房媳妇。他对多姑娘也是许以金帛。至于他最看重的尤二姐,他不仅为其提供优裕的物质生活,还为小姨子尤三姐的终身大事操心。

贾琏在外寻欢作乐,除他本身好色之外,王熙凤的善妒和压制也是原因之一。在王熙凤面前,贾琏几乎没有存在感。王熙凤自视甚高,她曾说:"普天下的人,我不笑话就罢了"。可见,贾琏在她那里是得不到尊重的。王熙凤的强势,使贾琏很受压抑。在贾府的人员安排上,王熙凤常常让贾琏下不来台,当面驳回,如贾芸想在大观园谋一份差事,先求得贾琏,结果一直没有消息,最后求了王熙凤,不多时就安排了种树的活儿,发了一笔财。怪不得贾芸说,早知道,不如一起头就求婶子。王熙凤的判词中,有"一从二令三人木",反映出贾琏对王熙凤的态度——顺从、冷淡、休弃。

字典解释"琏"有"连接"之意。的确,贾琏作为贾府事务的顶梁柱,他连接着贾府和官场甚至宫廷,有了什么事情,总是他去打探处理。

在第六十五回回目中,有"贾二舍偷娶尤二姨"之语,这是书中第一次也是唯一的一次称贾琏为"贾二舍"。自宋代以来,有用"舍人"来称呼富家公子的习惯,以此来称呼贾琏似乎合情合理。但联系小说的情节来看,称为"二舍"还有另一层深意。贾琏处处留情,但基本是露水情缘,只有在偷娶尤二姐之时,专门在荣国府附近的小花枝巷置办了一所房子,作为他和尤二姐的"家",尤二姐算是他的"二房"。由此可见,"二舍"之称颇具讽刺意味。

贾琏没有贾宝玉的叛逆精神和高蹈出世。贾宝玉是理想主义者,有仙气;贾琏是实用主义者,接地气。贾琏不像薛蟠那样俗不可耐,无法无天,他有担当,能处理大大小小的事情,可以打理家庭日常琐事,也能出门办理机要大事;既能和奴才、家人计议家务,也能和官员、太监周旋往来。难得的是,他提醒贾政少和贾雨村往来,认为贾雨村不可靠。这一点表明,他看人的眼光是比较准的。

金无足赤,人无完人,贾琏身上瑕瑜互见,这正是作者塑造人物的成功之处。

如柳似莲世家子　玉树临风冷二郎
——从名字看柳湘莲其人

在《红楼梦》中，柳湘莲并不是作者浓墨重彩塑造的主要人物，他的戏份主要集中在第四十七回《呆霸王调情遭苦打　冷郎君惧祸走他乡》、第六十五回《贾二舍偷娶尤二姨　尤三姐思嫁柳二郎》和第六十六回《情小妹耻情归地府　冷二郎一冷入空门》。虽然出场不多，这个人物却给《红楼梦》的广大读者留下了难以磨灭的印象。他的身世才华，他的侠肝义胆，他的情感归宿，都具有神秘色彩。我们知道，曹公在给小说的人物取名方面是颇有深意的，下面就尝试从柳湘莲的名字入手分析一下人物的形象特点。

先从他的姓氏入手。柳姓是一个古老的姓氏，源流有三：一是来自古老的姬姓，像坐怀不乱的鲁国大夫柳下惠，本名展禽，因祖先食邑于柳下，称柳氏，又因其有坐怀不乱的美德，去世后谥号为"惠"，后人遂称其为"柳下惠"；二是源于楚国的大姓芈姓；三是来自鲜卑族、蒙古族和其他少数民族改姓。明清时期柳姓在南方很是兴盛，近代迁入山东、四川、湖北、湖南等地。第四十七回写柳湘莲原是世家子弟，还是有根据的，他的祖籍在江南的概率较大。

在古典诗词中，"柳"是一个很有意蕴的意象。首先，柳的外形婀娜多姿、柔美纤细，有一种独特的阴柔之美。像"烟柳画桥""杨柳堆烟""碧玉妆成一树高"之类的诗词名句中，柳柔美缠绵的形象深入人心，柳湘莲的外形恰巧也具有一种阴柔之美。第四十七回写道："年纪又轻，生得又美，不知他身份的人，却误认作优伶一类。"他喜欢串戏，常在风月戏文里扮演小生一类的角色，因此引得薛蟠想入非非。"柳"和"留"谐音，在古诗文中有"折柳送别"之意。柳湘莲身世如柳絮，萍踪侠影，四海流浪，无故土家人可以留恋，唯有几个朋友如贾宝玉、秦钟等可以交往。在暴打薛蟠之前，柳湘莲已经有了出去走走、外头逛个三年五载的打算。

柳是多情的。从《诗经·采薇》中的"昔我往矣，杨柳依依。今我来思，雨雪霏霏"中征人对故乡亲人的绵绵思念到《西厢记·长亭送别》"柳丝长玉骢难系，恨不倩疏林挂住斜晖"中崔莺莺对张生的恋恋不舍，从李白在《劳劳亭》中的"春风知别苦，不遣柳条青"到柳永的千古名句"杨柳岸，晓风残月"，"柳"这个意象寄寓了中国人丰富的情感——友情、亲情和爱情。而柳湘莲同样是一个多情的人。如果不多情，心思不细腻，他不会在舞台上将风月戏文中的角色演绎得惟妙惟肖，令薛蟠心心念念，令尤三姐相思五年。他对待朋友是多情的，秦钟去世后，他年年去上坟，虽身无长物，还是提前把为秦钟修坟的银子留了出来。他对贾宝玉也是真诚的，贾琏给他提亲，他第一时间向贾宝玉打听尤三姐的底细。他在平安州救了薛蟠,两人前嫌尽释,义结金兰,也说明他是一个胸怀磊落之人。

"柳"在诗人笔下又是无情的。如唐诗中有"章台柳,章台柳,颜色青青今在否?纵使长条似旧垂,也应攀折他人手",这里的"章台柳"指代的是长安的妓女,她们是不可能专情于一人的。"柳"是历史的见证,面对朝代更替、山河易主,它是一个冷眼观兴亡的旁观者。如唐代诗人韦庄在《台城》中写道:"江雨霏霏江草齐,六朝如梦鸟空啼。无情最是台城柳,依旧烟笼十里堤。"柳湘莲原为世家子弟,因为父母早丧,家道中落,孤身一人,漂泊世间。他年纪尚轻,虽然没能看见世间的沧桑巨变,但也看透了世态炎凉、人情冷暖,他无力改变,又不愿随波逐流,所以只能冷眼旁观。在世人的印象中,他就是一个面冷心冷的人。例如,他在赖尚荣的家宴上和贾宝玉相遇,对贾宝玉说自己要远行,贾宝玉说:"……只是你要果真远行,必须先告诉我一声,千万别悄悄地去了。"说着便滴下泪来。柳湘莲说:"自然要辞的,你只别和别人说就是。"一面说,一面出了书房。在这个对话场面中,贾宝玉是非常感性的,而柳湘莲就特别冷静,不是他对朋友无情无义,是因为他四海为家,习惯了别离,习惯了承受世间的风霜雨雪和悲欢离合。

他的无情和多情还表现在对尤三姐的态度转变上。面对贾琏提亲,他就是一个条件,想娶一个绝色的女子为妻,而尤三姐完全符合这个要求。《红楼梦》第六十五回中这样描写尤三姐的外貌:"这尤三姐松松挽着头发,大红袄子半掩半开,露着葱绿抹胸,一痕雪脯。底下绿裤红鞋,一对金莲或翘或并,没半刻斯文。两个坠子却似打秋千一般,灯光之下,越显得柳眉笼翠雾,檀口点丹砂。本是一双秋水眼,再吃了酒,又添了饧涩淫浪。不独将他二姊压倒,据珍琏评去,所见过的上下贵贱若干女子,皆未有此绰约风流者。二人已酥麻如醉,不禁去招他(她)一招,他(她)那淫态风情,反将二人禁住。"尤三姐自己也曾对尤二姐说:"咱们金玉一样的人。"毋庸置疑,尤三姐的美貌风情在《红楼梦》中恐无人可及,不然贾珍、贾琏、贾蓉之粗鄙好色之辈也不会趋之若鹜。一开始,柳湘莲对尤三姐基本是满意的,并留下鸳鸯剑作为定情信物。后来听到贾宝玉对尤氏姐妹的评价,又知道尤氏姐妹曾在宁国府住过,对尤三姐的名节清白产生怀疑,于是断然悔婚,并且找了一个非常拙劣的理由:姑妈已于之前给自己订婚。对于痴恋她五年的尤三姐来说,这是致命的打击,这是他的"无情"。刚烈的尤三姐愤然自杀,柳湘莲一改之前的态度,抚尸痛哭,称尤三姐为"贤妻"。此时的他,又变得多情。失魂落魄的柳湘莲毅然斩断三千烦恼丝,随跛足道人出家。在这个过程中,柳湘莲由无情到多情,再到决绝地出家,对薛家、贾家对他的苦苦寻找无动于衷,体现出他对繁华人世的绝情。

再看一下他名字中的"湘"。"湘"是湖南的简称，通常是和湘水联系在一起的。据说湘水是因为八仙之一的韩湘子曾经过此地而得名。其实它的历史更为久远，据说舜南巡死于苍梧，他的两位妃子娥皇、女英寻夫至湘水，得知丈夫死讯，二人抱竹痛哭，泪染青竹，泪尽而亡，此竹遂被称为"湘妃竹"。屈原的《九歌》中有名篇《湘夫人》《湘君》，以湘水的男女神为主人公，诉说对彼此的思念。诗中二人因为记错了约会的时间，所以无缘相会。李白《远别离》写道："远别离，古有皇英之二女，乃在洞庭之南，潇湘之浦。海水直下万里深，谁人不言此离苦？日惨惨兮云冥冥，猩猩啼烟兮鬼啸雨。我纵言之将何补？"舜和娥皇、女英的分离，暗示着柳湘莲和尤三姐的感情悲剧。两人的外在条件并非不合适，只是情深缘浅，最终无缘相守，一个香消玉殒，一个遁入空门。究其原因，也许是相遇的时间不对。五年前，尤三姐情窦初开，纯洁无瑕，身世清白，并没有和贾珍之流厮混，假如那时二人定亲，料柳湘莲不会因为名节问题悔婚；贾宝玉不说那些模棱两可的话，柳湘莲自身不对女方的名节那样看重，也不会酿成悲剧。

再看这个"莲"字。"莲"在中国传统文化中是高洁的象征，周敦颐的《爱莲说》中的"出淤泥而不染，濯清涟而不妖"名句为其一锤定音，称之为"花之君子"。《红楼梦》的作者曹雪芹对"莲"的推崇洋溢在字里行间。第六十三回，他给林黛玉的花签是"芙蓉"；第七十八回，他又让死去的晴雯成为芙蓉花神，痴情的贾宝玉做了《芙蓉女儿诔》来悼念晴雯；香菱原名叫英莲。柳湘莲身上也具有"莲"的品格，有一种傲骨——可远观而不可亵玩焉。呆霸王薛蟠想调戏柳湘莲，柳湘莲怒火中烧，将其骗到城外的苇子塘，痛打一顿。尤三姐虽是绝色女子，当他风闻其行为不检点时，当机立断不做这"剩王八"。对路遇劫匪的薛蟠，他出手相救，义薄云天。不得不说，在《红楼梦》的诸多男子中，他是出类拔萃的。他比贾宝玉、秦钟之流独立而阳刚，比贾珍、薛蟠之流高雅正义，比贾政之流有情趣品位，比卫若兰、冯紫英之类文艺，比薛蝌、贾芸等人超脱飘逸。只是，莲再高洁，也必须扎根于淤泥之中，而不是生活在云端之上。柳湘莲一定程度上还是向世俗做了妥协。他和贾珍、贾琏、赖尚荣等富家子弟交往，在尤三姐老娘家串戏，参加富家子弟的酒局。他自己眠花宿柳尚可，尤三姐风评不佳在他眼中就万恶不赦，在他的身上还有着很深的封建思想和大男子主义的烙印。

在古诗词中，"莲"和"怜"同音，"怜"有"可爱"之意，也有"怜惜"之意，这个名字寄寓了作者对柳湘莲深深的怜惜之情。一个才貌双全的世家子弟，因家道中落，只能在社会上如柳絮般漂泊，既不能安居乐业，更谈不上为国尽力，出家也许是他最好的归宿。柳湘莲出家，尤三姐之死并不是唯一的原因,只是压垮他的最后一根稻草。他对这个世界、对自己的人生早已失去了希望,他的躯体和灵魂就如柳絮蓬草般在茫茫世间漂泊无依。他生活的时代,从贾府到整个封建社会,都散发着一种末世腐朽的气息,柳湘莲不可能没有觉察。只是在末世狂欢中,有人得过且过,醉生梦死,如贾府的多数人;有人头脑清醒却无能为力,如贾探春、王熙凤等人;有人急于自保,损人利己,如王仁、邢大舅等人;有人脚踏实地,安于世俗,如贾芸、薛蟠等人。柳湘莲不属于其中的任何一种,他和甄士隐一样,经历了世间的大悲大苦,看破了滚滚红尘中的虚空无奈,他本不属于这个纷纷扰扰、庸俗琐碎的社会,所以最终他挥一挥衣袖,不带走一片云彩,走得无奈,走得决绝,看似偶然,实则必然。

柳湘莲,多情而又无情,高洁而又不得不屈从于世俗。在自身与社会的矛盾不可调和的情况下,遁入空门也许是最好的选择。

炼字炼意炼品位　平中见奇意蕴新
——以《红楼梦》第十七回至第十八回为例

鲁迅先生在《绛洞花主》小引中这样评论《红楼梦》:"经学家看见《易》,道学家看见淫,才子看见缠绵,革命家看见排满,流言家看见宫闱秘事。"的确如此,在《红楼梦》导读过程中,我们努力发掘适合学生欣赏水平的教学资源,既加深学生对《红楼梦》这部书的了解,又提高了学生的语文素养,一举两得。况且处于青春年华的高中生由于其年龄特点,对《红楼梦》本身很有兴趣,只要因势利导,定会使语文课堂生机盎然,教学相长。

《红楼梦》第十七回至第十八回中的"大观园试才题对额",为我们学习诗歌的炼字、提高涵泳语言的能力提供了借鉴。

炼字体现其新雅之意。所谓新雅,指意境清新,格调高雅。贾宝玉在园中闲逛,不巧贾政率众清客视察基本完工的大观园,准备一起附庸风雅,就园中之景题字。因贾政闻得近来贾宝玉在对对子上有些才能,况且内心深处也有一个做父亲的小小的虚荣,也想在贾元春幸临时打出贾宝玉这块亲情牌,于是贾政命贾宝玉随他游览题字。众清客深谙贾政心理,甘心充当绿叶,当众人来到石洞时,"只见佳木茏葱,奇花炀炀,一带清流,从花木深处曲折泻于石隙之下……俯而视之,则清溪泻雪,石磴穿云,白石为栏,环抱池沿,石桥三港,兽面衔吐,桥上有亭"。相公有题"翼然"的,贾政主张用《醉翁亭记》中的"泻出于两峰之间"的"泻"字,因叫贾宝玉按其思路题字。贾宝玉否定了"泻"字,认为在贵妃省亲处题"泻"字不雅,应题蕴藉含蓄者,于是提出用"沁芳"两字,并且拟了对联:"绕堤柳借三篙翠,隔岸花分一脉香。"读到这里，我们不得不佩服贾宝玉的文学素养，虽然这个富贵闲人没有精通"四书""五经"，但在炼字上的确品位很高。"沁芳"二字完全超脱了俗套，"沁"字从水从心，顾名思义，心如被水洗过，纤尘不染，超越世俗；而后接一"芳"字，意境更美，大自然的清香如水一般，流过心间，心中澄澈，眼中无尘，达到一种自然至上的境界。这种境界，既是大自然的恩赐，亦是君子所求，是真正的天人合一的境界，令读者虽不能至，而心向往之。"泻玉"二字与之相比，何足挂齿！至于贾宝玉题的两句对联，是对"沁芳"的绝妙解说，写出了此处柳翠水绿、花香清雅缥缈的特点，令人读后不禁心驰神往。

炼字须平中见奇，不是求怪求险。贾政初进大观园，见一山横在眼前，挡住园内诸景，便觉此中大有意趣，又见旁边有一留题处，遂命大家拟题。大家有意突显贾宝玉，于是只拿些俗套来敷衍。贾宝玉认为此处只是探景的起步之处，原无可题之处，并且认为"编新不如述旧，刻古终胜雕今"，于是建议题"曲径通幽"四字。"曲径通幽"一词出自唐代诗人常建的《题破山寺后禅院》中的名句"曲径通幽处，禅房花木深"，这四个字不仅表明无限风光在山后之意，也符合此地的实际情况，既准确又亲切，符合大多数人的欣赏水平。贾元春曾说自己在诗词上有限，料想进宫后不进反退，这四个字可谓雅俗共赏。"曲径通幽"四字实在是比"叠翠""赛香炉"要更胜一筹，主要是符合意境和情境。这里只是观景的起点，一个有些悬念的起点，而不是全园景物的集大成者，像"叠翠""赛香炉"过于夸张，有喧宾夺主之嫌。同样，贾宝玉把后来的潇湘馆命名为"有凤来仪"，也有异曲同工之妙。"凤"指元妃，"来仪"表现贵妃母仪天下的风范，很是切境切题。

如何学以致用？笔者先用回忆法，引导学生体会熟悉的诗文中的传神之字，最好是以前没发现的如今回头一想又大有妙处的字眼。学生举贺知章的《咏柳》，说"裁"字用得好，写出了柳叶的形状、质地，既赞美了柳叶灵秀可爱，又赞美了春风慧心巧手，如一位聪敏温婉的女子。还有人举"轻舟已过万重山"中的"轻"字，既写舟行迅速，又写心情愉悦。学生深有感触地说："以前只知道背诗，很少品味其中的字，看来最平常、最普通的诗歌里也有耐人寻味的妙字。"

用尝试法，在陌生的诗文中品味传神之字。笔者为学生提供了几首诗，又让他们课后自己搜集几首，尝试将自己的体会写下来。笔者展示了李弥逊的《春日即事》："小雨丝丝欲网春，落花狼藉近黄昏。车尘不到张罗地，宿鸟声中自掩门。"让学生找出其中的传神之字并加以赏析。学生对"网""自"两字尤其推崇，还有人说"车尘""张罗"化俗为雅。其实高考试题中要求体会的是"网"字，不过，学生通过炼字领会到语言的魅力，也不失为一种收获。

写作应用。高一主要是进行记叙文写作训练，笔者要求学生写完作文后将作文中自己认为最好的字句用红笔标出,交换批改时让批改者写上自己的意见。其中一个学生写自己在父亲的鼓励下学会骑自行车后,"不断地骑着车围着父亲转圈",得到批改同学的高度评价。这位批改者写道:"很朴实,又很感人,写出了孩子对父亲的感激之情,急于在父亲面前展示自己小小的成功,有生活气息。"一位同学写张宪国老师跟学生说话时的动作神态:"总是俯下身,歪着头看着你,让你感觉你不仅在他眼睛里,还在他的心里。"批改者写道:"'俯下身''歪着头'两个动作真实、细腻、传神,将张老师爱生如子的形象刻画得很感人。"

学中用,用中学,锲而不舍,定有收获。

宏大细腻融一体　前后勾连窥一斑
——浅析整本书阅读视角下的《红楼梦》第三回

《红楼梦》(庚辰本)第三回《贾雨村夤缘复旧职　林黛玉抛父进京都》曾被选入高中语文课本,编者掐头去尾,以《林黛玉进贾府》为题列入小说单元,成为深受师生青睐的传统课文。笔者也曾数次带领学生对这篇课文进行多角度的解读。回顾自己以前的理解,总是将它定义为一篇单独的课文,一篇精彩的小说,即使涉及它和整本书的关联,也无非在介绍文学常识时简单说一下前五回的主要内容。今天,在整本书阅读的背景下,我们有必要从整本书阅读的视角来审视这一回的内容和作用。

我们都知道,《红楼梦》前五回是全书的总纲,前五回从不同的角度对全书提纲挈领。第一回中介绍了三个神话故事——女娲补天、"木石前盟"、甄士隐梦游太虚幻境,这三个神话故事对接了《红楼梦》的两条主要线索——家族兴亡和宝黛爱情。女娲补天和甄士隐梦游太虚幻境内容上是互相照应和衔接的。女娲补天弃之不用的粗鄙顽石,经茫茫大士、渺渺真人点化后,变为鲜明莹洁的美玉,被一僧一道携入人间昌明隆盛之邦、诗礼簪缨之族、花柳繁华地、富贵温柔乡去安身乐业。而姑苏乡宦甄士隐在炎夏永昼的"白日梦"中,于太虚幻境见到了一僧一道和这块美玉,并听一僧一道娓娓道来"木石前盟"的故事,一僧一道意欲让美玉和一干风流冤家一道下世历劫。这三个神话传说,既独立又有联系,对接的两条线索之间也是交融相生。作者用神话和现实的融合对接,确定了两条主线,这两条主线是全书的主干,是网状结构的开端。

第二回通过古董商人冷子兴和落魄文人贾雨村的对话,介绍贾府的人物关系以及四大家族之间盘根错节的关系,揭示了四大家族之间"一荣俱荣,

"一损俱损"的联系。作者在这一回中通过冷子兴的介绍,展示了一张人物血缘姻亲关系的大网,这张网将小说中的重要人物都凸显了出来。贾宝玉思想行为的不合流俗,林黛玉气质言行的超凡脱俗,王熙凤的精明能干……通过旁观者的叙述给读者留下鲜明的印象。

第四回以东山再起的贾雨村判"薛蟠命案"为切入点,此案牵涉的人物众多,为我们展开了更为广阔的社会背景。这一回,作者为我们展示了一张官场的关系网,这张关系网以贾王史薛四大家族为中心,暗示了以贾家为中心的"四王八公"的利益联系。

第五回通过贾宝玉梦游太虚幻境,预示"金陵十二钗"的命运。在这一回中,"金陵十二钗"正册、副册、又副册的女子们是网的节点,以这些节点为开端,延伸出无数的人物关系分支和故事。

由此可见,前五回作者以贾府的兴衰和宝黛爱情这两条线,至少编织了爱情网、亲情网、人情网、命运网,经纬相交,点线面结合,为这部伟大的作品的后续情节构建了宏大深邃的背景和舞台。那么第三回为什么能跻身于总纲之列呢?下面我们从小说的三要素入手来分析一下。

环境描写的宏大与细腻

环境描写主要分为自然环境描写和社会环境描写,本回中主要是社会环境描写,更具体地说,是通过林黛玉的眼睛,来看贾府这个百年望族的气派和气象。因为母亲贾敏早就跟林黛玉说过,外祖母家跟别家不同,不同在哪里?林黛玉这个名门闺秀是有发言权的。假如此时通过刘姥姥来介绍贾府,可能第三回就成了刘姥姥版的"十万个为什么"了。

在介绍贾府的环境之前,第二回中"冷子兴演说荣国府",作者巧妙地用冷子兴和贾雨村的对话为我们勾勒出贾府的轮廓。冷子兴对贾府的评价是"萧疏",而贾雨村则表示自己去年经过金陵的贾府老宅,从外面看,亭殿楼阁也还都峥嵘轩峻,树木山石也还都葳蕤泅润,不像是衰败之家。两个人的评价看似矛盾,实则不过是事物的一体两面。深谙内情的冷子兴评价的是贾府现在的"软实力",而走马观花的贾雨村所看到的是贾府曾经的"硬件",二人的评价也照应了冷子兴所说的"外面的架子虽未甚倒,内囊却也尽上来了"。贾雨村看到的只是贾府的表面和过去,冷子兴作为工夫人陪房周瑞家的女婿,他看到的可能更为真实。贾雨村作为没落家庭的子弟和一个被罢免的官员,他没有机会深入了解贾府。贾雨村毕竟是读过书的人,毕竟是在官场混过的人,说话还是比较注意分寸和场合的。他深知盛极必衰和"富不过三代"的道理,贾府的衰败在情理之中。贾雨村无论是从自家家世还是历史的角度抑或官场耳闻目睹的现实出发,对贾府的衰败也不是毫无感觉,肯定知道"历览前贤国与家,成由勤俭破由奢"的道理,所以用两个"也还都"表达谨慎而勉强的态度。

作者通过两个人的对话,寥寥数语,就把贾府大致的情形告诉了我们——外强中干、江河日下。

在第三回中,作者一共进行了四处环境描写,依次为贾府大门、贾母院、贾赦院、贾政院。这四处环境描写,既有粗笔勾勒,又有工笔细描,细细读来韵味无穷。

第一站是贾府大门,原文作了如下描写:

自上了轿,进入城中,从纱窗向外瞧了一瞧,其街市之繁华,人烟之阜盛,自与别处不同。又行了半日,忽见街北蹲着两个大石狮子,三间兽头大门,门前列坐着十来个华冠丽服之人。正门却不开,只有东西两角门有人出入。正门之上有一匾,匾上大书"敕造宁国府"五个大字。黛玉想道:"这必是外祖之长房了。"想着,又往西行,不多远,照样也是三间大门,方是荣国府了。却不进正门,只进了西边角门……

这段描写中,反复出现的字是"大",大石狮子、三间兽头大门、大书"敕造宁国府"五个大字的匾额、三间大门,这些大的建筑是一种无声的语言,它们首先烘托出一种庄严巍峨的气氛,呈现出令人仰视的姿态,给人一种压迫感,每个来到它面前的人,从心理上就感觉到自己的渺小和卑微。特别是"敕造宁国府"五个大字,更是令人肃然起敬,这是皇帝下令建造的国公府,它自带神圣和威严。皇帝下令建宁、荣二府,一是对宁、荣二公功勋的表彰,同时寄寓着皇帝的希望,希望宁、荣二公使国家安宁、繁荣。本段对建筑的描写是宏大的,这一个"敕"字就格外耐人寻味,这是贾府荣耀的源头和原因。

接着进入贾母院,见到的是如下情景:

……进了垂花门,两边是抄手游廊,当中是穿堂,当地放着一个紫檀架子大理石的大插屏。转过插屏,小小的三间厅,厅后就是后面的正房大院。正面五间上房,皆雕梁画栋,两边穿山游廊厢房,挂着各色鹦鹉、画眉等鸟雀。台矶之上,坐着几个穿红着绿的丫头……

贾母院的描写也是以"大"为主,大插屏、正房大院,还有后来刘姥姥说的"高门大柜",体现的是贾母作为贾府"宝塔尖"上的老祖宗的气派。如果说贾府大门彰显的是国家最高统治者赐予的荣耀,那么贾母处的摆设彰显的是贾府最高统治者的派头。贾母的院子并不是一味摆阔气,那样贾母抑或贾府就不是贵族而是暴发户了。贾母院子里挂着鹦鹉、画眉等鸟雀,台阶上还坐着几个"穿红着绿"的丫头。鹦鹉、画眉都是观赏类的鸟雀,充分说明贾母是一个爱热闹、爱享乐、有情趣的贵族老太太。丫鬟的衣服穿红着绿,这恐怕也是下人迎合主子的爱好,老年女性都喜欢颜色鲜艳的衣服,也喜欢年轻人穿得鲜艳明亮一些,可能是出于对年轻岁月的怀念,对暮年和死亡的忌讳吧。

接着林黛玉去拜见大舅,陪同她的是贾赦的夫人邢夫人。作者对贾赦院落的描写是这样的:

……黛玉度其房屋院宇,必是荣府中花园隔断过来的。进入三层仪门,果见正房厢庑游廊,悉皆小巧别致,不似方才那边轩峻壮丽;且院中随处之树木山石皆在。一时进入正室,早有许多盛妆丽服之姬妾丫鬟迎着,邢夫人让黛玉坐了,一面命人到外面书房去请贾赦……

贾赦的院子和贾母处的风格大不相同——小巧别致,有树木山石点缀,可以看出主人是一个非常享受生活、讲究生活品位的人。这座院子和荣国府有隔断,且距离贾母院这个荣国府的中心较远。由此可见,贾母和贾赦的关系并不那么密切,母子之间除了有院墙的阻隔,还有情感的隔阂,贾赦一直远离荣国府家族的中心。贾赦和贾政兄弟,一个袭了一等将军的爵位,一个拥有荣国府的爵产,表面看起来也公平,但制衡中也埋下了隐患。后来贾赦在宴会上讲母亲偏心的笑话。贾母得知贾赦想要娶自己的大丫鬟鸳鸯为妾时,大发雷霆。王熙凤曾转述给邢夫人贾母对贾赦的评价:(贾赦)放着身子不知保养,官也不好生做去,成日家和小老婆喝酒,而"许多盛妆丽服之姬妾丫鬟"就反映出贾赦的好色本性。我们都知道一句诗:"楚王好细腰,宫中多饿死。"姬妾丫鬟盛妆丽服,无非是投贾赦所好。贾赦曾想娶鸳鸯为妾,鸳鸯誓死不从,贾母严词斥责贾赦,贾赦羞愤交加,装病不见贾母,但还是放狠话威胁鸳鸯。娶鸳鸯不成,他花八百两银子买来一个小妾,把自己的另一个小妾秋桐赏给了儿子贾琏。

邢夫人在本回中的表现还是可圈可点的,这些盛妆丽服的姬妾丫鬟迎接,肯定是她提前安排的。总的来说,她对林黛玉是非常周到细致的,体现出一位大家长辈的风范。

林黛玉到贾府的第四站是贾政王夫人处,见王夫人的过程可谓一波三折。在这里无论是林黛玉还是读者,都充分体会到什么是"一入侯门深似海"。

林黛玉首先驻足的地方是荣禧堂,这个地方我们都很熟悉,前面讲曹家家史的时候已经讲过,这里又得到了印证。

……众嬷嬷引着,便往东转弯,穿过一个东西的穿堂,向南大厅之后,仪门内大院落,上面五间大正房,两边厢房鹿顶耳房钻山,四通八达,轩昂壮丽,比贾母处不同。黛玉便知这方是正经正内室,一条大甬路,直接出大门的。进入堂屋中,抬头迎面先看见一个赤金九龙青地大匾,匾上写着斗大的三个大字,是"荣禧堂",后有一行小字:"某年月日,书赐荣国公贾源",又有"万几宸翰之宝"。大紫檀雕螭案上,设着三尺来高青绿古铜鼎,悬着待漏随朝墨龙大画,一边是金蜼彝,一边是玻璃盎。地下两溜十六张楠木交椅,又有一副对联,乃乌木联牌,镶着鳌银的字迹,道是:

　　　　座上珠玑昭日月,堂前黼黻焕烟霞。

下面一行小字,道是"同乡世教弟勋袭东安郡王穆莳拜手书"。

　　这是一个轩昂壮丽、庄严神圣的地方,因为这里有皇帝的御笔题词。这段文字中反复出现的也是一个"大"字——大院落、大正房、大甬路、大门、大匾、大字、大画,渲染了庄严肃穆的气氛,即使是匾额和对联后面的小字,虽然形体小而分量重。这些摆设,凸显了贾府尊贵显赫的政治地位——功勋卓著、皇恩浩荡。而这副对联,上下联各七个字,言简意赅地表现出贾府的政治地位以及与皇帝、权贵们的密切关系。

　　"荣禧堂"这副对联,运用夸张、比喻等修辞手法,上联写座中人所佩的珠玉饰品,焕发出的光彩可与日月同辉;下联言堂中人所穿的官服,其色彩绚烂如云烟似彩霞,可见贾府的宾客都是富贵至极的达官贵人。这副对联通过写宾客烘托出这个钟鸣鼎食之家尊贵显赫的政治地位,这是紧扣着《红楼梦》荣府崇高的社会地位进行的典型环境描写,只用一副对联,就完成了典型环境的设置,凝练生动,实在令人拍案叫绝。而荣禧堂又是曹家任职的江宁织造府中康熙御笔亲题的"萱瑞堂"的原型,这里的显赫庄严和后面贾府的败落——日月隐没、烟霞易散,形成了鲜明的对比。全联展示的是磅礴场面、富贵气象,气势非凡,实在是大手笔、大匠心。下面的落款也很有深意,郡王谦称自己为"弟",还有"拜手书",侧面说明了当年贾府位高权重、权倾朝野的盛况。

　　王夫人显然不在这里接见初来乍到的林黛玉,她本人也不在这里居坐宴息,于是老嬷嬷又引她来到另一处:

　　原来王夫人时常居坐宴息,亦不在这正室,只在这正室东边的三间耳房内。于是老嬷嬷引黛玉进东房门来。临窗大炕上铺着猩红洋罽,正面设着大红金钱蟒靠背,石青金钱蟒引枕,秋香色金钱蟒大条褥。两边设一对梅花式洋漆小几。左边几上文王鼎匙箸香盒;右边几上汝窑美人觚——觚内插着时鲜花卉,并茗碗痰盒等物。地下面西一溜四张椅上,都搭着银红撒花椅搭,底下四副脚踏。椅之两边,也有一对高几,几上茗碗瓶花俱备。其余陈设,自不必细说。

　　老嬷嬷们让黛玉炕上坐,炕沿上却有两个锦褥对设,黛玉度其位次,便不上炕,只向东边椅子上坐了。本房内的丫鬟忙捧上茶来。黛玉一面吃茶,一面打量这些丫鬟们,妆饰衣裙,举止行动,果亦与别家不同……

这三间耳房的摆设没有了庄严肃穆的色彩,但依然物品种类繁多,色彩艳丽,器具贵重华丽。

那么王夫人真正接待林黛玉的地方是哪里呢?我们看原文的描述:

……到了东廊三间小正房内。

正面炕上横设一张炕桌,桌上磊(垒)着书籍茶具,靠东壁面西设着半旧的青缎靠背引枕。王夫人却坐在西边下首,亦是半旧的青缎靠背坐褥。见黛玉来了,便往东让。黛玉心中料定这是贾政之位。因见挨炕一溜三张椅子上,也搭着半旧的弹墨椅袱,黛玉便向椅上坐了……

这里出现的关键词是"半旧"。前面冷子兴和林如海都已经评价过贾政,说他是标准的读书人,谦恭厚道,大有祖父遗风。贾政恪守儒家规范——温良恭俭让,家中摆设半旧不足为奇。况且贵族之家和暴发户是不同的,并不是所用物品非要求新求异,具有年代感的器物更能反映出百年望族的底蕴。尽管如此,这个"半旧"还是给人一种衰败之感。按说贾府即使衰败,也不至于换不起一套全新的软装饰,只是没有了先前的那种财大气粗的豪气。如果这些需要十两银子,而家里只有十五两银子,更换的话就得再三算计权衡,甚至放弃;假如家中有一百两银子,换个十两银子的靠背引枕完全不成问题,这不仅仅是经济问题,还是心态和承受力的问题。

从荣禧堂到荣禧堂东边的三间耳房,再到东廊三间小正房,林黛玉步步走来,景象各不相同。从荣禧堂的富丽堂皇,到小正房的简单家常,这何尝不是展示了这个大家族的盛衰轨迹和缩影?贾府蒙受的皇恩正远去,政治影响力不断降低,子孙不成器,家中用度入不敷出。

林黛玉见王夫人的道路如此曲折,首先说明王夫人对林黛玉的傲慢和冷漠。我们记得,贾母命林黛玉去拜见两个母舅,林黛玉和邢夫人从贾母处出发拜见贾赦,当时王夫人还在贾母处,她明明知道林黛玉会去她和贾政的院子,她也知道贾政今天去斋戒,但她没有说明,更没有让下人准备迎接的仪式,而是安坐家中,千呼万唤始出来,犹抱琵琶半遮面。王夫人明显不喜欢林黛玉,这种不喜欢,可能从不喜欢贾敏就开始了。她后文中不无醋意地说,贾敏未出阁时那是真正的金尊玉贵的千金小姐。王夫人的这种态度,为宝黛的爱情悲剧埋下了伏笔。

最后林黛玉又回到了贾母处,开始了她在荣国府的第一顿晚餐。这顿晚餐属于场面描写,展示了贵族生活的场景——礼节繁复、等级森严、程序复杂。风光如王熙凤,只能安箸;尊贵如王夫人,也是为客人进羹。座次也很有讲究,林黛玉作为客人,虽经推让还是坐了上座,吃饭过程,在座的和侍奉的人很多，但寂然无声，体现了大家贵族进餐的礼仪。盛大隆重的进餐场面中，作者也不忘展示细腻之处，就是关于吃茶的描写。林家和贾家吃茶方式的迥异，让林黛玉初尝了入乡随俗的无奈和寄人篱下的辛酸。一杯小小的茶，折射出林黛玉微妙的心态。尽管欢迎规格很高，尽管餐桌上陪客的人很多，菜品丰盛，礼节周到，但这个小小的细节就像一根尖利的刺，刺痛了读者的眼和心，林黛玉这株柔弱的绛珠仙草又经历了一层风霜。

以上几处环境描写，作者并没有泛泛写来，每一处既有粗笔的勾勒，也有细腻的笔墨。

还有一个是林黛玉走西角门的问题。世家大族的大门只有在重大事件中才打开。据统计，小说中贾家大门一共开了九次，如秦可卿出殡，太监宣旨，元春省亲，贾母、林黛玉葬礼等。林黛玉是贾府的亲戚，又是个小姑娘，开大门迎接似乎不合适。走西角门也有作者的考虑。按说从东角门进贾府很方便，但我们知道，东角门进去后是贾赦院，贾赦是林黛玉的大舅，远道而来的林黛玉经过长辈居所不去拜访是失礼；假如去拜访，在没见贾母这位最高家长前去拜见大舅，打乱了长幼顺序，也是失礼，而从西角门进去，直接进入贾母院，拜见贾母和众女眷，合情合理。

人物描写的详与略

第三回的主要内容还有几位主要人物的出场，有略写，如贾母、三等仆妇、邢夫人、王夫人、李纨；有较略的描写，如三春姐妹；有详写，如王熙凤、贾宝玉；有虚写，如贾赦、贾政。其中王熙凤出场、贾宝玉出场、贾宝玉摔玉是《红楼梦》中被人们津津乐道的情节。

人们不吝赞扬王熙凤高超的说话艺术，如她赞扬林黛玉："天下真有这样标致的人物，我今儿才算见了！况且这通身的气派，竟不像老祖宗的外孙女儿，竟是个嫡亲的孙女，怨不得老祖宗天天口头心头一时不忘。"王熙凤的赞扬一石数鸟，奉承贾母基因优秀、舐犊情深，赞扬林黛玉清新脱俗，暗夸三春才貌双全深得贾母疼爱，暗夸王、邢二夫人培养的女儿优秀。但实际上，任何语言也不可能无可挑剔，王熙凤还是百密一疏。"竟不像老祖宗的外孙女儿，竟是个嫡亲的孙女"，虽说林黛玉才貌不逊于贾府三春，但身份毕竟是外孙女，不是嫡亲的孙女，王熙凤的舌绽莲花，正是戳痛林黛玉的一把尖刀，使在贾母的百般怜爱中暂时忘记丧母之痛的林黛玉的心底一下子涌起了寄人篱下的心酸。再说，夸王夫人和邢夫人也是弄巧成拙，眼前的贾探春是赵姨娘的亲生女儿，王夫人对赵姨娘那是极端鄙视、极端痛恨的，"夺夫之痛"岂是那么容易忘记的？自己的亲生女儿被送入皇宫，为了家族的中兴，骨肉分离，伴君如伴虎,每天过着如临深渊、如履薄冰的生活。作为皇妃的母亲,荣耀之余,也有说不尽的担心。还有邢夫人,她是贾赦的继室,贾迎春并不是她亲生的女儿,她自己无儿无女,王熙凤却神采飞扬地赞颂贾母的嫡亲孙女。王、邢二夫人该是怎样的心情?还有贾惜春,并不是贾母嫡亲的孙女,是宁国府的人,听了这话又是怎样的心情?还有林家跟随林黛玉来投亲的王嬷嬷、雪雁,王熙凤极力赞扬林黛玉继承了贾府的优秀基因,林家跟来的下人怎么想?

前面是王熙凤的独角戏,接下来她和王夫人的对话就是精彩的对手戏。细细读来,看起来平常的对话也不那么简单。姑侄二人就像是乒乓球高手,攻守结合,见招拆招,看起来互相捧场,实际上是暗自较量,一来一往的言语中,暗藏玄机。锻子是没有的,两人不过是在打太极,招招绵软,招招有力,意在讨好贾母,炫耀自己。王夫人说的"随手"二字隐含着对林黛玉的轻视。

接着是贾宝玉出场。作者一共进行了六次铺垫,即王夫人的两次警告、贾敏生前的评价、林黛玉认为他是个惫懒人物、《西江月》的批判、斋戒回来真容乍现、随即转身离去,最后才捧出了本书的男主角——怡红公子贾宝玉。

本回中对王熙凤、贾宝玉的衣着都进行了铺陈描绘,对林黛玉的衣着却只字未提,这是小说描写中的"遗形写神的手法"。对贾宝玉来说,自小在女儿堆中长大,阅美女无数,林黛玉吸引他的绝不是盛装丽服,而是超凡脱俗的气质才华。作者希望向读者展示的、希望读者细细品读的也并不是林黛玉的衣着,而是她的飘然出尘、聪慧忧郁、才华卓然。出身于书香门第的林黛玉,幼时父亲就为她延师启蒙,她身上散发的是书卷之气,而不是珠光宝气。这种写法,正体现了作者对林黛玉的厚爱和推崇。

而借助林黛玉的眼睛来展示贾府的环境和人物,无疑是一种十分高明的写法。卞之琳的《断章》有这样的诗句:"你站在桥上看风景,看风景的人在楼上看你。"林黛玉看到了贾府的人,贾府的人也在打量着林黛玉。双写法更加强化了艺术效果。林黛玉的一双慧眼,既敏锐又有品位,她看到的贾府,确实与别家不同。

综上所述,第三回跻身于全书的总纲之列,有以下几个原因:一是完成了贾府内部、外部典型环境的设置,展现其作为四大家族之首的政治地位和富贵气象;二是小说的主要人物基本登场亮相,各自展示了风采;三是初步展示了贾府内部的人物关系,如贾母和贾赦的母子关系,贾赦、贾政的兄弟关系,王夫人、王熙凤的姑侄兼上下级关系,王夫人和林黛玉的关系,宝黛一见如故的三世情缘,等等。

这一回中,小说的三要素基本设置完毕,荡气回肠的大戏即将上演,一幅封建社会的世情画卷徐徐展开。作者以自己的艺术匠心和天才妙笔,为这部伟大的作品拉开了精彩的序幕。

读懂"红楼"无限情　滋润心田美之花
——《红楼梦》导读课中的德育案例

《红楼梦》是我国古典小说的巅峰之作,也是四大名著中唯一一部文人独立创作的小说。《红楼梦》以其深刻的思想、丰富的内容、精湛的艺术,雄踞中国古典小说之冠。清人有诗云:"开谈不说《红楼梦》,读尽诗书也枉然。"然而,现在很多高中生对曹雪芹这部"字字看来皆是血,十年辛苦不寻常"的鸿篇巨制敬而远之,一味地沉迷于时下流行的魔幻言情小说中,耗费了时间,文学修养却没得到提升。如何让学生爱上这部名著,让这部名著占领学生阅读的主阵地,并对学生进行春风化雨般的德育,成了语文教师应该思考的问题。多年来,笔者始终坚持开设《红楼梦》导读课,坚守着《红楼梦》这块阵地,挖掘其中的情感因素,以此滋养学生的心灵,塑造他们健全高尚的人格,激发他们对传统文化的热爱。

偶然的邂逅,最美的约定

笔者开始将《红楼梦》引进课堂,实属偶然。记得那是一节写作指导课,内容是指导学生写人物语言和动作。教材中的课文都不太典型,学生感到无所适从。笔者本想从作文选中找几个片段,但找来找去,总觉得笔法太幼稚。忽然想起《红楼梦》中王熙凤这个人物形象,曹雪芹写得多么传神!凡是读过《红楼梦》的人,对王熙凤的印象都特别深刻。何不以王熙凤这个人物形象为例,让学生学习写人物的方法呢?即使学生写不到那个层次,见识欣赏一下又何妨?笔者决定试一试。

课堂上,笔者先让学生回忆学过的课文中让自己印象最深刻的人物及其形象特点。也许经过一个漫长的暑假对初中课文的印象已模糊,不少学生很茫然。笔者说:"我倒记得我上学学《林黛玉进贾府》时课文中的一个人物,二十多年了仍记忆犹新。"学生很好奇。笔者说是王熙凤,曹雪芹把这个人物写绝了。接着笔者开始讲曹雪芹是怎样描写的,没有准备幻灯片,也没带书,仅凭记忆讲。笔者讲解王熙凤不同寻常的出场方式,分析她一石三鸟、八面玲珑的语言,讲王熙凤瞬息万变的神态,学生听得津津有味。分析完文字背后的深意,学生心悦诚服,一致认为曹雪芹的写作技巧达到了出神入化的境界,刻画人物栩栩如生。看学生跃跃欲试,笔者就让他们分别仿写一个人物,效果出奇得好,尤其是人物出场"未见其人先闻其声"的写法,学生运用得很成功。

仿写完人物,学生意犹未尽,还让笔者讲《红楼梦》的其他内容,并自发地鼓起掌来。学生的热情感染了笔者,但时间有限,笔者和他们约定,每周阅读课就讲《红楼梦》,教室里顿时掌声雷动。教语文这么多年,笔者第一次听到这样热烈的掌声,心中感慨万千,这掌声既是肯定,也是鞭策……这个约定,是一份沉甸甸的责任,它督促笔者将《红楼梦》的美传递给这些渴望知识的学生……

不变的守候,最深的情愫

从此,笔者和学生踏上了漫长的《红楼梦》之旅。每周的阅读课,成了学生最期待的一节课,大家早早坐在座位上,安静地等待着。记得有一次笔者把准备好的内容落在了办公室里,又恰巧没带钥匙,于是跟学生如实说明情况,说明天再讲。有几个学生苦苦哀求,笔者只好凭记忆讲了有关内容,也许是被学生的热情感动,没有讲稿,没有课件,效果反而更好。

开设《红楼梦》导读课以来,笔者发现和学生的距离近了很多。尤其是学生发现其他高中学校并没开设这门校本课程,更感到自己很幸运。学生也蓦然发现,语文老师除了讲课文,居然还懂得《红楼梦》,对语文老师也油然生出几分敬意。

《红楼梦》博大精深,从哪里讲最能吸引学生又让学生容易理解呢?经过思考,笔者决定分四步走。第一部分从"金陵十二钗"讲起,从判词入手,结合人物命运,让学生的脑海中先有个大体的轮廓。第二部分鉴赏其中的精彩章节,如宝黛初见、刘姥姥进大观园、王熙凤协理宁国府、宝黛读曲等。第三部分鉴赏诗词对联,知人论世。为了挖掘小说的现实意义,我们还可以和现实生活结合起来,如探讨王熙凤的管理艺术、贾府中的"富二代""官二代"、贾府的慈善之举等。第四部分是探索阶段,引导学生对《红楼梦》做一些专题研究。

理想是美好的,现实总是有些残酷。在《红楼梦》导读课开设过程中,我们不可避免地要面对一些问题,主要是学生成绩的问题。为了解决这个问题,我们把提升学生学科素养和《红楼梦》导读结合起来,如将《红楼梦》诗词鉴赏和古诗鉴赏结合起来,将《红楼梦》阅读和小说阅读结合起来。

还有个别学生,对《红楼梦》不感兴趣,喜欢《三国演义》《水浒传》等,尤其当时正值新版《三国演义》《水浒传》热播,其受欢迎的程度远超过新版《红楼梦》。一些学生受电视剧及舆论的影响,对《红楼梦》提出异议。面对这种情况，笔者一度感到很无奈，顿感几年的努力付之东流，很失落。但又想，《红楼梦》有那么多人研究，自有它的魅力。于是在课堂上，笔者将四大名著做了比较，肯定了其他小说的长处，更以事实有理有据地说明了《红楼梦》具有自己独特的魅力。一是《红楼梦》是曹雪芹独立创作的小说，而其他小说是作者在话本的基础上整理创作的。二是《红楼梦》人物的性格是发展的、立体的、复杂的，而其他的人物性格多是单一的。三是《红楼梦》不是以战争、暴力吸引人的眼球，而是以思想性、艺术性吸引读者。四是《红楼梦》的诗词歌赋量多质优，达到了很高的艺术水平，只有《三国演义》开篇词可与之媲美。五是《红楼梦》包含着丰富的人文内容，清代红学家王希廉做了中肯的评价，而其他三部名著内容都有其局限性。学生听了以后，很受启发，几个不和谐的"音符"悄然无声。

特级教师窦桂梅认为，教师的激情能点燃学生的情绪，照亮学生的心灵。优秀教师对教育的激情，应该从外在表象化为内在的精神气质，以此完善自我，感染学生。

永恒的追求，最真的梦想

为了将《红楼梦》的研究推向深入，在学校领导的支持下，笔者牵头成立了区第一个中学生红学社，吸收热爱《红楼梦》的学生参加。红学社举行了一系列活动，如"我与《红楼梦》的情缘"征文活动，邀请著名红学家张春树先生、李士彪先生来校进行红学讲座等；校刊《旸谷》专为红学社开辟了《红楼心语》专栏。各项活动开展得有声有色。学校成立了"教师红学社"，越来越多的教师参与《红楼梦》的研究中来，成员除语文教师外，还有微机、化学、英语、历史、美术、传统文化等学科的教师。教师红学社每月举办一次读书交流活动，每次活动后均将文字和影像资料、会议纪要上传至"烟台四中红学研究群"。教师读书交流，侧重于教师自身素质的提升，对教育教学和教科研工作的促进，对各家观点的借鉴、吸收和质疑，对学科视野的拓展。

在研究《红楼梦》的浓厚氛围中，笔者多次在刊物上发表研究《红楼梦》的心得体会，并获得烟台教科院组织的读书征文比赛一等奖。市教研员杨振贤老师、区教研员林春龙老师给了笔者极大的支持和鼓励。2012年，烟台市高中语文教研室在烟台四中举办了全市语文阅读教学研讨会；2019年，笔者在烟台市中小学阅读工程推进会议上进行典型交流；2021年，笔者在孙忠华名师工作室举办的"《红楼梦》整本书阅读研讨会"上发言。郝鹿鹿、王彬、李汶妤、朱虹颖等同学都是红学社成员，他们酷爱《红楼梦》，积极投稿，并屡次在作文大赛中获奖。王彬同学在《语文报》上发表文章；肖正康同学在2017

年的高考中语文取得了142分的优异成绩,所编写的文集《采墨有声》(公开出版);姬明霞,所编写的文集《采撷霞光》公开出版;王帅同学成了小有名气的网络作家。仅2017年就有20多个红学社学生在各级作文比赛中获奖。

醉人的书香,最美的心灵花园

"等闲识得东风面,万紫千红总是春。"笔者以《红楼梦》的阅读带动其他文学作品的阅读,激发了学生的阅读兴趣,点燃了学生学习语文的热情,进而提升了学生的审美能力,涵养了学生的灵魂,培养了一批有思想、有品位、有情感、爱读书的合格学生。主要做法是采用教师导读、学生自读、师生共读、家校共读、专家引领阅读等多种阅读方式,开展精读和泛读相结合、教师导读和自主阅读相结合、阅读和写作相结合、开放阅读与主题阅读相结合的多元立体化阅读。

引导学生在阅读《红楼梦》中培养对传统文化的热爱之情。毋庸置疑,《红楼梦》是传统文化的集大成者,学生在阅读《红楼梦》的过程中,饱览了传统文化的无限风光。王希廉曾这样评价《红楼梦》:"一部书中,翰墨则诗词歌赋,制艺尺牍,爱书戏曲,以及对联匾额,酒令灯谜,说书笑话,无不精善;技艺则琴棋书画,医卜星相,及匠作构造,栽种花果,畜养禽鸟,针黹烹调,巨细无遗……亦件件俱有。可谓包罗万象,囊括无遗,岂别部小说所能望见项背。"学生阅读《红楼梦》,如同在传统文化的百花园中徜徉,可以感受传统文化的博大精深,激发对传统文化的无限热爱之情,增强文化自信和民族自豪感。

挖掘情感因素,注重对学生情商的培养。阅读交流时,我们聚焦最能打动心灵之处,以情感人,以情育人,以情铸魂。如宝黛之间纯洁美好的爱情,对学生是一次极好的情感洗礼。大观园姐妹们对文学的热爱、对美的追求、对青春和生命的热爱,都使学生深受感染。拓展阅读的名著对学生也有教育作用,如《平凡的世界》中孙少平在原西县高中读书时分饭后吃同学剩下菜汤的情节、孙少安和田润叶的情感纠葛、田晓霞去世孙少平的悲痛、孙少平在煤矿的劳作及最后的选择等都极大地震撼了学生的心灵。余华的作品也具有震撼人心的力量。《活着》中福贵经历了多次亲人离世的痛苦,平实的记述令人泪下,不少同学眼含热泪分享其中的生离死别。《许三观卖血记》结尾许二观因年老卖不出血的悲凉、吃炒猪肝的喜中含悲,令人动容。《教父》中教父得知大儿子被仇家打死后的不动声色中蕴含着一个父亲最深沉、最痛苦的情感。这些情节,触动了学生的心弦,他们似乎跟随着文学作品经历了一段段别样的人生。

现在的学生,也许是独生子女的缘故,很多以自我为中心,情商并不高,不懂为人处世的艺术。《红楼梦》则是学习言谈举止的好教材。王熙凤就是说话方面的行家,在日常生活中,她幽默、机智、活泼、贴心,为他人带去了很多欢乐。研究《红楼梦》中人物的说话艺术,使学生学会说话、处事,对提高学生的情商大有裨益。

引导学生在阅读中培养理性思维。要注重批判性思维的培养,让学生学会一分为二地看问题,有深度、有广度地看问题。笔者举办了《红楼梦》辩论会,以"钗黛谁更适合贾宝玉"为辩题,提高了学生的思维能力;还举办了"假如红楼人物生活在今天"的演讲比赛,引导学生多角度地看待人物。再如《平凡的世界》中孙玉亭这个类似于小丑的人物,学生认为他是悲剧时代的悲剧人物,有可恨的一面,也有值得同情的地方。对《倾城之恋》中范柳原和白流苏的爱情偶然性和必然性的认识,理解刘慈欣作品中对人性深度的剖析与揭露,这些都有效地加深了学生对作品的理解。

提高学生的综合素质和竞争力。以《红楼梦》为主的经典阅读提高了学生的情商、表达能力和思维能力,学生在各项活动和选拔中表现出色。在2017年自主招生中,56人获93所高校的初审资格,14人获得高校的加分,另有8人通过了综合评价招生考试进入了理想大学,历届学生的高考成绩也十分优异,这都得益于笔者长期坚持《红楼梦》的导读教学。

回首几十年的《红楼梦》之旅和名著阅读之旅,笔者之所以坚守,是因为心中的热爱——对《红楼梦》的热爱,对文学的热爱,对教育的热爱,对学生的热爱。这种热爱,不需要多么华丽的语言来表达,需要的是一份执着,需要的是静水深流的淡然和沉静。

笔者要让学生爱上《红楼梦》,爱上那些让人齿颊生香的文字,爱上诗意盎然的红楼世界,爱上那些优美高贵的情感,让他们的精神家园永远有真情,有诗情。

附:历届学生《红楼梦》阅读感言

2011届毕业生许洋洋,厦门大学能源经济学硕士毕业,高考语文成绩123分。

说实话,四大名著里本身对《三国演义》最感兴趣。高中时期,在曲老师的引导下,也开始对《红楼梦》有所关注。与《三国演义》荡气回肠的英雄气概不同,作为我国古典小说的巅峰之作,《红楼梦》更加细腻柔情,贴近人性,阅读过程中时常因为书中人物的内心情感而悸动,时常沉浸在揣摩人物的乐趣之中。

2011届毕业生许星星,中国科学技术大学毕业,瑞典乌普萨拉大学微电子专业博士,高考语文成绩131分。

作为理科女生,平时忙于数理化,十分缺乏人文素养方面的提升和修炼,真的需要去读一读《红楼梦》这部传世经典。通过阅读《红楼梦》,我细致了解了旧时代大家族的生活风貌和书中人物复杂细腻的内心情感,十分有益于培养人文情怀,对我来说真的大有裨益。

2014届毕业生孙茂宁,复旦大学博士,大学期间和老师合作研究课题《传统文化在90后群体中的普及——以〈红楼梦〉为例》,并将研究成果结集出版,高考语文成绩129分。

毕业多年,曲老师的《红楼梦》导读课给我留下的最深刻的印象就是散发着油墨香的油印本《红楼梦》。我们从零开始,跟着曲老师一起读红楼,品红楼,评红楼,从高一到高三,导读课带给我们的远超过课程本身的意义,它带给我们更多的是对中国古典文学的敬畏和对中华优秀传统文化的认同。

2017届毕业生张轩,山东财经大学金融系研究生,高考语文成绩131分。

读《红楼梦》,即使读一小部分,也能感受到它的宏大与包罗万象。作者曹雪芹用泣血的笔触构建了一个世界。在这个世界里,每一个人都有血有肉,有欢喜,有热闹,然而更多的是悲凉。我亦明白了,里面的人不是非好即坏,每一种行为也不是非黑即白,每个人都有着大背景下自己深深的无奈。《红楼梦》中的一字一句仿佛都蕴含着深意,每一个细节仿佛都是作者精巧的伏线。高中时和老师同学一起读"红楼",品"红楼",更多的是学会了如何正确地阅读文学作品,分析、体会、领悟其中的含义与作者创作它的意义。

2017届毕业生肖正康,北京大学马克思主义学院博士,烟台四中历史上首个读北京大学的学生,大学期间坚持选修《小说的艺术》,高考语文成绩142分。

高中读《红楼梦》,想起来不过跟着老师深深浅浅地看了一部小说,从来没有预料到能给有如此多的收获。孔夫子善蕴大义于微言,曹公亦然。批阅十载,增删五次,锤炼出的是极精细的笔调、极考究的用词。于读者而言,个中技法之高超、文辞之秀美自不必说,于文字流转间,更好似直望见了那年宁、荣二府的辉煌气象与才子璧人种种的身世浮沉,引得读者为之神魂颠倒,不由得堕入共情之境,随林黛玉共同寻觅天尽头一方香丘。我一直未曾明了一部小说何以有如此魔力,相看两不厌,只有《红楼梦》。我与《红楼梦》的缘分一直延续着,我未曾束《红楼梦》于高阁,《红楼梦》也就未曾停止给我以智慧的启迪。

2019届毕业生沈兴宇,北京大学元培学院数据科学与大数据专业研究生,阅读广泛,写作风格幽默风趣,高考语文成绩125分。

曲老师的《红楼梦》导读课一直是有趣的。由于老师本人在《红楼梦》方面的深厚功底以及多年持之以恒的研究,《红楼梦》导读课一直进行顺利且效果甚佳。语文课上,在课本、试题等内容之外,老师还会讲《红楼梦》的相关内容。讲课过程中,不时与学生进行亲切友好的互动,使得每堂课内容灵活多变而不失主旨,并极大地提升了学生在课堂上的参与感。

曲老师作为四中资深语文老师、红学爱好者,无论在课上还是在课下,都表现出较高的文学素养,对《红楼梦》感情甚笃。性格也极儒雅随和,平日对人对事甚有耐心,深受学生们的爱戴与尊敬,是我高中阶段印象最深刻的老师之一。

2019届毕业生姬铭霞,外交学院学生,高考语文成绩134分。

时光荏苒,雁塔相伴,滋兰树蕙,弦歌不辍。回眸高中语文课,最难忘的还是跟随曲老师读《红楼梦》的那些日子,还是流连于大观园深深浅浅的记忆。在《红楼梦》里,我感受到了诗意的生活、诗意的语言、诗意的人生。绛珠仙子和神瑛侍者三生三世苦乐参半的深情,"金陵十二钗"美丽而短暂的生命韶光,豪门大族富足优雅的生活方式,闺阁庭院的诗情与悲歌……无一不令人心旌摇曳,回味无穷!

2019届毕业生马小健,复旦大学文物与博物馆学专业研究生,爱好写作和历史,高考语文成绩138分。

高中阶段,我有幸跟随曲老师学习语文,这对我而言无疑是十分重要的一段经历。曲老师的课堂并不局限于课本或考卷,而是带领同学们努力触及语言和文学本身。在此之前,我并不热衷于阅读,对诸如《红楼梦》这样的巨著也知之甚微。但曲老师在课本节选的《红楼梦》内容之外拓展了更多,将她长久研读的感悟与我们分享。由此,我也更进一步地体会到文字的魅力与文学的力量。这样的体悟是独一无二的,并足以影响我此后的学习生涯。

2022届毕业生王旭健,上海交通大学口腔医学专业学生,爱好阅读和写作,高考语文成绩131分。

"满纸荒唐言,一把辛酸泪。都云作者痴,谁解其中味?"高中三年,我在曲老师的带领和影响下,慢慢地喜欢上了《红楼梦》。疫情线上教学,每周六曲老师都会录制《红楼梦》导读课,内容精彩纷呈。喜欢《红楼梦》诗一样的语言,喜欢文采斐然的对联和诗词歌赋,难忘一个个经典的情节,难忘一个个活灵活现的人物……徜徉在《红楼梦》的百花园里,品味这部伟大著作的文学韵味、文化品位、人间情味……

2022届毕业生黄子铭,华中科技大学能源与动力学院学生,爱好写作,高考语文成绩126分。

今年五月，我所在的华中科技大学举办"梦系红楼"音乐会，我幸运地抢到了入场券。在音乐会现场，听着吴碧霞老师演唱的《枉凝眉》《红豆曲》，不禁回忆起自己高中时在曲老师带领下读《红楼梦》的难忘时光。高中阶段，每节语文课前，都有一位同学上台分享《红楼梦》的相关内容，大家不知不觉地走入红楼世界，领略了鸿篇巨制的曼妙风景，品味了精湛绝伦的语言艺术，《红楼梦》在不知不觉中走入了我们的心中……

在我们这所以理工类为主的综合性大学，也不乏红学爱好者。对《红楼梦》发自内心的热爱，让我们相聚相知相忆……

2022届毕业生白露行，北京师范大学物理系学生，爱好文学，写了多部网络小说，高考语文成绩123分。

我一度是很抵触阅读《红楼梦》的，碍于老师以及考试的硬性要求，我才迫不得已开始第一遍阅读。在阅读的过程中不免带了些功利的想法，草草了事地读完《红楼梦》后，总觉得漏掉了什么。

初次捧读《红楼梦》，我并没有如同"宝黛共读《西厢记》"那般有一种哥伦布发现新大陆的惊喜。我对故事的明线，也就是宝、黛、钗三人的爱情悲剧无甚特别的感触，反而对那些仅仅出场几次、所占篇幅甚短的小人物非常关注。简单举几个例子，故事刚刚开始就黯然退场的秦可卿率先引起了我的注意，人物早夭的背后究竟隐藏着怎样的秘密？经过查阅，我吃惊地发现曹雪芹避而不谈的"秦可卿淫丧天香楼"情节，而畸笏叟极有可能出于保护曹雪芹的目的才隐晦地要求他删去。再比如天生绝色但身陷泥淖的尤三姐，依鄙人薄见，她自杀或许并非因为其性格刚烈，而是因自己的不堪过往被柳湘莲退婚而羞愤难当。在她死前的一霎，她也许会为自己的过去而感到悲哀和遗憾。至于柳湘莲出家的原因，我想大概也与书中所述的失去贞烈之妻的悔恨不同。我认为，那不过是因为他未注意维护尤三姐的自尊而害死一个无辜女子所产生的自责。当然，我有这些想法，大多是因为我把自己当作一个现代人，以现在的伦理道德去看待书中的情节与人物。

我曾觉得宝、黛、钗三人之间的感情纽带描写得实在是单薄与隐晦，甚至淡到让我觉不出贾宝玉有什么值得喜欢的地方。贾宝玉的性格的确表现出对封建礼教的叛逆，但他自身的纨绔属性恐怕才是对封建门阀士族最大的讽刺吧。《红楼梦》全书找不出任何一个带有一丝奥雷里亚诺与桑迪亚哥这种英雄气概的人物，对于我这类偏爱英雄史诗与传奇的人来说，能耐住性子看完已实属不易。《红楼梦》那些描写钟鸣鼎食奢华生活的诗词歌赋，确实令人艳羡，所以看到贾府衰败时，我觉得符合"盛极必衰"的规律。还有"几个水作的骨肉"却脆弱不堪、结局悲惨的女性形象，的确令人掩卷叹息，但对看惯了悲剧的我来说，这还赚不到我几滴眼泪。至于精妙的情节设计与神话隐喻，由于我早已接触过《百年孤独》里先知梅尔吉亚德斯的羊皮卷，所以我也没有感到多么震撼。书里的长篇诗赋一小半读不懂，另一半读起来也着实费劲，带着功利心的我大多略过了。

  以上确实是很长一段时间里我的真实想法，彼时，我对《红楼梦》的评价是十分优秀的世情小说、水平尚可的言情小说、入木三分的讽刺小说，此外就没有什么特别的感触了。直到后来，我听了曲老师的《红楼梦》导读课，参与了曲老师的《〈红楼梦〉导读序列化实践探索》的校对工作，深刻体会到了烟台四中红学社老师对《红楼梦》教学的专注与热情。我感受到了老师透过字里行间传达的知识与情感，尤其是读到鲁迅评"红楼"时的名言："经学家看见《易》，道学家看见淫，才子看见缠绵，革命家看见排满，流言家看见宫闱秘事。"在这一瞬间，我隐隐约约明白我在初次读"红楼"时到底遗漏了什么。初读"红楼"，我将自己的视角代入，看到的仅仅是这部著作的冰山一角，而对水面下的冰山却几乎完全忽略了。在听《红楼梦》导读课和校对《〈红楼梦〉导读序列化实践探索》的过程中，我看到了老师视角下的"红楼"以及"红楼"里的人物，我印象深刻的是凤辣子王熙凤。在我最初的记忆里，她就是一个心狠手辣的酸女人。而当曲老师引领我们对"林黛玉进贾府"进行评点时，我体会到王熙凤的心理情感，最终理解了她的行为动机。在后续对王熙凤的人物赏析中，我更是全面而深刻地理解了这个人物的复杂性和多元性，这属实是我当初略读《红楼梦》所不能领会到的内容。而能从《红楼梦》里看到的，绝不仅仅止于此，书中其实还有作者对封建社会隐晦的批判、对人性善良一面的褒扬和对人生追求的终极命题的思考等，这里不再赘述。

  在曲老师《红楼梦》导读课基础上的《〈红楼梦〉导读序列化实践探索》，让我体会到自我狭隘视角下所不能感受到的"红楼"世界。之后，我按照曲老师的推荐，又阅读了几本解析评点《红楼梦》的图书，终于对分毫不感兴趣的红学有了初步的了解。如今，尽管我仍算一个门外汉，但我仍想对那些未曾读过《红楼梦》却因为看到《〈红楼梦〉导读序列化实践探索》而对原著有了阅读兴趣的人提一个小小的建议：在阅读时，多从旁观者的角度思考当时的社会背景与人物关系，把视野打开，这样才能较为全面而深刻地理解这部世界名著的内涵，否则，也有可能和我初读"红楼"一样，先入为主，影响了对原著的理解。

  最后，祝贺曲老师的第一本红学著作出版，祝愿母校的各位老师工作顺利，希望我们烟台四中的红学研究继续蓬勃发展，再创辉煌！

中 篇

分回导读：一字凝萃耀华章

缘：缘起缘落应有时　彩线牵起千般缘
——第一回《甄士隐梦幻识通灵　贾雨村风尘怀闺秀》导读

《红楼梦》第一回的内容丰富广阔而绚丽多姿。曹公的如椽大笔变幻多端，游弋于仙境和尘世之间，为我们描绘了瑰丽梦幻的天上人间图景。作者富有想象力的文字，贯古通今，如飞瀑直泻，撼人心魄，其中最触动心弦的是一个"缘"字。"缘"的本义是衣饰的边沿，引申为"命运的丝线"。第一回中作者为我们牵出数条命运的丝线，连缀起形形色色的"缘分"。

一、顽石的尘缘

顽石和一僧一道有缘相遇，开始了自己的一段"尘缘"。想当初女娲补天，炼出三万六千五百零一块七彩石，用了三万六千五百块，剩下这一块无所用，被弃于大荒山无稽崖青埂峰下。顽石的孤独失落可想而知，于是日夜悲号，自怨自艾。机缘巧合，顽石遇见了云游的一僧一道——茫茫大士和渺渺真人。在顽石的苦苦哀求下，二人施展幻术，将顽石变成一块扇坠大小、鲜莹明洁的美玉，并且在上面刻了字，带它到人间经历繁华。后来，贾宝玉衔此玉出生，人人称奇，此玉成了贾宝玉脖子上的挂坠，得以跟随主人阅尽人世间的悲欢离合。自此，顽石开始自己的一段"尘缘"。

二、宝黛的情缘

问世间情为何物，直教人生死相许。"情缘"在《红楼梦》开篇之初就荡气回肠。在西方灵河岸边的三生石上，贾宝玉和林黛玉的三世情缘拉开了序幕。第一世情缘，贾宝玉的前身——神瑛侍者给濒临干枯的绛珠仙草灌溉甘露，使绛珠仙草得以延续生命。第二世情缘，绛珠仙草修炼成绛珠仙子，为报答神瑛侍者的灌溉之恩，心中郁结着一段缠绵不尽之意。恰逢神瑛侍者在警幻仙子案前挂号要下凡历劫，绛珠仙子愿意随其降临世间，用自己一生的眼泪偿还其"甘露之惠"，立下"木石前盟"。所谓的木，就是指绛珠仙草；所谓的石，有人认为是指神瑛侍者，有人认为是指贾宝玉出生时衔的那块玉，其前身是那块顽石，以此代指贾宝玉。第三世情缘，是前身为神瑛侍者的贾宝玉和前身为绛珠仙子的林黛玉在人间演绎的一段爱情故事。第三回宝黛初见，贾宝玉就说"这个妹妹我曾见过的"，照应了二人的前世情缘。

三、回眸的姻缘

如果说贾宝玉和林黛玉是缘定三生，那么贾雨村和娇杏的情缘就有些阴差阳错了。落魄文人贾雨村到甄士隐家拜访，丫头娇杏撷花时注意到了贾雨村。娇杏的两次回眸,在贾雨村的心中掀起了波澜。贾雨村认为娇杏对自己有意,且看出自己的不凡,于是对娇杏心心念念。贾雨村得到甄士隐的资助进京赶考,一举考中进士,官至大如州知州。到任伊始出行,在大街上巧遇了曾经梦寐以求的娇杏。而娇杏本应该在苏州甄家,因为甄家先丢了女儿,后遭遇大火,家道败落,甄士隐不得已携妻子、丫鬟投奔岳父封肃。之后,看破红尘的甄士隐随跛足道人出家,甄夫人和娇杏在大如州相依为命。机缘巧合,贾雨村和娇杏再次相遇,喜出望外的贾雨村立即纳娇杏为妾。不久贾雨村妻子去世,娇杏便被扶了正。贾雨村和娇杏兜兜转转,不早不迟,两次遇见,之后便喜结良缘。这样的情缘,实在是妙不可言。

四、甄士隐的仙缘

苏州乡绅甄士隐每日观花修竹,是神仙一流的人品,一直过着神仙一般的日子。他有一个粉妆玉琢的女儿甄英莲,甄士隐视之为掌上明珠。孰料元宵节仆人霍启带甄英莲观灯,甄英莲不见踪影,霍启逃之夭夭,甄家多方寻找无果,甄士隐和妻子悲痛欲绝。接着三月十五的一场大火,将甄家府邸烧成一片废墟。甄士隐携妻子、丫鬟投奔岳父封肃,又遭封肃讥讽和欺骗。甄士隐贫病交加,大有不久于人世的态势。一日巧遇跛足道人,跛足道人唱的《好了歌》启迪了甄士隐的慧根,甄士隐当即对《好了歌》进行了解读。二人一致认为,世间的一切功名利禄和人伦情感,最终都是一场虚幻。甄士隐背起跛足道人的褡裢,随之飘然而去。至此,甄士隐的尘缘了断,仙缘开启。

甄士隐的"仙缘"早有端倪。炎夏永昼,甄士隐午睡入梦,恍恍惚惚来到太虚幻境,看到了一僧一道,听到了二人讲述凄婉动人的"木石前盟"的故事,还有缘见到了一僧一道口中的"蠢物"——"通灵宝玉",其实就是大荒山无稽崖青埂峰下的那块顽石。甄士隐上前施礼,希望听二位仙师细谈因果。二仙笑道:"此乃玄机不可预泄者。到那时不要忘我二人,便可跳出火坑矣。"而"那时"就是甄士隐看破红尘、尘缘了断之时。"跳出火坑"就是指甄士隐能幡然领悟,离开这个污浊、冷漠、势利的世界,开始自己出家修行的生涯。二位仙师预知甄士隐的命运,早就料到他会与佛法结缘。

五、父女情深缘浅

甄士隐与女儿甄英莲的父女缘分浅得令人辛酸。三岁的甄英莲被甄士隐抱在怀里玩耍,癞头和尚要求其出家,而且说她是"有命无运、累及爹娘"的东西。甄士隐舍不得女儿,结果不久之后仆人霍启抱着甄英莲观灯,甄英莲离奇失踪。甄士隐夫妻老来得女,经此打击后生不如死。不久甄家遭遇大火,家道败落,甄士隐出家,甄家娘子在娘家度过余生。甄英莲被拐子拐卖,冯渊和薛蟠为争甄英莲，发生冲突，薛蟠喝令手下人将冯渊打死，自己却逍遥法外，带着买来的甄英莲进京，入住贾府。甄英莲和冯渊的缘分正如贾雨村所言，是一段"孽缘"。甄英莲改名"香菱"，做了薛蟠的侍妾，等薛蟠娶亲后，又被薛蟠之妻夏金桂虐待，夏金桂下毒未遂，反将自己毒死。夏金桂死后香菱被扶了正，生下一子，最后难产而死，甄士隐把她度到太虚幻境中。

六、读书人之间的友缘

甄士隐和贾雨村也在这一回结缘。贾雨村进京赶考，无钱继续前行，在姑苏甄士隐家附近的葫芦庙寄居。二人都是读书人，甄士隐欣赏贾雨村的雄心抱负和不凡才华，慷慨资助贾雨村赴京赶考，贾雨村亦感激不尽，二人的缘分和情谊令人感动。贾雨村一举中第，当了大如州知州，娶了娇杏，春风得意。但很快乐极生悲，他被弹劾罢官，四处云游，先后当了甄宝玉和林黛玉的家庭教师，借助林如海、贾政、王子腾之力，得以东山再起。正因如此，当贾雨村承办"薛蟠命案"之时，明知香菱是恩人甄士隐当年丢失的女儿，但为了报答贾府对自己的提拔之恩，最终不惜徇私枉法。贾雨村经过考量，将甄士隐的资助之恩让位于自身的利益前途，二人的朋友缘分无形之中走到了尽头。

七、贾宝玉的"玉缘"

本回中，人和物之间的缘分，充满了浪漫主义色彩，如贾宝玉和"通灵宝玉"之间的"玉缘"。贾宝玉和他出生时衔着的玉之间有着神秘的关联。顽石想下凡经历荣华富贵，正碰上一僧一道要度脱太虚幻境中的"风流冤家"，于是这块顽石被一僧一道幻化为一块美玉，这块美玉就是"通灵宝玉"，它的正面刻着"莫失莫忘，仙寿恒昌"，反面刻着"一除邪祟，二疗冤疾，三知祸福"。贾宝玉衔它出生，它随贾宝玉经历了贾府的兴衰，历劫结束之后，它归位，贾宝玉出家。在第八回中，薛宝钗生病，贾宝玉前去探望，薛宝钗提出要看一看贾宝玉的这块"通灵宝玉"。作者提到后人诗中有"好知运败金无彩，堪叹时乖玉不光"的句子，说明这块"通灵宝玉"和贾宝玉的性灵、运势之间有着神秘联系。正因为这块玉来历神秘，因此贾母称之为贾宝玉的"命根子"。这块玉和贾宝玉厚植前世的缘分，才有今生的相依相伴。"通灵宝玉"和贾宝玉的命运休戚相关。第二十五回中，贾宝玉和王熙凤被赵姨娘和马道婆下了蛊，危在旦夕，一僧一道前来持诵，吟诵了两首诗，贾宝玉和王熙凤这才转危为安。第九十四回中，贾宝玉失玉，之后变得疯疯癫癫。接着贾元春去世，王子腾暴亡，林黛玉香消玉殒，贾府被抄，百年望族家破人亡。最后顽石归位，贾宝玉出家，二者的缘分戛然而止。

八、与《石头记》的"书缘"

第一回中,一些人和《石头记》也有奇妙的"书缘"。顽石归位后,将自己经历的离合悲欢、世态炎凉刻于石上,名曰《石头记》。经过了几世几劫,空空道人看到了石头上的字迹,通过和石头的对话,了解了故事的奇趣新意,从头到尾抄录回来,从此"因空见色,由色生情,传情入色,自色悟空",于是易名情僧,改《石头记》为《情僧录》。东鲁孔梅溪题曰《风月宝鉴》,曹雪芹批阅十载,增删五次,题为《金陵十二钗》。字字看来都是血,十年辛苦不寻常。曹雪芹和《石头记》的缘分在第一二〇回中表现得更为明显,空空道人将《石头记》抄录之后,带到人间,希望有人能将这些内容写成故事,流传于后世,但世人耽于蜗角虚名,无暇顾及此事。经贾雨村指点,不知过了几世几劫,空空道人才终于找到了悼红轩里的曹雪芹。曹雪芹慨然应允,对《石头记》中的故事批阅十载,增删五次,呕心沥血,写成了此书。

曹雪芹和《红楼梦》的缘分可谓深厚,可以说,曹公就是为这部伟大的作品而生。曹公的祖上曹振彦因为有战功,成为多尔衮的包衣(满语"家奴"的音译,下同)。多尔衮倒台后,曹家成为皇家内务府包衣,曾祖父曹玺之妻孙氏成了康熙的乳母。因了这层关系,曹玺任江宁织造,成为康熙在江南的心腹重臣。曹玺之子曹寅曾是康熙的伴读,自幼和康熙感情深厚。曹玺去世之后,康熙任命曹寅继续担任江宁织造这个肥差。康熙一生六次下江南,其中四次由曹家接驾。曹寅去世后,康熙又让曹寅之子曹颙继续担任江宁织造一职。曹颙进京述职得了重病,不幸英年早逝。康熙为了让曹家继续担任江宁织造一职,下令曹寅的侄子曹𫖯过继给曹寅的妻子李夫人。这样,曹家三代四人在江宁织造任上近六十年。雍正五年(1727年),曹𫖯被弹劾骚扰驿站、任上亏空,枷号入狱一年。后曹𫖯出狱,虽然朝廷发还一部分房产,但曹家的生活较之前已是天壤之别。曹雪芹幼年生活优渥,曹家被抄后,目睹了家族兴衰、世态炎凉,所以《红楼梦》一书是他用一生的血泪熔铸而成的作品,这种缘分可以称得上是"生命之缘"。

《红楼梦》呈网状结构,而第一回的这种种"缘"是构成这张大网的节点,由这些节点不断生发,演绎出精彩绝伦的皇皇巨著。

考题回放

【2008年江苏卷】

《红楼梦》中写道:"都道是金玉良缘,俺只念木石前盟。"请说说"金玉良缘""木石前盟"的含义。

解题指导

"金玉良缘"是通过薛姨妈散布出来的,说一个癞头和尚给了薛宝钗两句吉利话——不离不弃,芳龄永继,且必须錾在金器上,并预言必须找一个有玉的人才能婚配,而贾宝玉恰好衔玉而生,有一块"通灵宝玉",这就是"金玉良缘"。"木石前盟"是第一回中的神话故事,系甄士隐梦中所见,通过茫茫大士和渺渺真人的对话讲述"木石前盟"的故事。

答案示例

"金玉良缘"指薛宝钗有癞头和尚给的两句吉利话——不离不弃,芳龄永继,癞头和尚要求必须錾在金器上,并预言只有遇见有玉的方可婚配,贾宝玉衔玉而生,有"通灵宝玉",两人应结成姻缘。

"木石前盟"指林黛玉前身为西方灵河畔的绛珠仙草,后修炼成绛珠仙子;贾宝玉衔玉而生,其衔之玉乃大荒山无稽崖青埂峰下的一块顽石,他的前身为太虚幻境赤瑕宫里的神瑛侍者。神瑛侍者对绛珠仙草有灌溉之恩,绛珠仙子愿意追随神瑛侍者下凡,用一生的眼泪来报答神瑛侍者。两人前世有约,今世应结成姻缘。

群:荣辱相连四家族 利害亲疏以群分
——第二回《贾夫人仙逝扬州城 冷子兴演说荣国府》导读

第二回的回目是《贾夫人仙逝扬州城 冷子兴演说荣国府》。这一回中,作者对贾敏的去世只是一笔带过,"谁知女学生之母贾氏夫人一疾而终"寥寥数语,只写了贾雨村做林黛玉的家庭教师,写作的重点在"冷子兴演说荣国府"。这一回,作者把目光投向现实,介绍四大家族之间错综复杂的人物关系和贾府内部的人物关系,可以用"群"这个字来阐释第二回的主要内容。

一、"四大家族群"

四大家族之间联络有亲,他们之间"一荣俱荣,一损俱损"。贾母的娘家是史家,贾母嫁给贾府的荣国公贾代善,贾母次子贾政娶的是王府的二小姐(王夫人),贾母长子贾赦之子贾琏娶的是王夫人的侄女王熙凤,王夫人的妹妹(薛姨妈)嫁给了薛家,薛宝钗嫁给了贾府的嫡孙贾宝玉。通过婚嫁,四大家族皆有姻亲关系,在官场上形成了一个庞大而牢固的关系网和利益共同体。这四大家族,都是当朝老牌的权贵,政治地位不可小觑。第四回中,门子给贾雨村的"护官符"中这样写道:"贾不假,白玉为堂金作马。阿房宫,三百里,住不下金陵一个史。东海缺少白玉床,龙王请来金陵王。丰年好大雪,珍珠如土金如铁。"门子说"护官符"上写的是"本省最有权有势、极富极贵的大乡绅名姓","这四家皆连(联)络有亲,一损皆损,一荣皆荣,扶持遮饰,俱有照应的"。

(一)贾家

如贾家,祖先荣国公和宁国公因为战功获得爵位和府邸,这从第七回焦大醉骂中可以看出来。焦大说自己从小跟着太爷们出了三四回兵,从死人堆里把太爷背了出来,死里逃生,两日没有水,得了半碗水给主子喝,自己却喝马尿。没有吃的,偷东西给主子吃。焦大的这番话,本意是在炫耀自己的功劳,从另一个侧面也能看出当初宁国公、荣国公兄弟俩出生入死才挣下了这份显赫的家业。这也就理解了第五回警幻仙子遇见了宁国公、荣国公之灵,两位开国功臣嘱咐警幻仙子说,贾家自国朝定鼎以来,富贵传流,历经百年,运数将尽,子孙虽多,无可以继承家业者,希望警幻仙子将贾宝玉引入正途。由此可见,贾府当初的政治地位很高。第十四回,秦可卿的葬礼,规模空前,仪式隆重,当朝的政坛名宿"四王八公"都以各种形式设祭,其中地位最高的北静王亲自前来悼念,这都体现了其崇高的政治地位。第三回中,林黛玉进贾府,通过林黛玉的眼睛,看到了贾府的荣华富贵。比较突出的有两个地方,一个是宁国府和荣国府的大门,都写着"敕造",即皇帝下令建造的府邸,这种恩宠无人能及。再有林黛玉经过荣禧堂,"荣禧堂"三个大字的后面是一行小字,有"万几宸翰之宝",表明是皇帝的亲笔手书。荣禧堂的对联是:"座上珠玑昭日月,堂前黼黻焕烟霞。""珠玑"和"黼黻"是官员佩戴的饰物,对联形象地描绘了贾府的座上客皆为达官贵人,他们佩戴的玉饰与日月争辉,身上的衣带如同烟霞般绚丽耀眼。题写对联的是当时的东安郡王穆莳,他谦恭地落款为"弟拜手书"。在第十六回,贾琏的奶妈赵嬷嬷说起当年贾府接驾,银子花得跟淌海水似的。由此可以看出,当时的贾家是多么显赫尊贵。

(二)王家

王家的显赫也是有目共睹的,在第十六回中,王熙凤说娘家王府也预备过一次接驾,那时她爷爷专管各国进宫朝贺的事,凡外国人来,都由王家接待,粤、闽、滇、浙所有的洋船货物都是王家的。王熙凤还理直气壮地对贾琏说,把王家的地缝子扫一扫,也够贾家过一年的。王家的实力派人物王子腾,在《红楼梦》中并未直接出场,但在朝中非常有实权。他是都太尉统制县伯王公之后裔,王夫人、薛姨妈、王子胜之兄。先任京营节度使,后擢九省统制,奉旨查边,旋升九省都检点。和贾琏私通的鲍二家的自缢后,贾家阻其娘家亲戚申诉，又左右都察院审理尤二姐未婚夫张华状告贾琏一案，这些都是王熙凤倚仗王子腾的势力所为。而他又因贾雨村徇私枉法包庇其外甥薛蟠有功，累上保本，引荐贾雨村进京发展，使贾雨村步步高升，直至做到兵部大司马的官职。

金陵王家世代高官，从位居都太尉统制的伯爵王公，到单管各国进贡朝贺还接过圣驾的王夫人、薛姨妈之父，再到一开始就是封疆大吏、又一路升将拜相的王子腾，王家的显贵从未中断。

（三）史家

史家，为保龄侯尚书令史公之后，文臣名宦之家。史家还有一个其他三家所没有的特征，那就是一门双侯：保龄侯史鼐世袭侯爵，迁委了任外省大员；其弟史鼎加封忠靖侯。史家是贾母的娘家，贾母当年嫁给荣国公贾代善，可谓门当户对，足见史家的门庭高贵。贾母的侄孙女史湘云出身于金陵四大家族之一的史侯家，家族地位显赫，财富雄厚，绝对不是贫寒之家。她对林黛玉说过："咱们两个，虽父母不在，然却也忝在富贵之乡。"所以，从出身来说，史湘云是一个富家千金，史家也是货真价实的权贵之家。史家比起其他三家，显然更有发展潜力，整个家族都低调行事，懂得居安思危，勤俭持家。史湘云身为侯爵府的小姐，还要做针线。史湘云做针线活，不是贵族小姐用来打发时间的消遣，而是真正做女红。史湘云的零花钱很少，以至于花几十两银子请客需要借助薛宝钗的资金支持。这些现象并不能说史家穷困潦倒，而是低调行事，不想因张扬惹来祸患。反观贾府，纨绔子弟成群结队，安享尊荣的多，积极进取的少，由此看来贾府的衰败绝非偶然。

（四）薛家

薛家是皇商出身，薛家祖上做过紫微舍人，这是个文官，要学问和文笔足够好的人才能胜任。薛氏祖先并没有让自己的子孙继续为官，而是让他们经营家族产业，同时利用自己在朝廷中的影响，给后代谋了一个皇商的美差。

学而优则仕，仕不行则商，薛家明哲保身，只求发财不慕官位，在皇商的位子上积累了巨额财富，在京城有房产和铺子，其经济实力不可小觑。

在四大家族群中，冷子兴介绍得最详细的是本书着墨最多的贾府。冷子兴作为王夫人陪房周瑞家的女婿，对贾府的情况可以说了如指掌。我们先来看荣国府家族群。荣国府的祖先为第一代荣国公贾源，目前辈分最大、最有威望的是二代荣国公贾代善的夫人贾母史太君，她是荣国府和宁国府"宝塔尖"上的人物。她有两子一女——儿子贾赦和贾政、女儿贾敏。贾赦袭了爵位，续弦邢夫人，儿子是贾琏，女儿是贾迎春。贾琏娶的是王夫人的侄女王熙凤,王熙凤治家才能出类拔萃,贾琏望尘莫及。荣国府当家的是贾母的二儿子贾政和妻子王夫人。近年来,王夫人吃斋念佛,家里的大小事务都交给了王熙凤。贾政和王夫人生了一女两男。女儿贾元春入宫做女史,因为贤孝才德被封为凤藻宫女尚书,加封贤德妃。大儿子贾珠学业优异,可惜不到二十岁就夭亡了,娶的是国子监祭酒李守中之女李纨,遗有一子贾兰。次子贾宝玉衔玉而生,长相秀美,深得贾母宠爱,被称为贾府的"活龙"。贾政还有两个妾,分别是周姨娘和赵姨娘。周姨娘就是透明人,根本没有存在感。赵姨娘戏份很多,贾政和赵姨娘生了一儿一女,儿子贾环,女儿贾探春。贾敏嫁给前科探花、巡盐御史林如海,生了女儿林黛玉,第二回中就因病去世。

　　宁国府家族群相对简单一些,宁国公贾演生子贾代化,贾代化的儿子贾敬,考中了进士,后来一心想成仙,天天和道士混在一处,因服用自己炼制的丹药烧胀而死,幸早年得有一子贾珍,还有一个女儿贾惜春。贾珍续弦是尤氏,原配夫人生了一个儿子名叫贾蓉,贾蓉娶的是营缮郎秦业的女儿秦可卿。秦可卿死后,贾蓉续弦许氏,有人说是胡氏。

二、家族内部群

　　四大家族内部也有许多小的团体,以群主为中心,形成形形色色的群。如果贾宝玉为群主,建立一个家人群,他会邀请哪些人呢?首先是贾母、王夫人,其次是林黛玉、薛宝钗。薛姨妈是贾宝玉的亲姨妈,对他很亲热。第八回贾宝玉去看薛宝钗,薛姨妈对贾宝玉热情备至,又是让喝上等的酒,又是让摆茶果子。贾宝玉因夸前日在东府吃过的鹅掌鸭信比较好吃,薛姨妈听了,忙把自己糟的取了些来与他品尝。贾宝玉喝多了酒,薛姨妈又让人做了酸笋鸡皮汤和碧粳粥,又酽酽地沏了茶,给他醒酒,最后令两个妇女送贾宝玉和林黛玉回去,可谓无微不至。王熙凤也是贾宝玉邀请的对象。秦可卿去世后,宁国府乱成一团,是贾宝玉向贾珍推荐王熙凤协理宁国府。给秦可卿送灵,王熙凤招呼贾宝玉一起坐车,不让他和其他男性一样骑马。生活中王熙凤更是对贾宝玉关心备至。贾宝玉也会邀请贾探春加入群中,贾探春和贾宝玉虽是同父异母,但感情胜过同胞兄妹。第二十七回中,贾探春在饯花会上见到了贾宝玉,她说自己又攒下了十来吊钱,委托贾宝玉出门的时候给她捎一些"朴而不俗、直而不拙"的小玩意,并且关心地问贾宝玉老爷有没有叫他。贾宝玉还说起贾探春给自己做的鞋,引发了赵姨娘的不满,赵姨娘埋怨贾探春不给自己的正经兄弟贾环做点儿鞋袜。贾探春非常生气,说赵姨娘太糊涂,谁和自己好,自己就和谁好。在一旁的薛宝钗评论道:"显见的是哥哥妹妹了,丢下别人,且说梯己去。"由此可见,在"三春"姐妹中,贾宝玉对贾探春的态度更热情些,两人的关系更亲密,互动也更多。

第三十七回,贾探春给贾宝玉写信提议组织诗社。信中写到自己生病期间,贾宝玉给她送来了新鲜荔枝和颜真卿的墨宝,新鲜的荔枝还用白色的玛瑙缠丝盘子盛着,显示出贾宝玉对贾探春的关心和选择礼物的用心。对于贾探春提出的组织诗社的倡议,贾宝玉举双手赞成,马上付诸行动。

贾元春和贾宝玉是亲姐弟,但鉴于贾元春的贵妃身份,贾宝玉恐怕不会邀请她入群。贾政虽然和贾宝玉是亲父子,但二人隔阂很深,贾宝玉最怕的是老爷叫他,贾政痛恨贾宝玉不走经济仕途,不能光耀门楣,所以贾宝玉大概率不会邀请贾政入群。只要贾政在场,气氛就很压抑。如第二十二回,贾元春省亲后赐出灯谜,贾母来了兴致,和儿孙们一起制灯谜、猜灯谜,贾政也前来凑热闹。酒过三巡,贾母就撵贾政去歇息,因为贾政是"不受欢迎的人"。贾政走后,早见贾宝玉跑至围屏灯前,指手画脚,如同开了锁的猴子一般,贾母和众人说笑到四鼓方去安歇。前后对比,贾宝玉肯定不愿群里有贾政的影子。

当然,我们还可以从多个角度来研究《红楼梦》中的群组,不仅有家庭群,还可以建立一个诗词群,丫鬟们、小厮们、嬷嬷们、清客们,不同身份和地位的人都可以建立自己的群。

总之,物以类聚,人以群分,《红楼梦》的时代并没有"群",但是中国传统社会是人情社会,《乡土中国》中提到的"差序格局"由来已久。我们通过对《红楼梦》人物关系中"群"的研究,梳理并加深对其中人物关系的认识,更加深刻地理解《红楼梦》广阔而复杂的社会背景。

考题回放

【2022—2023年度江苏徐州高一第二学期第一次学情调研】

《红楼梦》中的贾雨村刚出场时是个穷书生,他饱读诗书,有真才实学,心怀大志,脂砚斋曾为他写下"雨村真是英雄"的批语。可在登科及第步入官场后,他丧失了做人的良知与道德,逐渐变成了一个忘恩负义、丧尽天良的奸邪小人。书中曾预言他"因嫌纱帽小,致使锁枷扛",脂砚斋曾十几次怒批他为"奸雄"。

热播剧《狂飙》中的高启盛出身寒微,从小学习刻苦,有较高的人生目标,凭借优异的成绩考上了重点大学。但是,由于毕业后长期遭到旁人的歧视,他的自尊心产生了严重的扭曲,他贪慕钱、权与"胜",失去了读书人的信仰,逐渐沦为一个不择手段、没有道德底线的黑恶分子,最终坠入毁灭的深渊。

作为新时代的有为青年,以上材料对我们颇具警示意义。请结合材料选取一个角度写一篇文章,体现你的感悟与思考。

要求:选准角度,确定立意,明确文体,自拟标题;不要套作,不得抄袭;不得泄露个人信息;不少于800字。

解题指导

第一段材料讲述的是《红楼梦》中贾雨村的人生轨迹。一个满腹才华、抱负不凡的穷书生,在进入官场后迷失了人生方向,丢失了读书人的正义和良知,最终从"英雄"蜕变为"奸雄",让人感叹。第二段材料讲述的是热播剧《狂飙》中高启盛的人生轨迹。一个成绩优异的学霸,在踏入社会后,开始执着于追求钱、权,逐渐丢弃了求学时的理想目标,丧失了做人的道德底线,堕落为一个黑恶分子。两段材料讲述的都是学霸堕落的故事,虽然他们都是虚构的人物,但其人生轨迹能给当代青年带来深刻的启示。综观两则材料,关键词十分明显,如"良知""道德""信仰""底线"。写作时可由果溯因挖掘材料里人物堕落的原因,进而围绕"立德树人"来展开思考,思考作为新时代的有为青年,我们该如何走好自己的人生路。

写作时可以从多个角度展开,如分析"才"与"德"的关系,思考坚持理想、信仰、初心在成才路上的意义,思考读书的意义,思考健全的人格与成才之间的关系,如何看待功利心,等等。若论述"才"与"德"的关系,可适当肯定"才"的重要意义,最重要的还是要强调"德"对于一个人成长的重要作用,可从人格健全、健康成长,以及个人与社会的关系等方面展开思考和论述。

答案示例

且放青春"初心"间　莫因"功名"凋朱颜
一考生

守心灵一方净土,不忘初心,方得始终。

——题记

星燧贸迁,"守初心"之信念如春风化雨润泽万物;"弃不义功名"之思想,如星星之火点亮永夜。故此,且放青春"初心"间,莫因"功名"凋朱颜乃青年所求。

流光一瞬,华表千年。有贾雨村之辈饱读诗书,青年之时心怀大志奋发有为,然步入官场,被世俗功名利禄蒙蔽双眼,最终枷锁加身;有高启盛之流勤奋刻苦,年少卓有佳绩,而后失去初心,沦为不法分子,走上歧途。青春正当时,坚守自我的初心和使命至关重要,我们应不断拷问自身:"从哪里来?到哪里去?"树立正确的价值观、义利观是成人之根本。用合法、正当的手段赢得的功名,足以成为前进的动力;用违法、不正当的手段得来的功名,只会将我们推向深渊。

心怀初心,行稳致远。初心引领我们不断披荆斩棘,不畏艰难,毅然奔赴理想的彼岸。君不见,苏武在苦寒之地牧羊,旄节在手,不变的是忠诚爱国之心,纵使匈奴百般威胁,也宁死不屈;君不见,钱学森不顾美方的重重阻挠,义无反顾地放弃优渥的生活和工作条件,甘为祖国奉献一生,坚守着爱国的初心。无数仁人志士在"初心"和"功名"间选择了"初心",无怨无悔,任劳任怨。他们的高洁情操如汩汩清泉,涤荡着每一个人的灵魂,滋养着人们的心灵。

君子如珩,羽衣昱耀。在"鱼和熊掌不可得兼"之时,君子舍利取义,光风霁月;小人则弃义保利,蝇营狗苟。在时代浪潮中,有志愿者默默无闻帮助他人,给予温暖,也有不法分子拐卖孩童、妇女、令人心寒;有不畏艰难、无私奉献、反哺家乡的黄文秀,也有追求名利、贪婪无耻、丧尽天良的贪官污吏。"君子食无求饱,居无求安,敏于事而慎于言,就有道而正焉。"正道之途,君子之风,理应成为人们的共识和全社会的共同价值追求。

怀璀握瑜,灌缨沧浪。青年如初春,如朝日,如百卉之萌动,如利刃之新发于硎,身为青年应有"且将新火试新茶,诗酒趁年华"的自信与底气,更应有"咬定青山不放松"的坚定理想信念,不被功名侵蚀,守住自我的初心,为实现人生理想而不断奋斗拼搏,争做有为青年!

手执长缨,绘锦绣河山;明星荧荧,展未来画卷。唯有且放青春"初心"间,莫因"功名"遮望眼,方能"直挂云帆济沧海"!

见:慧眼细观荣国府　宝黛初见三生缘
——第三回《贾雨村夤缘复旧职　林黛玉抛父进京都》导读

文学中的视角指的是作者在创作过程中选择用来观察和讲述故事的角度。《红楼梦》第三回描写了很多相见的场面,这些相见的场面各具特色,视角独特,手法巧妙,内涵丰富而耐人寻味。这一回如果要提炼一个关键词,那就是"见"。

写得最精彩、最令人回味的首选林黛玉和贾府各色人物的相见。

一、以全知视角来写林黛玉和贾母的相见

原文这样写道:"黛玉方进入房时,只见两个人搀着一位鬓发如银的老母迎上来,黛玉便知这是他(她)外祖母。"这是用全知视角来叙述祖孙二人的相见。贾母的一系列动作——"一把搂入怀中""心肝儿肉叫着大哭起来",

让一位暮年失去远嫁女儿的老母亲形象跃然纸上。这是贾母和林黛玉的第一次相见，血缘关系和亲情的力量使从未见面的二人全然没有陌生的感觉。

二、以双向视角来写人物的相见

第三回中，大部分的篇幅是以林黛玉的第三人称限知视角来展开叙事和描写的，但也不乏人物相见时的"双向视角"，如一直被人称道的"王熙凤出场"。王熙凤出场的特点是"未见其人，先闻其声"，一阵笑声之后，便是"我来迟了，不曾迎接远客！"的说话声传入林黛玉的耳中。有贾母在场的严肃场合，竟有人如此张扬高调，引发了林黛玉的思忖："这些人个个皆敛声屏气，恭肃严整如此，这来者系谁，这样放诞无礼？"林黛玉的所思所想，亦是读者心中的疑问，为下文的展开设置了悬念。作者并没有马上揭晓谜底，而是通过林黛玉的眼睛继续观察王熙凤的外貌。此时此刻，林黛玉的眼睛就像摄像机，以特写镜头的方式，将王熙凤色彩繁复、质地华丽的衣着和美艳俏丽、不怒自威的形象一一展现在读者面前。同时，作者还写了王熙凤对林黛玉的形象——"携着黛玉的手，上下细细打谅（量）了一回，仍送至贾母身边坐下，因笑道：'天下真有这样标致的人物，我今儿才算见了！况且这通身的气派，竟不像老祖宗的外孙女儿，竟是个嫡亲的孙女……。'"作者虽然没有直接写王熙凤眼里的林黛玉是如何美貌，但通过王熙凤的评价，我们也可以想见林黛玉的沉鱼落雁之姿、闭月羞花之貌。

双向视角在"宝黛初见"情节中体现得淋漓尽致。林黛玉初次见到的贾宝玉和之前自己心目中的形象以及王夫人的介绍大相径庭。林黛玉的母亲贾敏对林黛玉说，贾宝玉衔玉而生，顽劣异常，不喜读书，爱在内帏厮混，仗着贾母宠爱，无人敢管。王夫人对林黛玉说贾宝玉是"孽障祸胎""混世魔王"，告诫林黛玉不要理他。然而出现在林黛玉眼前的贾宝玉，却是一位年轻俊美、穿着华丽、彬彬有礼、温和多情的贵族公子。贾宝玉眼中的林黛玉，与众个别——似蹙非蹙罥烟眉，似泣非泣含露目，神情中有淡淡的忧郁，娇弱的身躯似弱柳扶风，聪明灵秀超过比干，病弱之美胜过西施。贾宝玉看惯了穿得花红柳绿的女孩子，和林黛玉四目相对，就被林黛玉超凡脱俗的气质吸引。林黛玉眉眼之间的愁、病、泪，具有一种特殊的新鲜的吸引力，使她从众多贵族女子中脱颖而出。两个人见到彼此时的心理活动更是惊人的一致. 林黛玉觉得贾宝玉很是眼熟，贾宝玉直接在众人面前十分肯定地说："这个妹妹我曾见过的。"这个情节呼应了第一回中神瑛侍者和绛珠仙子的三世情缘，印证了二人的"木石前盟"。

林黛玉初进贾府，细心地观察着贾府的上下人等，贾府的人也在打量着林黛玉：众人见黛玉年貌虽小，其举止言谈不俗，身体面庞虽怯弱不胜，却有一段自然的风流态度。这一段侧面描写，概括地介绍了林黛玉给贾府众人留下的印象——体弱多病、气质不俗。"不俗"是林黛玉身上鲜明的标签，林黛玉身上自带仙气，源于她的前身是游离于离恨天之外、饥食蜜青果、渴饮灌愁海水的绛珠仙子。

双方的眼光和心理活动的双向流动，如同两股泉水相遇，激起层层的情感浪花，形成更大的冲击力。

纵观整部《红楼梦》，这种双向视角的描写只留给最重要的人。贾宝玉和薛宝钗之间亦有这种双向视角的描写。

第四回，薛家一家三口来到贾府，作者并没有写薛宝钗的容貌举止，直到第五回开头，才写到薛宝钗年岁不大，容貌端方、丰美，行为豁达，随分从时，很得人心。正因如此，林黛玉有愤愤不平之气，只是贾宝玉并未觉察，依旧对二人都很亲密。第八回中贾宝玉去薛宝钗处探病，看到薛宝钗的家常打扮：头上挽着漆黑油光的髩儿，身上穿着半新不旧的衣服，唇不点而红，眉不画而翠，脸若银盆，眼如水杏。贾宝玉眼里的薛宝钗，既有服饰的描写，又有相貌的描绘，并没有什么特别之处。接着又写了薛宝钗眼里贾宝玉的打扮，无非是那些繁复的穿着，并无林黛玉眼中的"天然一段风骚，全在眉梢；平生万种情思，悉堆眼角"。薛宝钗对贾宝玉的"通灵宝玉"更感兴趣，而贾宝玉对薛宝钗的身上的香味更有兴趣。第二十八回，"薛宝钗羞笼红麝串"，贾宝玉在旁看着薛宝钗雪白的一段酥臂，不觉动了羡慕之心，暗暗想道："这个膀子要长在林妹妹身上，或者还得摸一摸，偏生长在他（她）身上。"可见，贾宝玉对薛宝钗丰盈润泽的身体更感兴趣。贾宝玉再细看薛宝钗的形容，感觉比林黛玉更具一种妩媚风流。可见，此时在贾宝玉的眼中，林黛玉并非他心中的唯一。第五回贾宝玉梦游太虚幻境，看到一个女子，其鲜艳妩媚，又似乎薛宝钗；风流袅娜，则又如林黛玉。贾宝玉梦中与之柔情缱绻，软语温存，难舍难分。贾宝玉的梦中情人，是集薛宝钗和林黛玉优点于一身的女子。

由此联想到"木石前盟"中"还泪"的故事，神瑛侍者对绛珠仙子有怜惜之情和灌溉之恩，至于爱慕之情并没有表现得特别明显。绛珠仙子对神瑛侍者是全心全意地感恩追随，不惜用一生的眼泪偿还，而未见神瑛使者对绛珠仙子有如此刻骨铭心的情感。二人的这种情感状态也在世间延续，贾宝玉"爱博而心劳""情不情"，他对林黛玉有爱慕之情，对薛宝钗也有爱慕之情，对袭人也有情感的依赖，对晴雯也是关心备至，和史湘云亦是青梅竹马。林黛玉孤苦伶仃，被脂砚斋称为"情情"，所有的感情和精力都在贾宝玉身上，为了爱呕心沥血，此生不渝。例如，第十六回，贾宝玉将北静王赠送的鹡鸰香串珍重地拿出来,送给林黛玉,林黛玉说:"什么臭男人拿过的!我不要他(它)。"遂掷而不取。贾宝玉只得收回。在林黛玉眼里心里,除贾宝玉外,容不下别的男性,她的世界里全是贾宝玉。后四十回的续书一直有争议,一般读者认为,既然贾宝玉和林黛玉有三世情缘,贾宝玉成婚之时浑浑噩噩情有可原,清醒之后应该断然拒绝和薛宝钗成为真正的夫妻。但事实出乎我们的预料,到了第一○九回,贾宝玉和薛宝钗圆房,原文中揭示原因:一是贾宝玉负愧,欲安慰薛宝钗之心;二则薛宝钗恐贾宝玉思郁成疾,不如假以辞色,使得稍觉亲近,以为移花接木之计。二人如鱼得水,恩爱缠绵。如果林黛玉在天之灵看到此情此景,会作何感想?这样的结局,虽然不能满足读者"在天愿为比翼鸟,在地愿为连理枝"的期待,却是人性的真实体现。贾宝玉要顾及老太太、太太,他可以叛逆,孝道却是深入骨髓,他不会违拗老太太、太太的意愿,也不忍心薛宝钗有名无实,独守空房,又不想辜负了林黛玉的一往情深,出家成了他最好的归宿。不管是甄士隐还是柳湘莲,抑或是锦衣玉食的贾宝玉,他们出家与其说是大彻大悟,不如说是走投无路,而出家是唯一的出路。

三、通过物的视角写人间百态

这是作者很有创意的一种写法。第八回,薛宝钗赏玩贾宝玉的"通灵宝玉",作者写了顽石的所思所想:"那顽石亦曾记下他这幻相并癞僧所镌的篆文。"第十七回至第十八回,贾元春省亲,顽石目睹大观园的太平气象、富贵风流,不禁思绪万千,想起当初在青埂峰下的凄凉寂寞,又见今日的繁华兴盛,本想写下自己的所见所闻,又怕自己不能得尽其妙,只好搁笔。第一二○回结尾,甄士隐归结《红楼梦》,说钗黛分离之时,此玉已经离世。又写到空空道人见到石头上记录的经历,抄录下来,行文至此首尾圆合。顽石在书中时隐时现,不仅起到线索作用,还以它的独特视角,来观察、见证贾府的兴衰荣枯。假如我们从宏观角度看《红楼梦》,整本书的情节无疑都是从顽石的大视角展开的。

作者巧妙地运用各种视角,使小说具有独特的艺术魅力。在顽石的大视角下,又有很多小的视角,每个视角都为我们呈现出独特的世界。同是外来人员,林黛玉出身书香门第,她的视角呈现的是荣国府的人情世俗、礼仪秩序、建筑特色;刘姥姥隶属草根阶层,她的视角展现的是贾府的荣华富贵、奇珍异宝、人家气象;贾雨村作为一个野心勃勃又没有背景的读书人,他来贾府看到的景象又不相同,他要寻找有助于自己仕途的贵人和机遇。

顽石的大视角为我们提供了宏阔深邃的艺术空间,具有超越现实的浪漫情怀和宿命色彩;人物的小视角使内容细腻绵密,具有现实主义的感染力和震撼力。二者巧妙融合，娴熟转换，使小说展现出跌宕多姿的艺术风采。

考题回放

【2020年5月北京市顺义区高三二模】

《红楼梦》第三回的回目，有的版本作《贾雨村夤缘复旧职　<u>林黛玉抛父进京都</u>》，有的版本作《金陵城起复贾雨村　<u>荣国府收养林黛玉</u>》。请你结合"林黛玉进贾府"的相关情节，就横线上的部分，你认为哪个版本的回目更好，并写出理由。

解题指导

本题考查学生对语言的理解和对情节的把握。我们可以通过对比，揣摩二者的不同。我们发现，"林黛玉抛父进京都"主语是林黛玉，"抛父"不合常理，这种父女离别出于无奈，引发读者阅读兴趣，透露出无奈、凄凉之感，笼罩着一种伤感和悲剧的氛围。"荣国府收养林黛玉"，主语是荣国府，通过"收养林黛玉"，可以看出林黛玉的弱小和孤苦。在第三回中写她寄人篱下、小心翼翼，和"被收养"的境遇一致，令人同情叹惋，这更与后文林黛玉性格的形成和悲剧的结局关系紧密。

答案示例

① 认为"林黛玉抛父进京都"好，"抛"字作"抛弃"讲，指由于难以抗拒的原因被动放弃。回目的意思是林黛玉被迫抛舍下自己的父亲林如海，主观上并不愿离开父亲，既可以看出父女之间深厚的情感，又带有悲剧意味。同时"抛父"还可以制造悬念：一个小女孩怎么能做出"抛父"的举动呢？激发了读者的阅读兴趣。

② 认为"荣国府收养林黛玉"好，"收养"意味着林黛玉幼年失怙、身世凄凉，蕴含悲剧意味，同时也暗示林黛玉从此以后将"寄居"在荣国府，直至去世。回目言简意赅，令人回味。

利：权衡利弊判命案　平步青云始妄断
——第四回《薄命女偏逢薄命郎　葫芦僧乱判葫芦案》导读

《红楼梦》是一部伟大的现实主义小说，第四回直接写贾雨村审判"薛蟠命案"，为我们展现了《红楼梦》广阔的社会背景。如果从本回中提炼一个字，那就是"利"，这是贾雨村昧着良心断案的根本原因。

一、从未改变的逐利之心

贾雨村中了进士以后,做了大如州知府,虽很有才能,但因贪酷之弊,又恃才侮上,被上司参了一本,龙颜大怒,随后被革职,本府官员都欢呼雀跃。贾雨村心中十分惭恨,表面上却谈笑自若,安顿好家小,自己担风袖月,各处游览名胜古迹。罢官之后,贾雨村做了林黛玉的家庭教师,巧遇古董商人冷子兴,冷子兴大谈贾府血脉延续及现状,引发了贾雨村的高谈阔论。同僚张如圭打听到朝廷准备起复过去的官员,告诉了贾雨村。贾雨村欢喜异常,又加上冷子兴献计,让贾雨村央求林如海,通过贾政助力自己的仕途。贾雨村忙忙地辞了冷子兴,忙寻邸报看准确了,迅速开始行动。

他先找到了林如海,说明自己的意图。林如海是一位谦谦君子,面对自己女儿老师的请求,自当竭尽全力。林如海欣然写下荐书,安排好进京的费用和行程事宜,并向贾雨村介绍了贾府的两位内兄——一等将军贾赦和现任工部员外郎贾政,并对贾政大加赞颂,说贾政谦恭厚道,大有祖父荣国公的遗风。恰逢贾母派人来接林黛玉,贾雨村正好与之同行。

贾政一向和林如海互相欣赏,看到妹夫的荐书,又见贾雨村相貌魁伟,言语不俗,因此格外优待贾雨村,竭力协助。不到两个月,贾雨村就到金陵应天府做官。

二、命案背后的利益关联

贾雨村一上任,就碰上了一起命案。案件并不复杂:小乡绅之子冯渊本来最厌女子,看到拐子卖丫头,一眼看中了甄英莲,约定三日后娶她为妻。谁知拐子贪图钱财,又把甄英莲卖给薛蟠,准备收两家的钱财跑路,不想被两家抓住,两家都想要人,薛蟠喝令手下人将冯渊打死,自己夺了甄英莲,潇洒启程,奔赴京城。

贾雨村感觉案情很明了,不明白为什么案件何以成为"老大难"。门子的一番话,解开了贾雨村心中的疑团。薛蟠是贾府王夫人的胞妹薛姨妈之子,这个案子涉及贾王史薛四大家族中的三大家族,应天府官员们深谙其中的利害关系,无人敢接手,于是这个棘手的案子落到了初来乍到的贾雨村身上。

贾雨村恍然大悟,总算弄懂了这个案子的来龙去脉和复杂的背景,如何让这个"烫手的山芋"平安落地,成了迫在眉睫的问题。关键时刻,精明圆滑的门子开始出谋划策,让薛家的家人给薛蟠报个"暴病身亡",让贾雨村虚张声势扶乩,编造一个扶乩的结果,说冯渊和薛蟠凤孽相逢,目前两人均已死亡,也算孽缘已尽。于是贾雨村命薛家赔给冯家若干烧埋银子,此案宣布结束。之后,贾雨村又找了个理由,将门子远远充发,以绝后患。

三、冤案背后的利益博弈

贾雨村的仕途一波三折,先是在葫芦庙因为资金不足淹留,在甄士隐的资助下一举中第,官运亨通。因为锋芒毕露,得罪了上司和同僚,被弹劾罢官。第二次做官的贾雨村,已经不是那个初出茅庐、意气风发的读书人了,他亲身经历了江湖的险恶,对仕途前程格外珍惜,所以在审理"薛蟠命案"时,他采纳了门子的建议,充分考虑了四大家族的利益,明知被卖的女子是恩人甄士隐之女甄英莲,贾雨村权衡利弊,反复斟酌,最终现实利益战胜了旧日恩情,他选择了徇私枉法。

彼时的贾雨村,刚刚起复,没有什么背景,贾府就是他想攀附的"大树"。第二回中,冷子兴说贾府萧疏冷落,但贾雨村认为贾府"百足之虫,死而不僵",不像个衰败之家,这是他基于自己对历史事实的判断。对于众人不看好的贾宝玉,他认为贾宝玉是正邪两赋而来的人,秉持聪俊灵秀之气,生在公侯富贵之家,则为情痴情种,这也是他在对历史人物进行归类分析后做出的判断。面对冷子兴对贾府、贾宝玉的唱衰,贾雨村尽管一再声称自己和贾府毫无瓜葛,却一直为贾府打圆场、贴金。"静坐常思自己过,闲谈莫论他人非。"贾雨村熟读圣贤书,深谙人情世故,知道贾府在京城和朝廷的影响不容忽视,而冷子兴又是贾府周瑞家的女婿,自己如果跟风议论贾家的是非,传扬出去,对自己没什么好处。

贾雨村对贾府的巴结也是动了一番脑筋的。贾雨村和贾赦、贾政走得很近,对贾宝玉也竭力讨好,因为他知道,贾宝玉是贾府的希望,也是贾政的心病。贾赦想拥有石呆子的古扇,怎奈石呆子爱扇如命,誓死不卖。贾雨村利用自己的权力,诬陷石呆子拖欠官银,将石呆子抓到官府,将他的珍贵古扇没收后献给了贾赦。

尽管贾府江河日下,但余威尚存,贾府的人脉也是贾雨村攀附贾府的重要原因,这颇有些"曲线救国""醉翁之意不在酒"的味道。随着时间的推移和权力的更迭,以贾府为代表的老牌勋贵,政治影响力不断被削弱。但对贾雨村而言,贾府并非失去了利用价值。王子腾是当时朝廷中位高权重的"实力派",第四回中任京营节度使,而后升了九省统制,第五十三回升了九省督检点,最后升了内阁大学士,赴京上任途中暴病而亡。王子腾和都察院关系很好,薛蟠打死冯渊命案,张华状告贾琏国孝、家孝期间偷娶尤二姐,都是靠王子腾的实力摆平。王熙凤曾经叫嚣"便是告我们家谋反也没事的",她倚仗的就是叔叔王子腾的势力。贾雨村仕途一帆风顺,很大程度上得益于王子腾的帮助。贾雨村被弹劾罢官后,因林如海举荐,由贾政、王子腾运作,第四回很快补授了应天府,第十六回经王子腾多次推举进京候补了京缺,第三十二回拜会贾政、见贾宝玉,第四十八回利用权势强占了石呆子古董扇给贾赦,第五十三回补授了大司马。贾雨村自从和贾家扯上了关系,一路官运亨通。而贾母的娘家史家,政治前途也不错,第四十九回史鼐迁委外省大员携家眷上任。贾雨村攀上了贾家,相当于攀上了四大家族的关系,可以获得更多的政治资源和现实利益,这也是贾雨村宁愿忘恩负义也要徇私枉法的原因。

第四回中,作者对社会的批判非常犀利。以贾雨村为代表的封建社会的读书人,满怀着光宗耀祖、扬名立万的人生梦想,走进科场,求取功名。当他们走向官场,发现现实世界和圣贤书的巨大差异,在利益和良知面前,他们选择了利益,价值观逐渐异化,最终走上了一条不归路,就如贾雨村在智通寺看到的对联所言:"身后有馀(余)忘缩手,眼前无路想回头。"

四、案件折射出封建官场

贾雨村乱判葫芦案,只不过是封建官场的缩影,这样徇私枉法的例子数不胜数。单就贾府而言,王熙凤弄权铁槛寺,就是活生生的例子。张财主家的女儿张金哥和长安守备公子订了婚,有一年张金哥去庙里进香,被长安府太爷的小舅子李衙内看上了,李衙内让张家退亲,守备家执意不退,并且辱骂张家一个女儿许配两家。张家是净虚的大香客,请求在贾府馒头庵任住持的净虚到贾府找关系,让守备家同意退亲。于是净虚找到了王熙凤。王熙凤假托贾琏之名,让人给长安节度使云光写了封信,云光久欠贾府的人情,很快就办妥了这件事。可叹张金哥是个多情刚烈的女子,得知父母退亲,自缢身亡;守备公子得知此事,随即投河殉情。王熙凤白得三千两银子,害了两条人命。本来这是张家和守备家的民事诉讼,王熙凤因为贪财介入,导致了张家和守备家的悲剧。第十六回中提到,王熙凤自此胆识越壮,以后有了这样的事,便肆意地作为起来,也不消多记。

馒头庵原名是"水月庵",因庙里馒头做得好,被称为"馒头庵"。馒头庵附近还有一个铁槛寺,亦是贾府用于停灵的家庙。两座庙的名称出自宋代诗人范成大的《重九日行营寿藏之地》中的诗句:"纵有千年铁门槛,终须一个土馒头。"意思是即使人真的有千年铁门槛的显赫和长久的福禄长寿,最终也就是落得一个土馒头似的坟丘。铁槛寺和馒头庵的设计,曹雪芹分明是在讽刺那些追名逐利者的下场。即使是寺庙的名字,也有出处和深意,不得不佩服曹雪芹的慧心和匠心。

王熙凤得知贾琏偷娶尤二姐之后,气急败坏,唆使和尤二姐已经解除婚约的张华去都察院告贾琏,说贾琏在国孝、家孝期间偷娶尤二姐。因为都察院和王子腾交好,将官司压了下去。张华吃喝嫖赌,王熙凤生怕张华再回来勒索敲诈,命令家人来旺追杀张华。多亏来旺比较明智,私自放了张华,对王熙凤谎称已经处理了张华。王熙凤依仗王家和贾家的权势草菅人命,目无法纪,可见一斑。

小说的最后,贾雨村因为贪婪索贿再度被罢官,在甄士隐的点化下,看破红尘。王熙凤曾声称"从来不相信什么是阴司地狱报应的",短短几年后,贾府被抄,王熙凤病死。第五回王熙凤的判词中写道:"一从二令三人木,哭向金陵事更哀。"王熙凤的曲子《聪明累》中写道:"机关算尽太聪明,反算了卿卿性命。"这些都预示着她悲惨的下场。

本回的"葫芦僧错判葫芦案",从法律和道德的角度看,是完全错误的;但从贾雨村及当时社会的官场来看,似乎又在情理之中。

考题回放

【2022年上海徐汇一模】阅读下面的文字,按要求选择。

上海话剧艺术中心拟在《红楼梦》剧中编入能体现"差序格局"典型场景的几出戏。下列是编剧助理小徐打算选编的场景,不符合要求的一项是( )

A. 雨村判案   B. 元妃省亲   C. 探春理家   D. 香菱学诗

解题指导

本题将《乡土中国》和《红楼梦》整本书阅读的内容相融合,考查学生对基本内容、主旨或观点的整体把握能力。

解答本题首先要了解什么是"差序格局"。"差序格局"是由当代著名社会学家费孝通提出的,指发生在亲属关系、地缘关系等社会关系中,以自己为中心像水波纹一样推开,愈推愈远、愈推愈薄且能放能收、能伸能缩的社会格局,且随主体所处时空的变化而产生不同的圈子。中国乡土社会以宗法群体为本位,人与人之间的关系,是以亲属关系为主轴的网络关系,是一种"差序格局"。在"差序格局"下,每个人都以自己为中心结成人际网络,这就像把一块石头扔到湖水里,以这个石头(个人)为中心点,在四周形成一圈一圈的波纹,波纹的远近可以标示社会关系的亲疏。

"雨村判案"中,甄英莲本是贾雨村恩人甄士隐的女儿,但贾雨村从自身的利益出发,着意讨好四大家族,体现了其以自我为中心的"差序格局";而"四大家族"构成的权力结构也是由内到外一层层递减,内圈联络有亲的四大家族一荣俱荣,外圈薄弱的毫无关系的贾雨村也能借此与他们攀上关系。

这充分体现了能放能收、能伸能缩的"差序格局"。

"元妃省亲"故事梗概：元妃省亲时先看到大观园，暗叹过于奢华；后来与贾母等人相见，情不自已，相顾流泪；接着见了林黛玉、薛宝钗和薛姨妈，又见了贾宝玉；然后看了匾额，她命各人选一处题诗，薛宝钗、林黛玉二人得到赞誉；之后贾元春又看了几出戏，含悲回宫。"元妃省亲"发生在贾家内部，是一种以亲属关系为主轴的网络关系，体现了"差序格局"。

"探春理家"故事梗概：王熙凤生病了，王夫人就叫贾探春、李纨和薛宝钗代替王熙凤共同管理荣国府。贾探春锐意改革大观园的种种弊端，狠狠驳回了生母赵姨娘要破坏祖宗旧例的要求；接着，驳了王熙凤的面子，裁去了贾宝玉等人学里的花费，又把贾府买办搜刮到的小姐们的脂粉钱给省了回来。"探春理家"发生在亲属关系之中，以贾探春为中心结成网络，初步取得了成效，体现了"差序格局"。

"香菱学诗"可以分为林黛玉指导读诗和香菱练习写诗两个阶段。第一阶段主要写林黛玉指导香菱读李白、杜甫、王维等大家的诗作；第二部分主要写香菱在林黛玉的指导下练习写诗的过程，香菱呕心沥血，昼夜苦吟，最终写诗成功。香菱本来与薛宝钗的关系更近，但薛宝钗不愿意指导她，反而是与她关系较远的林黛玉愿意倾心指导。香菱和薛宝钗、林黛玉二人没有亲属关系，也没有以哪个人为中心展开并结成关系网络获得利益。所以，这则故事中没有体现"差序格局"。

答案示例 D

游：游幻境道尽天机　费苦心难警痴顽
——第五回《游幻境指迷十二钗　饮仙醪曲演红楼梦》导读

《红楼梦》第五回写的是贾宝玉梦游太虚幻境的故事，充满想象力和浪漫色彩。从宁国府游赏梅花到贾宝玉神游太虚幻境，从人间到仙境的游赏，为我们拉开了小说的天地大幕。这一回写了两次游览，如果提炼一个字，那就是"游"。

一、游赏梅花倦入梦

宁府梅花盛开，贾珍之妻尤氏请贾母和女眷们前去赏梅。一时贾宝玉想睡中觉，秦可卿负责给贾宝玉安排歇息之处。秦氏首先将他领到宁国府的上房内间，墙上挂的是《燃藜图》。这幅《燃藜图》是根据刘向苦学的故事创作的。相传刘向年轻时读书特别刻苦，夜以继日，天上的神仙老翁深为敬佩，于是在夜晚点燃了自己拐杖的一端，发出光亮照着刘向读书。这幅画意在鼓励人们刻苦学习，旁边配有对联：世事洞明皆学问，人情练达即文章。意思是洞察人情世故是一门学问，在人情方面干练通达就像写文章一样。这副对联充满世俗之气，令贾宝玉心生厌恶，他毫不客气地要求离开此处。秦可卿想了想，让贾宝玉到自己房间里小憩。

秦可卿的房间奢华而香艳。贾宝玉进到秦可卿的房间后，先闻到一股细细的甜香，顿觉眼饧骨软，又看到唐伯虎画的《海棠春睡图》以及秦太虚所写对联"嫩寒锁梦因春冷，芳气笼人是酒香"，随即连声说"好"。

《海棠春睡图》的传说由来已久。相传唐明皇召见杨贵妃，当杨贵妃因宿醉未醒、被人扶来的时候，醉颜残妆，鬓乱钗横，没法参拜。唐明皇笑曰："岂是妃子醉耶？海棠睡未足耳。"这是"海棠春睡"典故的由来。北宋诗人苏东坡据此写了一首《海棠》诗："东风袅袅泛崇光，香雾空蒙月转廊。只恐夜深花睡去，故烧高烛照红妆。"到了明代，唐伯虎依据想象画了一幅《海棠春睡图》。

对联作者之名为秦太虚，暗示秦可卿是太虚幻境中的人物。对联的意境朦胧唯美，很契合贾宝玉的审美品位，也符合当时的情境。贾宝玉去宁国府赏梅，应该是腊月时节，天气还有些寒意，春天的气息似有似无，酒香弥漫，令人沉醉其中，不愿意从春梦中醒来。这种情调正是贾宝玉喜欢的。这两幅画和两副对联形成鲜明的对比，前者是虚伪的封建世俗教条，后者更契合贾宝玉的性情，贾宝玉自然更喜欢后者。

以上是梦的缘起。俗话说，日有所思夜有所梦，正是这样奢华梦幻又香艳暧昧的氛围，为贾宝玉梦游太虚幻境提供了现实的心理基础。

二、梦游幻境窥天机

贾宝玉在太虚幻境首先遇到的是警幻仙子，警幻仙子踏歌而来，歌词是："春梦随云散，飞花逐水流；寄言众儿女，何必觅闲愁。"接着是描写警幻仙子的《警幻仙子赋》，很像曹植的《洛神赋》，作者不吝笔墨，辞藻华丽，铺排夸张，极力渲染警幻仙子的美貌仙姿。通过警幻仙子对贾宝玉的自我介绍，我们知道警幻仙子专管人间风情月债，居离恨天之上，灌愁海之中，和林黛玉的前身绛珠仙子所居之处相同。第一回中写绛珠仙子也是终日游离于离恨天之外，渴则喝灌愁海之水，饥则食蜜青果。贾宝玉随警幻仙子来到太虚幻境，看到的对联是："假作真时真亦假，无为有处有还无。"到了"孽海情天"宫，进得门来，看到了"痴情司""结怨司""朝啼司""夜怨司""春感司""秋悲司"等配殿，在"薄命司"中他看到了"金陵十二钗"的画册和判词。这些画册和判词,预言了《红楼梦》中众位女子的命运。

贾宝玉最先展开的是"金陵十二钗又副册判词",又副册中出场的有两个女子——贾宝玉的大丫鬟晴雯和袭人。晴雯排在又副册的第一位,她的画册"水墨渝染的满纸乌云浊雾",预示着晴雯的风采被乌云浊雾所遮蔽。晴雯的判词是:"霁月难逢,彩云易散。心比天高,身为下贱。风流灵巧招人怨。寿夭多因毁谤生,多情公子空牵念。"四句话,每一句都在预言晴雯的悲剧结局。"霁月难逢"中的"霁"寓晴雯名字中的"晴","霁月"有"光风霁月"之意,比喻晴雯光明磊落,但这样的美好品质难以被世俗认可。"彩云易散"中的"彩云"寓"雯","雯"是指有花纹的云彩。"彩云易散"指晴雯生命短暂。"心比天高,身为下贱"形成了矛盾和反差,晴雯是贾母身边出类拔萃的丫鬟,贾母让她到贾宝玉身边服侍,是想让她将来做贾宝玉的姨娘。晴雯对贾宝玉也是忠心耿耿。最感人的是第五十二回"勇晴雯病补雀金裘",贾母送给贾宝玉的雀金裘破了个洞,无人能补,晴雯拖着病体,彻夜补好。晴雯的出身很卑微,她是贾府的奴仆赖大家买来的丫鬟,赖嬷嬷见贾母喜欢晴雯,就把她当作礼物送给了贾母。晴雯被逐出大观园后,只能在她不成器的表哥家里养病,病情加重,悲惨死去。"风流灵巧招人怨",晴雯的长相在大观园的丫鬟中数一数二,擅长女红,织补手艺精湛,做事也很机灵,深得贾宝玉的青睐和信任。"寿夭多因毁谤生",因为长得好,心气高,对底下的小丫鬟经常训斥,对丫鬟的不良行为眼里揉不得沙子,所以得罪了大观园的婆子和丫鬟。抄检大观园时,卧病在床的晴雯深为不满,赌气将自己的箱子倒出来,又加上之前王善保家的在王夫人面前进谗言,晴雯被赶出大观园,在表哥家无人照料,一病而亡。晴雯被撵后,贾宝玉曾经偷偷去看过她,二人交换信物,面对重病的晴雯,面对她所处的贫寒环境,贾宝玉束手无策。晴雯死后,贾宝玉写下了《芙蓉女儿诔》,悼念这位早亡的聪慧女子。

接着是袭人的画册,一簇鲜花,一床破席,寓"花袭人"的名字。还有人说,"席子"谐音"戏子",暗示袭人后来嫁给了戏子蒋玉菡。袭人的判词是:"枉自温柔和顺,空云似桂如兰;堪羡优伶有福,谁知公子无缘。"袭人的性格低调温柔,平和温顺,极少跟人起冲突,就像桂花和兰花一样,美名远播。在大观园里,袭人的名声很好,是大观园四大丫鬟之一,上层主子无论是贾母还是王夫人都很信任倚重她,底层的小丫鬟们都敬服她。贾宝玉和侄儿贾兰一起去赴考,出了科场后,贾宝玉不见踪影。虽经多方寻找,仍然杳无消息。过了一段时间,传来贾宝玉中了第七名的好消息。贾政在途中看到贾宝玉被一僧一道搀着远去,贾府众人得知贾宝玉出家的消息,一片悲痛。王夫人考虑再三,将袭人放出,令其家人为她寻一门好亲事。袭人嫁给了贾宝玉的好朋友、名伶蒋玉菡,蒋玉菡非常敬重袭人,夫妻恩爱。

在书中"金陵十二钗副册"中唯一出现的女子是香菱。"根并荷花一茎香,平生遭际实堪伤。"香菱出身姑苏书香世家,家道殷实,父亲甄士隐是神仙一流的人品,她自己也是才貌双全,即使在薛家当丫鬟,也酷爱诗词,跟随林黛玉学诗,不眠不寐,殚精竭虑。关于香菱的身世,前面内容多有涉及。她被薛蟠买走以后,随薛家进京投奔贾府,做了薛蟠的侍妾。薛蟠娶了夏金桂,朝三暮四,很快厌弃了香菱。夏金桂见薛家上下都喜欢香菱,为了彰显自己女主人的地位,多次虐待陷害香菱。夏金桂多行不义必自毙,最终误食毒药而死。薛蟠在外又犯了命案,经过多方周旋,终于被放了回来,由薛姨妈做主,将香菱扶了正。第一二〇回,甄士隐度脱因难产而死的香菱,使之回到太虚幻境。

纵观香菱的一生,充满坎坷辛酸。先是和尚让她出家,父母不从;接着看灯被拐;遇见冯渊,本想时来运转,不承想半路杀出个薛蟠,将香菱抢走。判词后两句:"自从两地生孤木,致使香魂返故乡。""两地生孤木"合成一个"桂",指夏金桂。夏金桂嫁到薛家后,对香菱百般虐待,香菱忍辱负重,虽说最后扶了正,还是难产而死。一缕香魂,烟消云散。

这一回主要预言了"金陵十二钗正册"中女子的命运,文中共出现了十一首判词,除去引子和收尾,"金陵十二钗"共十二首曲子。画册、判词和曲子既相互呼应,又相互补充。

仔细品味画册和十一首判词和十二首曲子,可以发现以下特点:

(一)人物个性鲜明

每一首判词四句,非常简练,但人物的个性非常鲜明。如林黛玉和薛宝钗的判词合在一起,开头两句:"可叹停机德,堪怜咏絮才。""停机德"是指女子相夫教子的美德,"咏絮才"是指像东晋谢道韫一样的才华。这个典故出自《世说新语》,东晋政治家谢安在雪天与子侄们聚谈时,他的侄女谢道韫用"未若柳絮因风起"来比喻纷飞的白雪,这个比喻精妙而形象,得到了谢安及后世人的赞赏,"咏絮才"成了赞颂女子富有诗才的常用词语。在"金陵十二钗"中,林黛玉和薛宝钗的才貌居首。林黛玉饱读诗书,才华横溢,在大观园众姐妹中诗才出众,在元妃省亲、海棠社、菊花社、桃花社等活动中表现不俗,是一位媲美谢道韫的"诗人"。薛宝钗是标准的封建淑女,品格端方,随分从时,藏愚守拙,以"德"见称。妙玉的判词:"欲洁何曾洁,云空未必空。""洁""空"与佛家有关,"金陵十二钗"中只有妙玉是货真价实的尼姑。她的曲子叫《世难容》,体现了她和世俗格格不入,其中的句子"天生孤僻人皆罕""太高人愈妒，过洁世同嫌"更是直接说明了这一点。第五十回贾府女子在芦雪广赏雪联诗烤鹿肉，李纨提议去栊翠庵折一枝红梅，罚在联诗过程中表现欠佳的贾宝玉前去向妙玉讨要。李纨说："可厌妙玉为人，我不理他（她）。"李纨人称"活菩萨"，与人为善，不轻易褒贬别人，唯独对妙玉颇有微词。贾环得知妙玉被害后，竟然幸灾乐祸。再如贾惜春的判词："勘破三春景不长，缁衣顿改昔年妆。"一看写的就是贾惜春看破红尘，毅然出家的故事。再有秦可卿的画册，画着高楼大厦，有一美人悬梁自缢，无疑预示着秦可卿的结局。再如贾元春的判词："二十年来辨是非，榴花开处照宫闱。"在"金陵十二钗"宫闱中的女子只有贾元春，她十几岁因"贤孝才德"被选入宫中做女史，（第十六回）二十三四岁时被封为"凤藻宫尚书"，加封"贤德妃"。再如，史湘云的判词："富贵又何为，襁褓之间父母违。"点出了史湘云的出身，像她这样出身富贵又父母双亡的仅此一人。林黛玉虽然也是父母双亡，但她父母去世时她已经懂事。贾敏去世后，林黛玉进贾府时已经是六岁左右；林如海去世时，林黛玉十岁左右。再如贾探春和王熙凤，两人都很有能力，治家水平都很高，"王熙凤协理宁国府""敏探春兴利除宿弊"等情节浓墨重彩地表现了两人的治家才能。两人判词中都出现了"才"字。王熙凤的判词是"都知爱慕此生才"，大家都对她的才能很羡慕。而贾探春判词是"才自精明志自高"，强调了贾探春除了精明能干，还有远大的志向。在第五十五回中她曾说过："我但凡是个男人，可以出得去，我必早走了，立一番事业，那时自有我一番道理。"王熙凤治家，凭借的是自己的威势和严酷的刑罚；贾探春治家，注重调动被管理者的积极性，兴利除弊，责任到人，着眼于家族的长远利益。正如在第五十六回中薛宝钗所言："此刻于小事上用学问一提，那小事越发作高一层了。不拿学问提着，便都流入市俗去了。"

贾探春和王熙凤最大的区别，在于贾探春比王熙凤更有学问，更有见识，所以行为举止更胜一筹。

（二）命运预判精准

判词对人物的命运进行了预示，如同民间的"算命"一般。如林黛玉和薛宝钗的判词是："玉带林中挂，金簪雪里埋。"人们对这两句的解读不同。对"玉带林中挂"基本有三种看法。一是林黛玉上吊而死，二是说林黛玉怀才不遇，她和贾宝玉的"木石前盟"，本来贾母支持，和贾宝玉也情投意合，而且林黛玉出身于书香门第，才貌双全，和贾府这个老牌的勋贵之家门当户对。怎奈王夫人反对，贾元春支持王夫人，贾母有心无力。三是预示林黛玉最终泪尽而逝。再如贾元春的判词"虎兕相逢大梦归"也有不同的解释。有人认为虎和兕都是猛兽,预言贾元春死于政治斗争。也有人说,应该是"虎兔相逢",因为在第九十五回中说贾元春薨毙,是年甲寅年十二月二十八日立春,已交卯年寅月,存年四十三岁。民间有以立春作为新旧年分界的传统,贾元春死于寅年卯年之交,是虎年兔年交界处。像贾探春的判词"清明涕送江边望,千里东风一梦遥",预示她远嫁的时间和结局。妙玉的判词"可怜金玉质,终陷淖泥中",预言妙玉最终被贼人所劫受辱,传说被杀害。如贾迎春的判词"金闺花柳质,一载赴黄粱",预言贾迎春由贾赦做主嫁给孙绍祖后,不到一年就被孙绍祖虐待而死。贾惜春的判词"可怜绣户侯门女,独卧青灯古佛旁",预言其看破红尘、毅然出家的结局。李纨的判词"如冰水好空相妒,枉与他人作笑谈",预言她青春守寡,一心培养儿子读书,最终守得云开见月明,贾兰取得功名,李纨凤冠霞帔,可不久就命丧黄泉,成为别人的笑谈。王熙凤的判词"一从二令三人木,哭向金陵事更哀",预言她被休回金陵老家,羞愤难当,悲惨死去,这个预言和续书有出入。续书写王熙凤在贾府被抄后,本来身体有病,再加上贾府被抄与王熙凤违法放高利贷有着直接的关系,一病而亡。史湘云的判词"展眼吊斜晖,湘江水逝楚云飞","吊斜晖",哀叹贾府和史家日薄西山,书中史湘云下落不明。贾巧姐的判词"偶因济刘氏,巧得遇恩人",预言贾府被抄后,贾环、贾芸等人想把贾巧姐卖给藩王做使唤的人,多亏受过王熙凤资助的刘姥姥出手相救,贾巧姐才逃脱魔爪。

(三)艺术手法多样

《红楼梦》中"金陵十二钗"的判词富有艺术特色,蕴含着作者精巧的艺术构思。

一是作者巧用"拆字法",使判词妙趣横生。例如,王熙凤判词的第一句"凡鸟偏从末世来","凡鸟"合起来是繁体字"鳳";"子系中山狼","子""系"合起来是繁体字"孫",暗指贾迎春所嫁的丈夫孙绍祖是一个忘恩负义的"中山狼";香菱的判词"自从两地生孤木",合起来是夏金桂的"桂"字;王熙凤的判词"一从二令三人木","人"和"木"合起来是"休"。

二是作者巧用"谐音法",让读者心领神会。如林黛玉和薛宝钗的判词"玉带林中挂,金簪雪里埋","玉带林"谐音"林黛玉","雪"谐音"薛";李纨的判词"桃李春风结子完,到头谁似一盆兰","完"谐音"纨",将"李纨"二字镶嵌其中;秦可卿的判词中的"情"和秦可卿的"秦"是谐音。

三是作者巧用"镶嵌法",将人物的名字镶嵌在判词中,如史湘云的判词"湘江水逝楚云飞",将"湘云"镶嵌其中。

令人敬佩的是,这些方法作者运用贴切自然,妙合无垠,毫无矫揉造作之感,作者的艺术匠心令人叹为观止。

本回中《红楼梦》的十二支曲子是判词的具体化和深化。如第一支曲子《终身误》是以贾宝玉的口吻写的,写出了他心中的遗憾:"空对着,山中高士晶莹雪;终不忘,世外仙姝寂寞林……纵然是举案齐眉,到底意难平。"

贾宝玉游太虚幻境,出现了很多新鲜的人名、物名。如物品名,警幻仙子招待贾宝玉的茶叫"千红一窟",警幻仙子介绍此茶出自放春山遣香洞,以仙花灵叶上所带的宿露烹制而成。请贾宝玉喝的酒叫"万艳同杯",此酒是以百花之蕊、万木之汁,加以麟髓之醅、凤乳之曲酿成。室内的幽香叫"群芳髓",是名山胜境中的初生异卉之精,合各种宝林珠树之油制成。这三种物品,运用了"谐音法",谐音"千红一哭""万艳同悲""群芳碎",预示着女儿们悲惨的结局。

太虚幻境中管风月情债的仙女名为警幻仙姑,"警幻"显示出其职责:以虚幻之景来警示贾宝玉早日觉悟,正如警幻仙子向诸位仙姑介绍自己为何带领贾宝玉畅游太虚幻境时所言:"先以彼家上中下三等女子之终身册籍,令彼熟玩,尚未觉悟;故引彼再至此处,令其再历饮馔声色之幻,或冀将来一悟,亦未可知也。"后来,警幻仙姑更是把一位女子许配给贾宝玉,并进一步解释,今醉以灵酒,沁以仙茗,警以妙曲,再将妹妹可卿许配给贾宝玉,不过是让他领略仙闺幻境之风光尚如此,何况凡间尘世,希望贾宝玉及时觉悟,留意于孔孟之间,委身于经济之道,以此警告贾宝玉,世间的一切都是虚幻,不要沉迷其中。四位仙姑——痴梦仙姑、钟情大士、引愁金女、度恨菩萨,她们的名字也颇有深意。有人认为,这是与贾宝玉有关的四位女性。痴梦仙姑是指林黛玉,林黛玉对贾宝玉一片痴情,至死不渝。钟情大士看名字应该是位男性,实则指具有男性般豪放情怀的史湘云。史湘云的曲子《乐中悲》有这样的句子:"英豪阔大宽宏量""霁月光风耀玉堂"。她和贾宝玉青梅竹马,但她没有儿女私情,豪放豁达。引愁金女指的是薛宝钗:一是因为她有錾着"不离不弃,芳龄永继"的金项圈,薛家炮制"金玉良缘"之说;二是她的到来,威胁到贾宝玉和林黛玉的感情,引发了贾宝玉和林黛玉的忧愁。度恨菩萨指的是妙玉,妙玉是道行很深的尼姑,她对贾宝玉有微妙的情愫,贾宝玉最后看破红尘出家,和妙玉是殊途同归。也有人认为是贾宝玉一生感情经历的写照:他经过了年少对袭人的痴情;对林黛玉一见钟情,中间有很多波折,引来了无数忧愁;林黛玉去世后,贾宝玉舍弃红尘,超越了儿女情长,毅然出家。"度恨菩萨"中的"菩萨"是佛家用语,既指自我开解,也指帮助别人脱离苦海,更是一种超凡脱俗、慈悲为怀的境界。

有人说,读了第五回,画册、判词和曲子都已经预示了"金陵十二钗"的命运,后面的内容还有必要读下去吗?

当然有。前五回只是这部鸿篇巨制的序幕,精彩还在后面。判词和曲子虽然点明了人物的经历和结局,但都是高度概括的,而最生动、最形象、最细致、最动人的描写还在后文中。跌宕起伏的情节、错综复杂的人物关系、人物性格的变化,都是吸引我们读下去的动力。可以说,判词和曲子是逆向的悬念,吸引我们去跟随作者的笔触,一步一步领略沿途的风景,获得妙不可言的审美感受。

考题回放

【2020年天津塘沽高考模拟】

古典名著《红楼梦》大量使用谐音的修辞手法,暗示人物的性格命运,寄寓作者的思想情感。例如"元春""迎春""探春""惜春",谐音"原应叹息",暗示四位贵族女性分别病死宫闱、受虐而亡、远嫁他乡、出家为尼的悲惨命运,寄寓了作者深深的同情。请从《红楼梦》人物中任选两位,根据作品中人物的性格命运,推测其人名谐音,并解说寓意。

要求:写出原名、谐音和寓意,结合作品内容解说,120字以内。

解题指导

本题考查语言表达能力和微写作能力。纵观近年来的微写作题型,大体可分为抒情类、描写类、观点类和想象类。考生解答此类题要做到以下几点:一是要全面审清题意,把握材料表层义和"题外话",立意又准又高;二是内容上要观点明确、条理清晰,点面详略得当,言简意赅;三是要注意题材特征,描写要精彩传神,说明要清晰有条理,议论要有理有据,构思要精巧完整。微写作一定要突出"我"的感受和思考。总之,写好微作文,首先,审题辨题,观点明确;其次,精心选点,以小见大;最后,精准表达,夺人眼目。

谐音修辞手法是《红楼梦》的一大特色,作者将其运用得出神入化,妙趣横生。本题看起来是考查原名、谐音和寓意,实则考查学生对人物的性格和生平经历的把握。

答案示例

贾政:谐音"假正(经)",寓意——整天一本正经,满口仁义道德;治家无能,导致贾家一败涂地;为官也很失败,放了江西粮道,一任手下胡为;教育贾宝玉从来不知鼓励,死板、苛刻,不苟言笑。就是这样一个封建礼教卫道士,却偏偏喜欢恶俗不堪的赵姨娘。

娇杏：谐音"侥幸"，她的侥幸在于，本是甄士隐家的丫鬟，偶因一回头，被贾雨村相中。甄家先是丢了爱女甄英莲，后遭遇火灾，很快败落。贾雨村做官之后偶遇娇杏，即纳娇杏为妾。娇杏嫁给贾雨村后生了个儿子。不久，贾雨村的正妻染病去世，娇杏被扶正，从此便为人上人，其命运可谓"侥幸"。

试：贾宝玉梦游动情　刘姥姥豪门试水
——第六回《贾宝玉初试云雨情　刘姥姥一进荣国府》导读

从第六回开始，《红楼梦》的故事正式开始。纵观本回的内容，我们如果用一个字来概括，那就是"试"。作者在这一回中一共写了两次"尝试"——贾宝玉和袭人初试"云雨情"；刘姥姥第一次到荣国府"打秋风"，尝试从贾府这个"富亲戚"那里得到一些物质资助。

一、贾宝玉初试云雨情，写出了贾宝玉的青春萌动

在太虚幻境中，警幻仙子将其妹——乳名兼美字可卿者，许配给贾宝玉。警幻之妹，"其鲜艳妩媚，有似乎宝钗，风流袅娜，则又如黛玉"。虽是幻境，也反映出贾宝玉的潜意识，他理想中的女性应该是兼有林黛玉和薛宝钗的优点，正如警幻仙子之妹的乳名一般——兼美，这也为后面宝、黛、钗三人的纠葛埋下了伏笔。

警幻仙子受宁、荣二公所托，本希望贾宝玉领略太虚幻境的美景、美食、美色后，能走向正途，不再留恋儿女情长。没想到贾宝玉尚不觉悟。他春梦醒来，和袭人这个温柔贤惠、似桂如兰的大丫鬟有了肌肤之亲。袭人素知贾母已将自己给了贾宝玉，如今如此，亦不为越礼。这是袭人安慰自己的话，从中可以窥见其野心——她私下已经把自己当作贾宝玉的姨娘了，此番行动，更加巩固了自己的地位。

二、刘姥姥尝试"打秋风"，写尽了穷苦人的辛酸

贾宝玉的"偷试"是略写，刘姥姥进贾府尝试"打秋风"才是本回的重中之重。因为生活所迫，帮衬女儿、女婿过活的刘姥姥想到贾府碰一碰运气。为了方便求助，她领着外甥板儿踏上了去贾府的路途。"侯门深似海"，贾府大门前，看到雄伟的石狮子、簇簇轿马，刘姥姥便有些打怵起来，于是"掸了掸衣服，又教了板儿几句话，然后蹭到角门前"。挺胸叠肚、指手画脚的守门人本想戏耍乡下人，他们让刘姥姥远远地等着，多亏一个好心的老年人指路和小孩引路，她才找到了周瑞家。周瑞家的果然贵人多忘事，认了半日，才想

起了刘姥姥。刘姥姥小心地说明来意——来请姑太太的安。周瑞家的答应帮助刘姥姥见"真佛",一来还刘姥姥女婿的人情,二来要显示自己的体面。周瑞家的向刘姥姥介绍荣国府当前的形势:现在当家的是王熙凤,并说王熙凤模样好,心眼多,伶牙俐齿,但待下人未免严些个。

  王熙凤处理家事没下来,周瑞家的先请示了王熙凤的大丫鬟平儿,刘姥姥见平儿遍身绫罗,插金戴银,差点儿以为是王熙凤。在等待王熙凤的过程中,刘姥姥听到了时钟的响声,不防吓得一展眼,此处描写"笑中有泪",用喜剧化的修辞手法揭示了底层人的辛酸。

  王熙凤的出场还是一如既往地伴随着笑声,围随着一二十个妇人。到了内室吃午饭,鸦雀无声。等到王熙凤吃完了饭,周瑞家的招手叫刘姥姥。此时的王熙凤派头十足,打扮得雍容华贵,粉光脂艳,正襟危坐,手里拿着小铜火箸儿拨手炉内的灰,也不接茶,也不抬头,只管拨手炉内的灰,慢慢地问道:"怎么还不请进来?"其实王熙凤早就看到了刘姥姥,从刘姥姥的穿着早已猜到了她的身份,但作为荣国府的当家少奶奶,在平民百姓面前,必须保持应有的矜持。假如来的是哪位诰命夫人或者是贾府的哪位太太小姐,王熙凤断然不会有这样的态度。但如果王熙凤一直是这样一种傲慢的态度,不仅有损她的形象,更有辱贾府作为诗书簪缨之家的百年望族的形象。王熙凤在抬身要茶的时候,发现地下站着的刘姥姥和板儿,画风突变:王熙凤忙欲起身,同时满面春风地问好,又嗔着周瑞家的不早说,又让周瑞家的搀起跪拜的刘姥姥。王熙凤作为贾府的代言人,完全掌握了主动权,先是跟刘姥姥解释亲戚疏远被外人误解,一些别有用心的人就开始散布贾府看不起穷人的谣言。在刘姥姥告贫走不起亲戚之后,王熙凤开始大倒苦水:贾府只是借着祖上的虚名,有个空架子;还说朝廷还有三门穷亲戚呢。一番真情告白,瞬间拉近了和刘姥姥的情感距离。王熙凤诉苦完毕,又打发周瑞家的去请示王夫人,借机向王夫人打探刘姥姥的来历和接待规格。王熙凤待客的礼节毫不含糊,当即决定推掉管事媳妇们的请示汇报,专心待客。周瑞家的带来了王夫人的指示:刘姥姥有什么事只管跟王熙凤说。

  到了实质性阶段,作者传神地描摹了刘姥姥的语言和神态。刘姥姥先是掩饰此行的目的,含糊其词,说自己只是来瞧瞧奶奶和姑太太,没什么说的。周瑞家的一再催促和提醒,她未语先飞红了脸,只得忍耻说出自己的目的,生活的辛酸让人顾不上自己的尊严。此时,作者采用"横云断岭法",刘姥姥刚要开口,下人来报说贾蓉来了。王熙凤马上制止刘姥姥继续说下去,并且急切地问:"你蓉大爷在那(哪)里?"待到年轻俊美的贾蓉进来,刘姥姥坐立不安,王熙凤笑着说贾蓉是自己的侄子,不碍事。原来贾蓉奉贾珍之命来借王熙凤的玻璃炕屏,王熙凤假意说不借,贾蓉甜言蜜语地哀求,王熙凤这才勉强答应,还威胁说"碰坏了仔细你的皮"。贾蓉走出屋子,王熙凤突然叫贾蓉回来,贾蓉回来之后,她又说让他晚饭后再来。有些人据此断定王熙凤和贾蓉关系暧昧,综合后面的内容,没有确切的证据。

  插叙了这样一段描写,避免了情节的平铺直叙,使整个故事更有波澜。同时,王熙凤对待刘姥姥和贾蓉的不同态度令人倍感心酸。在这个场景中,刘姥姥是一个局外人,只能在旁边赔着小心,完全不知道王熙凤的态度和形势的走向。作者在插入这段情节的同时,也为我们提供了想象的空间,王熙凤和贾蓉谈笑风生,戏谑自如,那此时的刘姥姥该是怎样的情形?这段小小的插曲,对上门乞怜的刘姥姥来说又是怎样的煎熬!

  等到贾蓉走了,刘姥姥才又接着告艰难,说了一半,王熙凤就阻止了她。此时作者又宕开一笔,王熙凤问刘姥姥吃过早饭没有,刘姥姥据实回答自己没吃之后,王熙凤让传了一桌客饭。趁刘姥姥和板儿吃饭的空当,王熙凤向周瑞家的了解刘姥姥的真实情况。周瑞家的传达王夫人的指示,不可怠慢了刘姥姥。等到刘姥姥吃过了饭,王熙凤又继续跟刘姥姥谈话,首先检讨自己接管家务以来,对亲戚知之甚少,照顾不周;接着说贾府外强中干,最后给了刘姥姥二十两银子。二十两银子不是一个小数目,当时王夫人的月例是二十两银子,袭人是二两加一吊钱。刘姥姥二进荣国府,贾府举行螃蟹宴,刘姥姥算了算,需要二十多两银子,并感叹说够庄稼人过一年的了。王熙凤给刘姥姥这二十两银子,表面上说是给孩子做冬衣,实际上也足以让刘姥姥家一年衣食无忧。

  不到一天的时间,刘姥姥的心情如同过山车。从早晨在荣国府门前的畏畏缩缩,到找到周瑞家的时曙光乍现,再到见到王熙凤的慌忙局促,中间贾蓉进来时的坐立不安,王熙凤诉苦时的希望破灭,直到后来得到二十两银子的喜出望外。

  《红楼梦》第三回通过贵族小姐林黛玉的眼睛,向我们展现了贾府的豪门气势和各色人等的风采;本回通过农村劳动妇女刘姥姥的豪门"试水",展示了底层人民生活的辛酸不易。林黛玉作为巡盐御史家的小姐,对贾府的豪华气派并没有太多的惊奇;刘姥姥来贾府,一直是一种仰望的姿态。作者巧妙地选取了不同阶层、不同性格、不同阅历的两个人物,通过她们的所见所闻、所思所想,多角度立体化地呈现百年国公府的风貌,推动了情节的发展,展现了人物形象的特点,可谓一石数鸟,匠心独运。

考题回放

【2020届北京市顺义区高三第二次统练】

有人用"黠而侠"评价《红楼梦》中的刘姥姥，意思是说刘姥姥既有"狡黠"的一面，又有"侠义"的一面。请结合原著内容，谈谈你对刘姥姥的"黠"和"侠"的理解。

解题指导

首先要审清题干要求，然后结合平时积累进行思考、解答。解答此种题型，需要学生平时多读经典作品，多记忆，多感悟。

"黠"，即聪明。刘姥姥是《红楼梦》中一个典型的底层人物形象，从第六回刘姥姥来贾府"打秋风"借钱，到第一一三回王熙凤托孤，刘姥姥可算是贾府从辉煌走向没落的见证者。她身为一介农妇，本与贾府无任何关联，曹公却别出心裁，通过刘姥姥借钱这么一件小事，让这个挣扎在温饱线上的老妇人与贾府有了联系。劳动人民与贵族阶级的碰撞，更加深化了《红楼梦》的现实内涵。刘姥姥的生存智慧通过与贾府各色人等的接触得以发挥：刘姥姥看似愚蠢，笑话百出，实则大智若愚，心如明镜，只是故意配合众人开玩笑装疯卖傻而已。

"侠"，即有义气，敢担当。当贾府衰败时，贾巧姐被卖，刘姥姥仗义救下贾巧姐并收留她，为她觅得一门合适的亲事。刘姥姥义薄云天，令人敬佩。前面的滑稽可笑，与后面的仗义相救，形成了鲜明的对照，谁能想到一个无权无势的老妇人，日后竟成了贾府小姐的救命恩人。

答案示例

黠，即聪明。刘姥姥久经世故，二进贾府时，情知王熙凤等戏耍她，但她还是有意配合王熙凤和鸳鸯，哄贾母高兴，故意装傻。讲故事也有意迎合贾母和贾宝玉的心理，投其所好。这些举动为她赢得了丰厚的物质回报和贾府上下人等的欢心，这是她的"黠"，充满生存智慧和对人性的洞察。

侠，即有义气，敢担当。当贾府衰败时，贾巧姐被卖，刘姥姥知恩图报，仗义救下贾巧姐。

酸：梨香院不期而遇　林黛玉含酸巧言
——第八回《比通灵金莺微露意　探宝钗黛玉半含酸》导读

第八回开篇，宝、黛、钗三人的纠葛开始萌芽。在此之前，作者只在第五回中有几句概括介绍,说"宝钗行为豁达,随分从时,不比黛玉孤高自许,目无下尘,故比黛玉大得下人之心。"因此林黛玉心中,便有悒郁不忿之意,薛宝钗却浑然不觉。贾宝玉和林黛玉之间,既亲密,则不免有求全之毁,不虞之隙。如果从这一回中提炼一个字,那就是"酸"。

一、"酸"之序幕

第八回开端,贾宝玉去薛宝钗所在的梨香院探病,薛宝钗想要近看贾宝玉的"通灵宝玉"。看毕,又重新翻过正面细看,口内念道:"莫失莫忘,仙寿恒昌。"丫鬟莺儿嘻嘻笑说这两句话和薛宝钗金项圈上的话是一对,贾宝玉急切地想看个究竟,薛宝钗起初不答应,被贾宝玉缠不过,才解开扣子,将自己珠宝晶莹、黄金灿烂的璎珞拿出来,只见上面写着"不离不弃,芳龄永继"。莺儿说是癞头和尚送的吉利话,必须錾在金器上。可见,薛家上下都在不失时机地宣扬"金玉良缘"。

此时贾宝玉和薛宝钗距离很近,贾宝玉闻到薛宝钗身上凉森森甜丝丝的幽香,很感兴趣。听薛宝钗说可能是自己吃了"冷香丸"身体散发的香气,贾宝玉说丸药这么好闻,自己也要吃一丸,薛宝钗嗔怪贾宝玉混闹。

二、酸意初萌

恰在这时,"林黛玉摇摇的(地)走了进来"。"摇摇的(地)"三个字很是生动形象,写出了林黛玉如弱柳扶风的姿态。林黛玉一见贾宝玉,就说自己"来的(得)不巧了",醋意十足。贾宝玉和薛宝钗不解其意,林黛玉就开始解释,说大家一块儿来是很热闹,但如果都不来又冷清,不如每天有一个人来,这样细水长流,冷热适度。实际上这不过是林黛玉的牵强附会,她进来的第一句话"我来的(得)不巧了",绝对不是这个意思,那是她看到贾宝玉和薛宝钗在一处说笑后,产生了强烈的妒意后脱口而出的一句话。但林黛玉怎能说出自己的真实感受?于是迂回曲折地加以解释,解释得越详细、越冗长,离她的本意就越远。

三、酸味渐浓

贾宝玉看见林黛玉穿着大红羽缎对衿褂子,就问是不是下雪了,得知已经下了半日雪珠,贾宝玉问下人有没有拿来自己的斗篷。这时林黛玉又说话了:"是不是,我来了他就该去了。"贾宝玉急忙分辩,自己只是让下人拿来预备着,并没有要走的意思。此时,林黛玉醋意依旧未消。贾宝玉无意间的一句话,使她敏感地认为贾宝玉不愿意和自己待在一起,或者是自己的到来影响了贾宝玉和薛宝钗的独处,贾宝玉干脆离开。林黛玉的敏感,是在原来醋意基础上的主观揣测,这时她的醋意已经明显加浓。我们可以想象,假如贾宝玉一见她来了真的离开,后面的情节可想而知,两人必有一番大闹。

四、酸气逼人

可惜贾宝玉此时并不理解林黛玉的心思。前面也已经交代,自从薛宝钗来了,二人经常闹别扭。贾宝玉说自己喜欢喝冷酒,薛姨妈和薛宝钗劝他不要喝。尤其是薛宝钗,劝得更是情真意切:"酒性最热,若热吃下去,发散的(得)就快;若冷吃下去,便凝结在内,以五脏去暖他(它),岂不受害?"贾宝玉见薛宝钗说得有道理,便放下冷酒,命人将酒暖了来喝。

这次林黛玉并不搭话,只是嗑着瓜子,抿着嘴笑。难道林黛玉会就此罢休?非也,林黛玉在等待时机。恰巧雪雁奉紫鹃之命,给林黛玉送来了手炉。林黛玉不但不领情,反而借题发挥,说:"那(哪)里就冷死了我?"这句话关键词是"冷",针对的是薛宝钗劝贾宝玉不要喝冷酒之事。言外之意,喝点儿冷酒而已,怎么就这样小题大做,你用得着这样关心贾宝玉吗?雪雁哪里知道林黛玉的心思,如实回答,是紫鹃姐姐让我送的。林黛玉马上说:"也亏你倒听他(她)的话。我平日和你说的,全当耳旁风;怎么他(她)说了你就依,比圣旨还快些!"这句话针对的是贾宝玉。林黛玉的言外之意,贾宝玉你也真是,你怎么那么听薛宝钗的话?平时我说的话你全不放在心上。贾宝玉知道她在奚落自己,但在众人面前,只能嘻嘻地笑着。薛宝钗知道她向来如此,也没有理会。薛姨妈不明所以,就对林黛玉说,哪有那么多事,不要多想。林黛玉正愁没人接她的话,薛姨妈的话又给了她灵感和发挥的空间。林黛玉抓住了这个时机,转而对薛姨妈说,雪雁此举,让人觉得姨妈家里连个手炉也没有,一下雪,丫鬟赶紧送手炉,别人还以为自己平日轻狂惯了呢!这里关键词是"轻狂",明着说自己"轻狂",实际暗地影射薛宝钗:一个姑娘家,对贾宝玉这个异性喝冷酒那么在意,是不是太"轻狂"了些?

因为酸气升腾,恶气未出,林黛玉继续找机会讥讽薛宝钗。贾宝玉的奶妈李嬷嬷劝贾宝玉不要喝酒,仔细老爷检查你读书。林黛玉怂恿贾宝玉不要理李嬷嬷,只管喝酒。一向文雅的林黛玉,这次说的话却很粗俗:"别理那老货,咱们只管乐咱们的。"贾府的规矩,年轻的主子对年老的下人应该尊重,"老货"一词带有明显的贬义,好在林黛玉只是悄悄地咕哝。李嬷嬷让林黛玉劝劝贾宝玉少喝酒,林黛玉又找到了机会,说自己犯不着助着贾宝玉喝酒,也不犯着劝他。接着反守为攻,说李嬷嬷一定觉得姨妈家是外人,贾宝玉不应当在这里喝酒。这顶大帽子扣下来,李嬷嬷可不敢再说话了。林黛玉话语中的"不犯着劝他"是重点,这里还是暗中讥讽薛宝钗,"犯不着"劝贾宝玉不要喝冷酒,纯属自作多情,惹人生厌。她认为自己和贾宝玉关系特殊,要劝也是自己劝，哪里用得着薛宝钗多管闲事？李嬷嬷是下人，所以不敢和林黛玉"硬刚"；以薛宝钗的悟性，早已明白林黛玉的"话里有话"，但她不会在这些小事上和林黛玉正面冲突，所以也没有理睬林黛玉。

五、酸气消散

林黛玉的"酸气"发泄得差不多了，众人也都吃了晚饭，林黛玉问贾宝玉走不走，贾宝玉这次的回答令林黛玉满意："你要走，我和你一同走。"贾宝玉的这句话，瞬间令林黛玉的酸气一扫而光，她的话语也恢复到了正常的状态："咱们来了这一日，也该回去了。"贾宝玉的斗笠小丫鬟不会戴，贾宝玉不耐烦，林黛玉细心地给他整理斗笠和帽缨。此刻两个人的画面很温馨，二人也很享受这难得的美好时光。

六、排酸妙法

纵观整个过程，林黛玉始终在以自己的方式捍卫她和贾宝玉的感情，不允许薛宝钗染指。为此，她以语言为剑，来反击任何破坏者和入侵者。林黛玉既有"诗才"，也有"口才"，在语言方面确实有得天独厚的天赋。

（一）快速巧妙利用场域情境，表情达意合情合理

林黛玉善于迅速抓住所处的场域情境特点，表达自己的"酸气"。如关于"我来的（得）不巧了！"的解释，是为了不至于太热闹，也不至于太冷清。又如"雪雁送手炉"这一场景，就说自己平日说话她当耳旁风，紫鹃的话像圣旨，以此来奚落贾宝玉。雪雁只是一个小丫鬟，她哪来的胆量对林黛玉的话当耳旁风，对紫鹃的话像圣旨？雪雁虽不如紫鹃那样聪明体贴，也不至于分不清谁是主子，该听谁的话。

（二）准确抓住关键词，巧妙运用，直击痛点

如批评雪雁来送手炉的行为，显得自己太"轻狂"。"轻狂"看似说自己，实则旁敲侧击说薛宝钗。薛宝钗情真意切地劝贾宝玉不要喝冷酒，但这种关心在一般人看来并无特别之处，却刺激了林黛玉敏感的神经。林黛玉进来之前，贾宝玉和薛宝钗互看佩戴的饰物，离得很近，薛宝钗解开了自己的外衣掏出金项圈来，贾宝玉又问薛宝钗身上熏的什么香，这在当时的社会已经突破"男女授受不亲"的底线了，两人居然毫不避讳。尤其是薛宝钗，她的一举一动，很难让人相信她对贾宝玉真的没有其他想法。

（三）善于假设情境，借题发挥表达不满

雪雁来送手炉，林黛玉在批评了雪雁之后，薛姨妈打圆场，林黛玉借题发

挥,说在别人看来,以为薛姨妈家连个手炉没有,自己这么矫情,太轻狂了!借"别人的看法"这一假设的情境,实际上表达的是自己的不满;善于借他人酒杯,浇自己心中的块垒。

(四)善于上纲上线,令对方甘拜下风

李嬷嬷阻止贾宝玉喝酒,林黛玉不但不劝,还怂恿贾宝玉不要理会李嬷嬷,之后还说李嬷嬷是不是觉得薛姨妈家是外人,所以不应该在薛姨妈家喝酒。试想一个嬷嬷,哪里敢挑拨贾母和薛姨妈的关系?李嬷嬷都被林黛玉的话气笑了,无法辩驳只好投降,说林黛玉说出的话比刀子还尖。

第三回"宝黛初见",贾宝玉眼里的林黛玉"心比比干多一窍"。林黛玉的确有一颗玲珑剔透之心,语言天赋超越常人。她的内心世界复杂而细腻,单纯而痴情。她不在乎荣华富贵,不过是想方设法维护和贾宝玉的特殊情感,想想又让人心酸。一个孤苦伶仃的女子,和贾宝玉的情感是她生命的全部,但也免不了有人打歪主意。林黛玉没有母亲和兄长的呵护,只能孤身奋战,捍卫自己的权利和尊严。她在《葬花吟》中悲叹:"一年三百六十日,风刀霜剑严相逼。"从第八回中,我们可以窥见一斑。

林黛玉所面临的现实世界太残酷,她孤独而艰难地行走在人生旅途中,贾宝玉是她生命中仅有的光亮,却又被后到贾府的薛宝钗觊觎。"莫怨东风当自嗟",林黛玉的悲情人生让人掩卷唏嘘。她最后没能和贾宝玉"有情人终成眷属",固然是封建家长制和家族利益所致,但在寄居贾府的日子里,薛宝钗如影随形,"金玉良缘"的论调甚嚣尘上,也足以让林黛玉在这段感情中举步维艰、痛苦难言。

考题回放

【2022届上海市普陀区高三一模】

学校戏剧节排演《红楼梦》,请你为林黛玉的扮演者租借一套戏服。租借处只剩三套大小相对合适,颜色基调分别为大红、纯白、淡绿,你会选择哪一套?请根据你对林黛玉这一艺术形象的了解和认识,结合对色彩内涵的阐释,说明选择理由。

解题指导

本题通过对色彩语言的选择和阐释来考查学生对《红楼梦》主角林黛玉性格的把握,旨在考查学生的审美能力。本回中写了薛宝钗的服饰外貌,小说对林黛玉的描写是遗形写神,很少写她的打扮。大红、纯白、淡绿三个颜色,除大红不符合林黛玉的性格气质外,其他两种颜色均可。纯白体现她的纯洁

无瑕,追求高洁的人生境界,从她的诗词中可以看出来。淡绿也是比较合适的选择,林黛玉气质高雅,清新脱俗,淡绿色能很好地衬托她的绝美气质。再加上贾宝玉说过,"女儿是水作的骨肉",淡绿给人一种柔情似水的美感。贾宝玉还在宴席上唱过一首《红豆曲》,最后几句"展不开的眉头,捱不明的更漏。呀!恰便似遮不住的青山隐隐,流不断的绿水悠悠",说的就是林黛玉,身着淡绿色衣服的林黛玉在贾宝玉眼中是最美的女神。

答案示例

示例一:我选纯白。林黛玉丧母后被送到外祖母家寄养,虽柔弱多病、寄人篱下,却依然清高自守,在花红柳绿、钩心斗角的贾府里如同白海棠般"偷来梨蕊三分白,借得梅花一缕魂"。白色是纯洁、素雅之色,一身洁白既表现出林黛玉不慕荣华、冰清玉洁的品性,又预示了她"质本洁来还洁去""冷月葬花魂"的短暂一生,更能唤起人们对这位少女悲剧命运的同情。

示例二:我选淡绿色。林黛玉气质高雅,清新脱俗,淡绿色能很好地衬托她的绝美气质。再加上贾宝玉说过,"女儿是水作的骨肉",淡绿给人一种柔情似水的美感。贾宝玉在宴席上唱过一首《红豆曲》,最后几句"展不开的眉头,捱不明的更漏。呀!恰便似遮不住的青山隐隐,流不断的绿水悠悠",说的就是林黛玉,身着淡绿色衣服的林黛玉是贾宝玉眼中最美的女神。

理:洞若观火理弊端　雷霆手段肃风气
——第十三回《秦可卿死封龙禁尉　王熙凤协理宁国府》导读

《红楼梦》第十三回的回目是《秦可卿死封龙禁尉　王熙凤协理宁国府》,我们如果从这一回中提炼一个字,那就是"理"。

一、"理"之背景

林如海病逝,贾琏送林黛玉回扬州奔丧,王熙凤独自在家,百无聊赖。半夜,王熙凤似睡非睡,梦见自己的密友、宁国府的少奶奶秦可卿来和自己告别。秦可卿分析了当前形势:贾府赫赫扬扬,已近百载,前途堪忧,应该为将来筹划,在祖茔附近多置房舍田地,将来家族败落,还有个退路。秦可卿的忧虑不是没有道理。在第二回中,冷子兴演说荣国府,指出贾府安富尊荣者尽多,运筹谋划者无一,儿孙一代不如一代了。连周瑞家的女婿冷子兴都看出了贾府的颓败之势,况且身在其中的秦可卿。王熙凤在梦中听了秦可卿的分析,心胸大快,十分敬畏,说明王熙凤也意识到了这些问题。作者借秦可卿之口,揭示了"君子之泽,五世而斩"的普遍规律,写出了自己对社会的深刻洞察和对家族命运的深沉忧虑。

这就不得不让人想到作者曹雪芹的家世命运。据史料记载,曹雪芹的高祖曹振彦本为阿济格手下的包衣(家奴),后转为多尔衮的包衣,因为战功获得青睐与赏赐。曹雪芹的曾祖父曹玺,成为内务府包衣,精明强干,深受皇帝信任。曹玺的妻子孙氏是康熙的奶妈,曹家与皇室渐生深厚关系。康熙二年,曹玺开始担任江宁织造,负责为皇室采办衣料,在职二十二年。其子曹寅自幼入宫,为康熙伴读,二人感情深厚,加上曹寅忠诚勤勉,深得康熙的信任,他先被康熙提拔为苏州织造,后担任江宁织造,成为康熙的监察江南官员的耳目。曹寅为人风雅,广交名士,通诗词,晓音律,他任职江南期间,声望达到巅峰,曹家成为南京地区"第一豪门"。康熙六次南巡,四次驻跸曹家,曹寅为接待康熙,大肆花费,导致织造衙门资金亏空,为曹家后来的败落埋下了巨大隐患。

康熙四十八年,两江总督噶礼弹劾曹寅,指责江宁、苏州织造衙门亏空库银三百万两。康熙勉力息事宁人,但曹氏家族的命运已开始走下坡路。

曹寅患病,康熙赐"金鸡纳霜",飞马驰送。然而,药物尚未送达,曹寅病逝。康熙深感惋惜,将曹寅的儿子曹颙任命为江宁织造,承担家族债务。曹颙年轻有为,尽力补偿亏空,不幸在几年后染病去世。康熙再次下旨,将曹寅的侄子曹頫过继给曹寅之妻李氏,继续担任江宁织造一职。雍正即位,曹頫被弹劾"骚扰驿站",获罪革职,曹家回到北京。曹颙的妻子马氏怀有遗腹子,即曹雪芹。

曹雪芹出生在曹家的衰败时期,家族的辉煌已成往事。纵观曹家的沧桑历史,我们更能理解曹雪芹创作《红楼梦》的深沉情感,其中蕴含的人生哲理更显珍贵。正是曹雪芹家族和自身的坎坷经历,赋予了他创作不朽之作的灵感。

王熙凤协理宁国府的背景,正值秦可卿去世,宁国府一片混乱,此时尤氏犯了胃疼旧疾,睡在床上,秦可卿的丈夫贾蓉不见踪影。只有贾珍一人强忍悲痛,忙里忙外,主持大局。贾珍对贾代儒等长辈哭诉:"合家大小,远近亲友,谁不知我这媳妇比儿子还强十倍。如今伸腿去了,可见这长房内绝灭无人了。"贾珍的反应和尤氏、贾蓉的行为形成了鲜明的对比。贾珍忙着给秦可卿做道场,排场空前。其中有几处情节需要注意。一是作者写祭祀秦可卿,"另设一坛于天香楼上",为什么单选天香楼设祭坛,很有深意。另外,贾珍还请一百单八众僧在大厅上拜大悲忏,请九十九位全真道士打解冤洗业醮,这些都暗示秦可卿生前的过失——和贾珍的不伦之恋。脂砚斋在本回中多次提到"天香楼"和秦可卿。在"另设一坛于天香楼上"旁边,脂砚斋批注:删却,未删之笔。回末批注:……老朽因有"魂托凤姐""贾家后事"两件,岂是安富尊荣坐享人想得到处？其事虽未漏，其言其意则令人悲切感服，姑赦之。因命芹溪删去。由此可见，小说原稿中贾珍和秦可卿的不伦之恋确有其事，事情败露后，秦可卿羞愤自尽，她的丫鬟瑞珠因为知情，怕贾珍灭口，无奈触柱身亡；另一名丫鬟宝珠甘做秦可卿的义女，为秦可卿摔丧驾灵，在灵前哀哀欲绝。二是贾珍为秦可卿寻棺材，肆意奢华。很多木板他都不中意，最后选中了坏了事的忠亲王的"樯木"板。大家都奇异称赏，薛蟠说一千两银子都没处买。贾政认为"此物恐非常人可享者"，贾珍置若罔闻。贾珍如此不惜血本，从一个侧面说明他和秦可卿的关系不同寻常。三是贾珍花重金为贾蓉买官，只是为了秦可卿葬礼上好看。贾珍托了宦官戴权，给了戴权一千二百两银子，给贾蓉买了个"五品龙禁尉"的官职，秦可卿祭坛写着"世袭宁国公冢孙妇、防护内廷御前侍卫龙禁尉贾门秦氏恭人之丧"。一时来吊丧的达官贵人络绎不绝，秦可卿的葬礼风光无限，极尽哀荣。

二、"理"之良机

秦可卿丧事规模空前，旷日持久，宁国府一片忙乱，贾珍担心人来人往亏了礼数，迫切需要一个人来帮着料理内务。在贾宝玉的推荐下，王熙凤迎来了人生的"高光时刻"。这一天非正经日期，邢夫人、王夫人、王熙凤陪着客人坐着，贾珍进来了。这些女眷猝不及防，慌乱起来，往后藏之不迭，只有王熙凤款款站了起来。王熙凤的落落大方，和其他女眷的局促羞涩形成了鲜明的对比。女眷们为什么藏之不迭？固然是封建社会"男女授受不亲"的礼俗使然，贾珍的不雅名声恐怕是女眷们避之不及的原因。如第二十五回，王熙凤和贾宝玉被赵姨娘和马道婆下了蛊，荣国府一片混乱，薛蟠既怕薛姨妈被人挤倒，又恐薛宝钗被人瞧见，又怕香菱被人臊皮，他知道贾珍等是专在女人身上做功夫的，因此忙得不堪，由此可见贾珍的风评很差。接着贾珍声泪俱下请求邢、王二夫人允许王熙凤来宁国府代管一个月。王夫人有些犹豫，这时候王熙凤说话了："大哥哥说的这样恳切，太太就依了罢。"王熙凤实在按捺不住，她需要抓住这个千载难逢的机会来证明自己的能力。当王夫人还是有些担心时，王熙凤举重若轻，说不过是帮着料理一下家里的事，有什么难的？不会的问问太太就行了。贾珍让贾宝玉把对牌给王熙凤，王熙凤不敢直接接下，看着王夫人，直到王夫人吩咐，她才接过对牌。从这一点我们可以看出，王熙凤不是那种不讲礼仪的人，虽然协理宁国府对她而言是难得的机会，但她还是尊重在场的王夫人的意见的。

三、理清弊端

赢得了这个展示自我的宝贵机会后，王熙凤开始了下一步的行动。她先理清了宁国府存在的五项弊端:"一是人口混杂,遗失东西;二是事无专执,临期推诿;三是需用过费,滥支冒领;四是任无大小,苦乐不均;五是家人豪纵,有脸者不服钤束,无脸者不能上进。"五项弊端切中肯綮,暴露出宁国府在内务管理上出现的一些问题。宁国府的女主人尤氏不是贾珍的原配,与王熙凤比起来,她的能力不算突出,在贾珍面前也不敢造次。第六十八回王熙凤因为贾琏偷娶尤二姐大闹宁国府,贾珍吓得躲了出去。王熙凤抓住尤氏大闹一场,骂尤氏又没才干,又没口齿,就一味瞎小心图贤良的名儿,总是他们也不怕也不听尤氏的话。秦可卿生前是贾母重孙媳妇中第一得意之人,在宁国府帮着尤氏料理家务,她聪明美丽,但缺乏王熙凤的杀伐决断。第七回,尤氏请王熙凤和贾宝玉去宁国府做客,晚上回来时听到老家人焦大醉骂主子,说出宁国府的隐秘丑事。尤氏等人似乎对焦大无可奈何,身为客人的王熙凤看不下去了,让贾蓉趁早打发了焦大,不要留着这样没王法的东西。由此可见,王熙凤早就对宁国府尤氏等人的管理不甚认同。

秦可卿是王熙凤的好友,秦可卿患病期间,王熙凤前去探望,两个人说了很多知心话。秦可卿病逝前,托梦给王熙凤,陈述贾府今后的大计。秦可卿的葬礼,为王熙凤提供了一个展示才华的舞台。

考题回放

【2021年北京高考卷】

《红楼梦》第十三回,秦可卿去世前向王熙凤托梦,说道:若目今以为荣华不绝,不思后日,终非长策。眼见不日又有一件非常喜事,真是烈火烹油、鲜花着锦之盛。<u>要知道,也不过是瞬息的繁华,一时的欢乐,万不可忘了那"盛筵必散"的俗语。……我与婶子好了一场,临别赠你两句话,须要记着:三春去后诸芳尽,各自须寻各自门。</u>

画线的部分与小说后续情节有何关系?请结合原著,举例说明。

解题指导

本题考查学生对整本书情节和主旨的把握。"秦可卿托梦"是小说中很重要的一个情节。作者以托梦的形式,暗示贾府的衰落不可逆转,到了必须找退路的时候了,揭示了盛极必衰的规律,暗示了小说的结局:贾府衰败,贾府的女儿们也风流云散,令人叹惋。

答案示例

① 是小说后续情节发展的暗示。

② 暗示了青春少女的红颜薄命以及封建家族走向崩溃的悲剧。如小说写林黛玉泪尽而亡、贾府最后被抄家等，都照应了"托梦"的内容。

威：威震宁府胜须眉　以儆效尤开新篇
——第十四回《林如海捐馆扬州城　贾宝玉路谒北静王》导读

第十四回的回目是《林如海捐馆扬州城　贾宝玉路谒北静王》，最主要的情节是王熙凤协理宁国府的过程。如果以一个字来概括，那就是"威"。

一、威名远扬由来久

这一回，集中展示王熙凤协理宁国府的"威势"。第三回王熙凤被贾母称为"凤辣子"，"辣"使她有了一种令人生畏的威势。早在第三回，作者写王熙凤的外貌时，就强调了她的"威"。"粉面含春威不露"一句，写出了她满面春风背后的威严。她的容貌"一双丹凤三角眼，两弯柳叶吊梢眉"，丹凤眼很美丽，加上"三角"就有阴险狡诈的意味；柳叶眉很秀气，加上"吊梢"二字就隐含着丝丝杀气，给人凶恶之感。仅凭外貌和外号，我们就看出王熙凤不是个"善茬"。再看第六回刘姥姥一进荣国府，找到周瑞家的引见，周瑞家的告诉刘姥姥，荣国府现在当家的是王熙凤，说她"少说些有一万个心眼子……十个会说话的男人也说他（她）不过……待下人未免太严些个"，这从侧面反映出王熙凤治家的严苛。

第十四回开头，作者运用侧面描写的方法来表现王熙凤之"威"。宁国府都总管来升，听说贾珍委请了王熙凤管理家务，于是传齐了府中的执事人等训话，警告大家每日里早来晚散，宁可辛苦这一个月，过后再歇着。还说王熙凤是有名的烈货，脸酸心硬，一时恼了，不认人的。来升的一番话，显示王熙凤早已威名在外。第四十四回，王熙凤过生日，贾府女眷们一起庆祝，贾琏趁机和鲍二老婆鬼混，派一个小丫头望风。王熙凤看小丫头见了她直跑，心生疑惑，小丫头狡辩，王熙凤扬手一巴掌，打得那小丫头一栽，又打了一下，小丫头的两腮都紫胀起来。见小丫头不说实话，又威胁要拿着烧红的烙铁来烙嘴，又要拿刀子割她的肉，气不过的王熙凤从头上拔下一根簪子来，向那丫头嘴上乱戳。到了院门，另一个望风的小丫鬟吓得想要自首，结果被王熙凤打了一个趔趄。贾琏的小厮兴儿说王熙凤："上头一脸笑，脚下使绊子，明是一盆火，暗是一把刀。"这些足见王熙凤心狠手辣，绝非良善之辈。至于毒设相思局、弄权铁槛寺、害死尤二姐、欲将张华灭口，更令人毛骨悚然。

二、开场训话有威严

王熙凤就职的开场白果然不同凡响："既托了我,我就说不得要讨你们嫌了。我可比不得你们奶奶好性儿,由着你们去。再不要说'这府里原是这样'的话,如今可要依着我行,错我半点儿,管不得谁是有脸的,谁是没脸的,一例现清白处治。"说完,按名册一个一个唤进来看视。看毕,对人员进行分工。王熙凤思路敏捷而清晰,人员分配合理,各司其职,专人专责。同时规定了工作的时间,卯正二刻也就是早晨六点半点名,巳正也就是上午十点吃早饭,午初刻即上午十一点领牌回事,戌初即晚上七点烧过黄昏纸,王熙凤还要各处检查一遍。在王熙凤的管理下,宁国府的事务井井有条,王熙凤见自己威重令行,非常得意。

三、雷霆手段树威信

到了秦可卿五七正五日上,王熙凤知道这天来客不少,所以寅正即早晨四点就起来梳洗,卯正二刻即早晨六点半来到宁国府检视点名,其中管迎送亲客的一人未到。那人来迟,已经张皇愧惧。王熙凤先是冷笑:"我说是谁误了,原来是你!你原比他们有体面,所以才不听我的话!"那个人赶紧解释,说自己睡了个回笼觉,所以迟了。这时候王兴媳妇来了,在前探头。王熙凤就把那人晾在一边,处理王兴媳妇的事。王熙凤正要说话,荣国府四个执事人来领东西,彩明念完,王熙凤立即指出有两件开销错了,让算清了再来取,又处理了张材家的和王兴家的帖子。处理完毕,王熙凤才说,本来想饶过迟到者,但是头一次宽了,下次人就难管了,还是现处理的好。登时放下脸来,喝命打二十板子,革除一个月的银米。此时,王熙凤眉立,吊梢眉竖起来,可见其怒气和威势。王熙凤趁势警告其他人:"明日再有误的,打四十,后日的六十,有不怕挨打的,只管误!"众人深知王熙凤的厉害,大家兢兢业业,唯恐受罚。

王熙凤处理迟到者起到了以儆效尤的震慑作用。她先是对迟到者冷嘲热讽,接着晾在一边,这是最厉害的一招,迟到者被示众,心中的恐惧和羞愤难以言表,对其他人也是一种警告,其他人一方面庆幸自己按时到位,一方面警醒自己万万不可如此,省得丢人现眼。最后的处罚也是雷厉风行,不仅打二十大板还要罚一个月的工资。一次迟到,付出了如此惨重的代价,任凭哪个下人,都不敢再以身试法。

四、恩威并施重细节

王熙凤料理秦可卿的葬礼十分圆满,合族无不称叹,王熙凤可谓一战成名。

　　王熙凤并非仅仅逞个人之威,她讲礼节,重细节。秦可卿是她的闺中密友,她来宁国府帮忙,一方面为了展示自己的能力,另一方面她想尽自己的一份力,让密友风光大葬。她对秦可卿感情深厚,五七那天,她来到灵前,一见棺材,眼泪像断了线的珠子,坐在灵前,放声大哭,这是王熙凤的真情流露。

　　百忙之中,王熙凤看到贾珍异常悲伤,不思茶饭,尤氏犯了旧疾,她从荣国府煎了各种细粥和精致小菜,送给贾珍夫妇。她也不忘照顾贾宝玉和秦钟,为他们准备收拾书房的东西。贾琏护送林黛玉回苏州奔丧,中间打发随行的家人昭儿回来报平安,并捎回一些冬天的衣服。王熙凤因为白天两府的事务繁忙,不好意思细问昭儿一些事情。到了晚上有空,她又把昭儿找来,细细探问一路的平安信息,和平儿一起仔细打点所需之物,对贾琏的关心可谓无微不至。

五、长袖善舞显神威

　　王熙凤总领两府事务,却能忙而不乱,统筹安排,十分整肃。作者评论说,合族中虽然有许多妯娌,有羞口的,有羞脚的,有不惯见人的,有惧贵怯官的,都不及王熙凤举止舒徐,言语慷慨,珍贵宽大。

　　王熙凤将秦可卿的葬礼办妥,送灵时住在水月庵。受庵中老尼姑净虚之托,假借贾琏的名义,通过长安节度使云光,逼迫和财主之女张金哥有婚约的守备公子退亲,结果张金哥和守备公子双双殉情,她白得了三千两银子。

　　贾琏和林黛玉从苏州回来,王熙凤忙里偷闲给贾琏接风,席间大谈自己协理宁国府时面临的重重困难——家人豪纵,自己诚惶诚恐,天天如临深渊,如履薄冰。最后讲自己将宁国府闹个人仰马翻,请贾琏向贾珍描补描补,其欲扬先抑的修辞手法运用得炉火纯青,看似自嘲,实则是自夸。

　　脂砚斋在本回前面评论说:写凤姐之珍贵,写凤姐之英气,写凤姐之声势,写凤姐之心机,写凤姐之骄大。总之,写出了凤姐的"威势"。

考 题 回 放

【2020年1月北京市丰台区高三模拟题】

　　对《红楼梦》中的王熙凤,有众多评价。其中脂砚斋对王熙凤的评价较为全面,既赞"凤姐无私",也言其"可怕可畏",又贬其"奸酸刻薄",还评其"极不义气",更称其为"贾宅第一罪人"。

　　请任选其中一种评价,结合原著内容谈谈你的看法。

解 题 指 导

　　王熙凤是《红楼梦》中最具争议的人物,她的性格鲜明立体,亦正亦邪。

本题意在让学生运用辩证思维,结合小说情节做出自己的判断。要答好这个题,需要对王熙凤的相关情节有一个全面的把握和理性的认识。

答案示例

示例一:评价王熙凤无私是有道理的。秦可卿死后,宁国府无人能担起操办丧事的重任,王熙凤不畏困难,答应贾珍的请求,协理宁国府,操持丧事,不偏于爱恶,确立规矩,秉公办事,将宁国府无头绪、混乱、推托、偷闲、窃取等弊端,短时间内都予以解决。王熙凤因无私而能更好地施展才华,因而评"凤姐无私",是有道理的。

示例二:评王熙凤为"贾宅第一罪人"不恰当。脂砚斋评王熙凤为"贾宅第一罪人"主要是因其使各种狠毒手段阻止贾琏娶尤二姐,并设计害死了尤二姐。王熙凤还违规放高利贷,收受贿赂,为所欲为。虽然王熙凤阻止贾琏娶尤二姐一事的确表现出了女性的嫉妒、自私和狠毒,是一大罪责,但就此断定她是"贾宅第一罪人"是不恰当的。贾府真正"第一罪人"绝非某个个体,而是穷奢极欲、吃喝玩乐、养尊处优、声色犬马的府中掌权者;是不思进取、坐吃山空,一代不如一代的子孙;是滥用职权、损公肥私、离心离德的贾家上下人等,其中包括贾府众多仆从,将所有的罪责归于王熙凤是不公平、不恰当的。

才:锦心绣口蕴佳句　才情兼美绘大观
——第十七回至第十八回《大观园试才题对额　荣国府归省庆元宵》导读

《红楼梦》第十七回至第十八回的回目名是《大观园试才题对额　荣国府归省庆元宵》。在这一回中,如果提炼一个字,那就是"才",贾宝玉的才情在本回中得以充分展示。

在此之前,关于贾宝玉的学问小说中也有所涉及。如第三回中,作者模仿后人的口吻写了两首《西江月》,对贾宝玉进行批判,其中有这样两句:"潦倒不通世务,愚顽怕读文章。"写出了贾宝玉与世俗的格格不入、不愿意读圣贤文章的乖僻之处。贾宝玉给林黛玉取字"颦颦",贾探春问其出处,贾宝玉回答说出自《古今人物通考》。贾探春不信,说只恐又是贾宝玉的杜撰。可见在贾探春眼里,贾宝玉一向不爱读传统的圣贤之书,善于杜撰子虚乌有的事情。

"省亲别院"落成后,贾政带着众清客相公游览,为了使整个园子不至于寥落无趣,拟题各处的对联匾额。恰巧贾宝玉因为好友秦钟夭亡而郁郁寡欢,贾母命人带他到大观园玩耍,父子俩不期而遇。贾政因为近来听私塾的塾掌贾代儒说贾宝玉专能对对联,虽不喜读书,但好像有些歪才情似的,于是命他跟着自己游览。

综观贾宝玉的题名、题联和诗词，其才情远在贾政和一群清客相公之上。

一、守正创新

游览的第一站是横在正门前的一座假山，山上有镜面白石一块，此为迎面留题处。清客相公们知道今天的主角是贾宝玉，所以很识趣地当起了"绿叶"，煞有介事地说了几十个俗气的名字，什么"叠翠""锦嶂""赛香炉""小终南"，不一而足。贾政命贾宝玉也拟一个。贾宝玉并没有刻意标新立异，而是选用唐代诗人常建《题破山寺后禅院》诗句"曲径通幽处，禅房花木深"中的"曲径通幽处"，认为这几个字"大方气派"。

贾宝玉在守正的基础上注重创新，并不刻意追求标新立异、佶屈聱牙的词句，而是注重体现所题之处的特点和美感。如游览的第二处："说着，进入石洞来。只见佳木茏葱，奇花炯灼，一带清流，从花木深处曲折泻于石隙之下。再进数步，渐向北边，平坦宽豁，两边飞楼插空，雕甍绣槛，皆隐于山坳树杪之间。俯而视之，则清溪泻雪，石磴穿云，白石为栏，环抱池沿，石桥三港，兽面衔吐。桥上有亭。"贾政让大家给这个亭子题名。清客相公们不约而同地想起了欧阳修《醉翁亭记》中的"有亭翼然"，取名"翼然"。贾政认为"翼然"二字不能体现亭子压水而成的特征，于是依据《醉翁亭记》中的另一句话"泻出于两峰之间"，题名"泻玉"。贾政见贾宝玉在侧，笑命贾宝玉也拟一个名字。贾宝玉开口就说贾政的"泻玉"二字不雅，令贾政有些恼怒。贾宝玉认为"泻玉"不如"沁芳"新雅。的确如此，"沁芳"二字更高雅清新，引发人们美好的联想。站在亭子上，四周奇花异草散发着芬芳，香气沁人心脾，令人心旷神怡。"沁"字偏旁中就有"水"，花草的芬芳不仅沁人心脾，也笼罩浸润着此处的清流。贾宝玉随后题写的对联"绕堤柳借三篙翠，隔岸花分一脉香"，更是写出了亭子周围的旖旎风光：有翠柳和碧水相互映照，翠色互染；有花香和微风融合发酵，幽香袅袅飘来。此亭美景，不仅悦人耳目，更怡人性情。

二、各美其美

贾宝玉题字注意体现景物和建筑物的特色，并据此阐发审美体验和生命境界。如下一站到了后来林黛玉的居所潇湘馆。"忽抬头看见前面一带粉垣，里面数楹修舍，有千百竿翠竹遮映……出去则是后院，有大株梨花兼着芭蕉。"清客相公们题"淇水遗风"。淇水位于河南省北部，在《诗经·卫风·氓》中有相关描写："送子涉淇，至于顿丘""淇水汤汤，渐车帷裳""淇则有岸，隰则有泮"。"淇水遗风"出自《诗经·卫风·淇奥》中的句子："瞻彼淇奥，绿竹猗猗。有匪君子，如切如磋，如琢如磨。"《诗序》认为这首诗颂扬卫武公的学识德行。以"淇水遗风"题匾,既照应了潇湘馆的千百竿翠竹,同时又称颂屋主人有君子的文采高品。还有人题"睢园雅迹","睢园"是汉代梁孝王在睢阳(今河南商丘)建的花园,亦称"梁园""修竹园",当时的文人墨客如司马相如、枚乘都曾在此赏玩吟咏,题"睢园雅迹"是想体现此处多竹且有文人遗风的特点。贾政来到此处亦心生感慨:"若能月夜坐此窗下读书,不枉虚生一世。"可见这是一个读书的好去处。轮到贾宝玉发言,他认为"淇水遗风""睢园雅迹"太板腐了,不如"有凤来仪"。"有凤来仪"出自《尚书·益稷》:"箫韶九成,凤皇来仪。"脂砚斋评论贾宝玉题的名字"双关暗合,堪称绝妙"。大观园当时还不叫大观园,叫"省亲别院",贾元春以贵妃的身份省亲,用"有凤来仪"来表达对贾元春恭迎和赞颂之意。后来居住于此的林黛玉笔名是"潇湘妃子",用"有凤来仪"暗合"妃子"。贾宝玉为此处题写的对联是"宝鼎茶闲烟尚绿,幽窗棋罢指犹凉",既写出了室外竹子的翠色染绿了室内的茶烟,又写出了在翠竹掩映下室内凉爽宜人的环境。对联中没有一个"竹"字,又处处体现竹的绿意和凉意。对联不仅写景,也写出了与建筑物相称的高雅闲适的生活格调。后来林黛玉在此居住。刘姥姥二进荣国府,贾母带着她游览大观园,一行人来到潇湘馆,刘姥姥误认为是哪个公子的书房。

三、虚实相生

到了第三个题字处,作者做了如下描写:"转过山怀中,隐隐露出一带黄泥筑就矮墙,墙头皆用稻茎掩护。有几百株杏花,如喷火蒸霞一般。里面数楹茅屋。外面却是桑、榆、槿、柘,各色树稚新条,随其曲折,编就两溜青篱。篱外山坡之下,有一土井,旁有桔槔辘轳之属。下面分畦列亩,佳蔬菜花,漫然无际。"贾政感慨此景勾起了他的归农之意。旁边留有石碣题字处,贾政请相公们各展才华。有人题"杏花村",贾政认为犯了正名。贾宝玉急不可待地说用"杏帘在望",大家哄然称妙之时,贾宝玉否定了自己的创意,认为此处题为"稻香村"更妙。这个名字,和此处的田园气息相得益彰,但又不流于写实,而是虚实相生,暗合五谷丰登的盛世景象,称颂当今圣上臻于郅治,符合"贵妃省亲"的主题。尽管贾政对此处非常推崇,贾宝玉却不以为意,认为此处是人力穿凿所为,不如"有凤来仪"自然生成。在贾政的命令下,贾宝玉写了一副对联:"新涨绿添浣葛处,好云香护采芹人。"上下联典故都出自《诗经》,上联称颂妇德,下联称颂圣德,"采芹人"则指读书人。"稻香村"之后成为李纨和儿子贾兰的居所,杏花烂漫,春意盎然,居住在此的李纨却青春守寡,心如止水,唯有教子读书。所幸贾兰勤奋好学,考取了功名。李纨母凭子贵,凤冠霞帔,只可惜守得云开,命不久矣。

到了下一处,里面花木皆无,只见许多异草,异香扑鼻。贾政不认得这些植物,贾宝玉却如数家珍,未及说完,引得贾政一声断喝,吓得贾宝玉不敢再言。有人题"兰风蕙露"和一副对联,大家不满意。贾宝玉题"蘅芷清芬",亦是虚实结合,一语双关。"蘅芷"实指这里的香草;"清芬"可以指香气,也比喻人的高尚品德,如李白在《赠孟浩然》中有"高山安可仰,徒此揖清芬"的句子。此处即是后来薛宝钗居住的"蘅芷苑"。

四、两全其美

最后一处是到了这样一个所在:"院中点衬几块山石,一边种着数本芭蕉;那一边乃是一颗(棵)西府海棠,其势若伞,丝垂翠缕,葩吐丹砂。"贾政又要大家题字。有人题"蕉鹤",有人题"崇光泛彩",贾政和众人都觉得"崇光泛彩"好,它出自苏轼的《海棠》:"东风袅袅泛崇光,香雾空蒙月转廊。只恐夜深花睡去,故烧高烛照红妆。"这时,贾宝玉提出了自己的见解:"蕉鹤"只突出了芭蕉,"崇光泛彩"只突出了海棠,依自己之见,题"红香绿玉"能兼顾二者之妙。此处即贾宝玉后来在大观园的居所"怡红院"。

贾元春元宵节游幸之后,将"省亲别院"赐名为"大观园";"有凤来仪"赐名"潇湘馆",之后由林黛玉居住;"红香绿玉"赐名为"怡红院",之后由贾宝玉居住;"蘅芷清芬"赐名为"蘅芜苑",是薛宝钗的居所;将"杏帘在望"赐名为"浣葛山庄",是李纨母子的居所。又因为林黛玉替贾宝玉写了一首《杏帘在望》,其中有"一畦春韭绿,十里稻花香"的句子,贾元春看了十分高兴,将之前赐名的"浣葛山庄"改为"稻香村"(第十七回至第十八回,贾宝玉已题名"稻香村",但贾政没采纳,仍用"杏帘在望")。

五、才高情真

第十七回至第十八回贾宝玉的才情初步展现出来,他的题字比起贾政手下的那一群清客相公,词句更加新颖活泼,意境更加优美契合。"才"和"情"是紧密相连的。贾宝玉拥有如此超凡脱俗的诗才的原因,除了他喜欢读《四书》之外的杂书,还在于他对世间万物怀有真情,也就是脂砚斋所评价的"情不情"。贾宝玉对红楼女儿的怜惜之情有目共睹,除了他著名的"女儿是水作的骨肉"言论之外,还有很多实际行动:他给晴雯留豆腐皮包子,任凭晴雯撕扇博其一笑;给袭人留糖蒸酥酪;让受了委屈的平儿到怡红院整理妆容;贴心地让袭人给香菱石榴裙,以免让香菱受薛姨妈的唠叨;悉心呵护病弱敏感的林黛玉,让她的生命有了寄托;给病中的贾探春送去新鲜的荔枝和颜真卿的真迹;贾府主子屋里少了东西,他情愿扛下全部责任。世人都知道"黛玉葬花",殊不知贾宝玉对花的怜惜有过之而无不及。他在桃树下读书,落红阵阵,他将落在衣服上的花兜了,抖落到池子里,目送着落花随水流出沁芳闸。林黛玉来了,两个人商议把落花埋到花冢里。第三十五回贾宝玉挨打之后,傅试家的嬷嬷到贾府看望贾宝玉,背后这样议论他:"时常没人在跟前,就自哭自笑的;看见燕子,就和燕子说话;河里看见了鱼,就和鱼说话;见了星星月亮,不是长吁短叹,就是咕咕哝哝的。且是连一点刚性也没有,连那些毛丫头的气都受的。"

贾宝玉对女儿和万物的怜惜有迹可循。在西方灵河的三生石旁,当贾宝玉的前身神瑛侍者看到纤弱的绛珠仙草时,就灌溉以甘露,使得绛珠仙草久延岁月,受天地精华,雨露滋养,修炼脱胎成为绛珠仙子。然而在世间,他的行为不被人理解。后人批判贾宝玉的《西江月》中这样评论他:"无故寻愁觅恨,有时似傻如狂……行为偏僻性乖张,那(哪)管世人诽谤!"鲁迅先生评价贾宝玉是"爱博而心劳,而忧患亦日甚矣"。

鲁迅先生在《中国小说史略》里写道:"悲凉之雾,遍被华林,然呼吸而领会之者,独宝玉而已。"贾宝玉目睹了诸多女性的悲剧,如秦可卿夭亡,金钏投井,尤三姐自刎,尤二姐吞金,晴雯病亡,贾元春暴卒,林黛玉香消玉殒……第二十八回,他吟唱《红豆曲》,怜惜林黛玉"滴不尽相思血泪抛红豆,开不完春柳春花满画楼";第七十八回,他写下长篇叙事诗《姽婳词》,赞颂英武不屈的林四娘;他写下《芙蓉女儿诔》,悼念"风流灵巧招人怨"的晴雯。

贾宝玉的情,熔铸成一首首文采斐然的诗词,闪耀着作者理想的光芒。

考题回放

【2022年全国高考甲卷作文】

《红楼梦》写到"大观园试才题对额"时有一个情节,为元妃(贾元春)省亲修建的大观园竣工后,众人给园中桥上亭子的匾额题名。有人主张从欧阳修《醉翁亭记》"有亭翼然"一句中,取"翼然"二字;贾政认为"此亭压水而成",题名"还须偏于水",主张从"泻出于两峰之间"中拈出一个"泻"字,有人即附和题为"泻玉";贾宝玉则觉得用"沁芳"更为新雅,贾政点头默许。"沁芳"二字,点出了花木映水的佳境,不落俗套;也契合元妃省亲之事,蕴藉含蓄,思虑周全。

以上材料中,众人给匾额题名,或直接移用,或借鉴化用,或根据情境独创,产生了不同的艺术效果。这个现象也能在更广泛的领域给人以启示,引发深入思考。请你结合自己的学习和生活经验,写一篇文章。

要求:选准角度,确定立意,明确文体,自拟标题;不要套作,不得抄袭;不得泄露个人信息;不少于800字。

解题指导

这则材料乍看之下,令很多考生感觉无从下笔。再仔细思考,我们发现,材料中关于《红楼梦》的内容只是一个引子,关键还要看导语部分的三个关键词——直接移用、借鉴化用、情境独创。既然让我们"在更广泛的领域给人以启示,引发深入思考",我们就可以将三个词语的含义再解释一番:"直接移用"就是照抄照搬;"借鉴化用"就是学习参考别人的思想、经验、技术,为我所用,有了主动选择的成分,比第一个层次进了一步,或者说是鲁迅先生主张的"拿来主义";"情境独创"就是有自己的创新和匠心,这是最高的境界。我们理解了三个词语各自的含义和之间的联系,写作时既要三者兼顾,又要有所侧重。独创固然可贵,但也离不开巧妙的借鉴或模仿。

命题人选择这则作文材料,体现了重视传统文化、以文育人的导向,何尝不是这三点的生动体现?

范文展示

吾辈少年,当勇于创新

《红楼梦》"大观园试才题对额"的情节中,众人之"翼然"虽巧妙,却不及贾政所提"泻玉"之赋意;"泻玉"虽通融,却不及贾宝玉"沁芳"之妙绝,创一派新雅。纯粹借用,尚浅也;旧新相汇,意可深也;空前创新,境之绝也。

纯借之浅显,实不可取。

邯郸学步,照抄照搬,模仿未得其能,反失其本性,终至匍匐而归,为天下所耻笑矣。后生若鉴以先辈之事例,按图索骥,学其所学,述其所述,做其所做,忘记本心,虽至栋梁亦难成才也。作文若同题亭众人般,纯凭引用,卧于先人的功劳簿上酣然大睡,以至连篇累牍,以偏概全,反而会弄巧成拙。故曰:纯借之法,实不可取矣。

旧新之相汇,锦上添花。

"水舞间,一袭红裙,拂袖起舞,拨裙回转,缠绵缱绻,言不尽意。"水下舞蹈《卷珠帘》将古典雅韵和现代旋律融合得天衣无缝,仿若现实与历史、动态与静态相互交汇的绝美画卷。新时代的创新工匠,承先贤绝妙工艺,融当代潮流,寻求中西之融合,让传统文化与时俱进,勇立潮头。用之而不全借鉴,赋其己思己意,融会贯通,万物可经久不衰。

空前之创新,绝前史,贯后世。

创新当秉以两大理念——敢创,也能创。不言而喻,秉"敢创"之理念,或当冒天下之大不韪。普朗克的量子论撼物理界之根基,哥白尼持"日心说"冒生死以求真理。此等创新之人非有坚忍不拔之志,必有挑战权威之勇。现世康衢烟月,时和岁丰,我辈正值年少,岂可碌碌无为,畏葸而不敢发声?少年当不畏喧嚣,在最滚烫的日子里发出滚烫的声音。

至于"能创"之说,诺贝尔奖获得者汤川秀树曾说:"对以往知识的熟知和对新生事物及其发展前景的敏感,是一个人创造力的源泉。"诚然,胸无点墨,何以成诗?韦编三绝,储之久矣,方捷于创造;撰文欲老妪能解,必先尽天下古文奇字;创曲欲千载谱之,必先操以千曲。

盲目的"拿来主义"必不长存,新旧贯通者尚可盛极一时,而境界之至高者,莫过于全然创新者。吾辈少年当如贾宝玉般携先贤之所悟,创领域之新高,使青春之人生,硕果千里,丰盈无疆。

谶:无意为文皆成谶　悲凉之雾被华林
——第二十二回《听曲文宝玉悟禅机　制灯谜贾政悲谶语》导读

《红楼梦》第二十二回的回目是《听曲文宝玉悟禅机　制灯谜贾政悲谶语》。如果将这一回提炼一个字,笔者认为是"谶"比较合适。"谶"是预示吉凶的隐语,迷信的人认为会应验。在本回中,无论是贾宝玉听的戏文,还是众人制的灯谜,都有预言的意味。

一、戏文中的谶语

正月二十一是薛宝钗的十五岁生日。贾母喜欢薛宝钗的稳重和平,拿出二十两银子为她置办生日的戏酒。生日宴上的重头戏是听戏。薛宝钗是寿星,贾母让她先点戏,薛宝钗揣摩贾母的喜好,点了比较热闹的《西游记》。至于林黛玉点了什么,原文一笔带过:"黛玉方点了一出。"等到上酒席时,贾母又让薛宝钗点一出,薛宝钗点了《鲁智深醉闹五台山》,贾宝玉对这出戏评价不高,认为肤浅热闹。薛宝钗耐心解释,说这出戏铿锵顿挫,韵律极好,其中的《寄生草》词藻填得极妙。在贾宝玉的要求下,薛宝钗念了其中的戏词:"漫揾英雄泪,相离处士家。谢慈悲剃度在莲台下。没缘法转眼分离乍。赤条条来去无牵挂。那(哪)里讨烟蓑雨笠卷单行?一任俺芒鞋破钵随缘化!"

这段唱词,引起了红学爱好者的兴趣。不可否认,这段唱词预示着贾宝玉出家的最终结局。又因为这段唱词是薛宝钗十分推崇的,其中也蕴含着薛宝钗的价值取向——无情。如第六十三回中,大观园的女子们给贾宝玉庆祝生日,席间玩掣花签的游戏,薛宝钗抽到的花签是"任是无情也动人"。薛宝钗的无情表现在对很多事情的理性处理上，这种理性不是生而有之，是经历了一系列人世沧桑历练而成的。薛家是皇商，商人的本质是"逐利"，薛宝钗从小耳濡目染，养成了这种思维方式。再加上薛宝钗父亲早逝，哥哥是纨绔子弟，只有她和母亲计议家务和生意。在这个过程中，她对人情世故看得很通透。投奔贾府，入京待选，炮制"金玉良缘"，这些都是利益和理性的考量。薛宝钗虽然没有出家向佛之心，但从人生态度上，她的觉悟早已超越了她的年龄，达到了很多人难以企及的通透之境。

应该注意这段唱词的题目《寄生草》，也具有丰富的内涵。陶渊明在《归去来兮辞》中吟咏："寓形宇内复几时？曷不委心任去留？"李白在《春夜宴桃李园序》开篇即感叹："夫天地者，万物之逆旅也；光阴者，百代之过客也。"苏轼在《赤壁赋》中也感慨："寄蜉蝣于天地，渺沧海之一粟。哀吾生之须臾，羡长江之无穷。"人生一世，草木一秋，人不过是天地间的过客。像薛宝钗这样聪明的女子，肯定有深切的感悟，而且她寄居在贾府，更有切身的体会。

二、灯谜中的谶语

贾元春省亲后，余兴未尽，赐出灯谜让大家猜，猜中者有赏。贾母见贾元春如此有兴致，于是在贾府也开展了制灯谜、猜灯谜的活动。大家制作的灯谜各具特色，与灯谜作者的性格、爱好、命运紧密相连。

贾母出的灯谜是"猴子身轻站树梢"，树梢是树木的最高处，是树的顶端，而贾母是贾府的"宝塔尖"，猴子的别称是"猢狲"，让人联想到贾府"树倒猢狲散"的结局。贾政出的灯谜"身自端方，体自坚硬"，体现了他作为封建士大夫的精神追求。谜底是砚台，彰显了他读书人的本色。

贾元春的灯谜是："能使妖魔胆尽摧，身如束帛气如雷。一声震得人方恐，回首相看已化灰。"一响而散的爆竹是贾元春富贵荣华转瞬即逝的命运预言。她入宫为女史，后被晋封为凤藻宫尚书、贤德妃，显赫一时，又获准回家省亲。此时的贾府如"鲜花着锦""烈火烹油"，敌对的政治势力，即所谓"妖魔"，因贾家得到皇帝的恩宠而震恐得"胆尽摧"。"身如束帛"是指贾元春在宫中严于律己、谨小慎微，恪守皇家的清规戒律。如贾元春回府省亲只逗留了短短几小时，虽不忍别离，怎奈皇家规范，违错不得，只得上舆回宫。第九十五回，说贾元春"圣眷隆重，身体发福""偶沾寒气，勾起旧病"，最终"痰气壅塞，四肢厥冷"，临终之时，"痰塞口涎，不能言语，见了贾母，只有悲泣之状，却少眼泪"。在《红楼梦》曲子《恨无常》中，贾元春以自己的死为鉴，劝父亲赶快从官场中"退步抽身"，避免即将临头的大祸。可见，她的早逝，与她所倚仗的政治势力在皇室各派的争斗中失势没落有关，而并非像小说表面上所说的因"寒"遂成不治之症。随着贾元春和王子腾的暴病而亡,贾府的衰败之势一发而不可收。贾迎春的灯谜是算盘,谜面中的"有功无运""镇日纷纷乱""阴阳数不同"都预示着她悲惨的命运。算盘任人拨弄,贾迎春懦弱胆小,仆人、奶妈都欺负她,奶妈甚至为了还赌债当了她的首饰"累金凤"。她无法辖制悍仆,只好读《太上感应篇》。她嫁给孙绍祖,据孙绍祖说是因为贾赦欠了他五千两银子,拿她抵债。贾赦一手包办,一意孤行,将她送进火坑。婚后她回贾府省亲,向王夫人哭诉遇人不淑,王夫人虽然深表同情,但也无可奈何,只是嘱咐大家不要让老太太知道,并劝她服从命运的安排。贾迎春悲愤不已:"我不信我的命就这样不好!"贾迎春本性懦弱,偏偏碰上孙绍祖这样的无耻之徒,好好一个人,出嫁一年就被虐待致死。

贾探春的谜底是"风筝",这和她的判词、曲子以及后面的花签基本一致,预示着她在清明时节远嫁海疆。贾惜春的灯谜是海灯,预示着她看破红尘出家的结局。薛宝钗的灯谜是"更香",用以暗示她以后孤凄寡居的结局,其中的"琴边衾里总无缘"寓意薛宝钗和琴瑟和谐的夫妻生活总是没有缘分的。"焦首朝朝还暮暮,煎心日日复年年",比喻她婚后长期过着忧心煎熬的生活。贾宝玉的灯谜是镜子,其创作灵感可能来源于怡红院里的大镜子。第四十一回,作者通过刘姥姥的所见所闻写到了怡红院神奇的大镜子。刘姥姥二进荣国府,在贾母带领下游览大观园,酒后误入怡红院,被怡红院的大镜子弄得云里雾里。《红楼梦》十二支曲子里面的《枉凝眉》中有"镜中月""水中花"的句子,预示着宝黛爱情最终是一场空。

贾政虽然迂腐,但毕竟是有阅历的读书人,看到贾府后辈制作的灯谜如此不祥,很是郁闷,以致伤悲感慨,难以成寐。

《红楼梦》是一出大悲剧,作者无时无刻不在渲染悲剧气氛,戏文、灯谜亦是如此,正所谓"悲凉之雾,遍被华林"。

考题回放

【2020年5月北京市海淀区高三模拟题】

《红楼梦》第二十二回《听曲文宝玉悟禅机　制灯谜贾政悲谶语》讲述了贾府上下在上元节制灯谜、猜谜语的故事。其中"更香"(古代用于计时的一种香)的谜面有这样四句诗:

焦首朝朝还暮暮,煎心日日复年年。
光阴荏苒须当惜,风雨阴晴任变迁。

在曹雪芹的构思里,每个谜语都象征着制谜人的性格,暗示了其命运。"更香"这个谜语在小说中是谁出的,不同版本存在争议,一说是薛宝钗,一说是林黛玉。请谈谈你的看法,并结合具体情节简要分析。

解题指导

解答这个题目,首先表明自己的看法,接着结合人物性格、故事情节与具体诗句分析其契合之处。结合分析人物命运特征,来证明自己的观点。之所以有争议,是因为这首谜语诗中有些句子符合林黛玉的特点,如"焦首朝朝还暮暮,煎心日日复年年",林黛玉在贾府寄人篱下,和贾宝玉的感情没人做主,薛宝钗的存在,增加了很大的不确定性,让她在感情生活中备受煎熬。"光阴荏苒须当惜",林黛玉在《葬花吟》中以花喻人,表达出青春易逝、人生短暂的悲叹。如果倾向于薛宝钗,"风雨阴晴任变迁",符合她处变不惊、成熟豁达的个性。而前面三句,可以联系她和贾宝玉结婚后貌合神离的生活来陈述。

答案示例

示例一:我认为是薛宝钗所作。薛宝钗是一位豁达随和、处变不惊的女子。诗中"风雨阴晴任变迁",周围的风雨阴晴任它去,这刚好符合薛宝钗处变不惊的性格特点。薛宝钗与贾宝玉有"金玉良缘"之说,薛宝钗后来嫁与贾宝玉,虽举案齐眉,却到底"意难平。""焦首朝朝还暮暮,煎心日日复年年"更像是说薛宝钗婚后的生活,焦急地翘首企盼从日出到日落,心里的煎熬年复一年。贾宝玉出家,薛宝钗独守空房,也正暗示了其可悲的命运。

示例二:我认为是林黛玉所作。"焦首朝朝还暮暮,煎心日日复年年",林黛玉寄居贾府,天天谨小慎微,心情压抑,尤其是和贾宝玉的"木石前盟",因为薛宝钗的"金玉良缘"而阴晴不定。林黛玉无依无靠,备受煎熬,生命如"更香"一样渐渐燃尽。"光阴荏苒须当惜",林黛玉在《葬花吟》中以花喻人,表达出青春易逝、人生短暂的悲叹。"风雨阴晴任变迁",林黛玉为还泪而来,她对贾宝玉的感情坚贞不渝,不会因为外界的风雨而改变。

通:巧借戏语通心意　偶闻唱词触悲情
——第二十三回《西厢记妙词通戏语　牡丹亭艳曲警芳心》导读

《红楼梦》第二十三回的回目是《西厢记妙词通戏语　牡丹亭艳曲警芳心》。如果从这一回中提炼一个字,首选"通"字。

"通"可以理解为"心意相通",体现了贾宝玉和林黛玉精神上的相通和契合。

这一回开启了《红楼梦》的大观园时代。贾元春省亲以后,在宫中自编

元宵节省亲时大观园的题咏,忽然想起大观园的景致,知道自己幸过之后,贾府一定会敬谨封锁,于是让太监夏守忠来荣国府下一道谕旨,命众姊妹和贾宝玉进园居住。

贾政、王夫人接了这道谕旨,回明了贾母。贾宝玉正为将搬进大观园居住欣喜不已。贾政派人来叫贾宝玉,对其进行一番训斥教导,警告他好好读书,不要造次,不要专在浓词艳赋上下功夫。

贾宝玉来到园中居住后,静中生烦恼,心中不自在,有些痴痴的。小厮茗烟为了让贾宝玉开心,在市井书坊给贾宝玉搜集了一些言情传奇类的稗官野史,贾宝玉私下阅读,爱不释手。

一、怜惜落花,心意相通

贾宝玉和林黛玉对落花的怜惜十分默契。三月中浣,桃花盛开,贾宝玉坐在桃树底下的石头上看《会真记》,看到"落红成阵"的戏词,正好头顶的桃花落下来,落得满身满地都是。贾宝玉不忍落花被践踏,于是兜了那些花瓣,抖落在池子里,花瓣在水上飘飘荡荡,流出了沁芳闸。

地下的花瓣还有很多,贾宝玉正在踌躇,林黛玉扛着花锄和花囊,手里拿着花帚姗姗而至。贾宝玉主张把花撂在水里,林黛玉认为花随水流出去,会受到污染,不如埋在自己专为它们打造的花冢里。贾宝玉喜不自禁,两人一拍即合。

二、虚写"葬花",想通道理

《红楼梦》实写两次"葬花",还有一次是"虚晃一枪"。第三十回中,贾宝玉因和王夫人的丫鬟金钏调笑,被午睡的王夫人听到,王夫人一怒之下将金钏撵了出去,贾宝玉也吓得跑回大观园。刚到蔷薇架下,听到哽咽之声,看见一个女孩手拿簪子一边哭一边在地下抠土。贾宝玉猜测这个女孩是在学林黛玉葬花,仔细一看,这个女孩并不是掘土埋花,而是在地下不断地写着"蔷"字,这就是《红楼梦》经典的情节——"龄官画蔷"。时雨骤然而至,女孩无动于衷。贾宝玉不顾自己淋着雨,焦急地提醒她赶紧避雨。第三十六回,贾宝玉挨打之后,身体逐渐康复,他突然想听《牡丹亭》,于是来到梨香院,想让唱得最好的龄官演唱,不料遭到龄官的拒绝。贾宝玉仔细一看,龄官就是那天在蔷薇架下画"蔷"的女孩。贾宝玉讪讪地出来,大家说只有贾蔷能让龄官唱曲。果然一会儿贾蔷回来,拿个玉顶金豆鸟来逗龄官开心,龄官百般任性,贾蔷百依百顺,二人将贾宝玉晾在一旁。贾宝玉自幼生活在绮罗丛中,集万千宠爱于一身,被如此冷落,实属罕见。他突然有所醒悟,想通了一个道理:"人生情缘,各有分定。"具体来说,就是人生情缘各有分定,也就意味着和你有缘相知相伴的人是早已经注定好了的。只要有一个人，仅仅只一个人，这一生就圆满了。

大观园居住的人很多，人们喜欢赏花，赏桂花，赏菊花，赏梅花，欢天喜地，兴致盎然。众多人中，只有宝黛二人能够怜惜落花。二人对美好事物的飘零都心怀不舍和感慨，以一种异于常人的做法完成了对落花的安放和祭奠。

三、共读"西厢"，情发一心

二人心意相通还在于对《西厢记》的喜爱。《西厢记》代表着中国戏曲的最高成就，成书经历了一个漫长的演变过程。《西厢记》故事起源于唐代元稹的传奇小说《莺莺传》，主要讲述贫寒书生张生对没落贵族女子崔莺莺始乱终弃的悲剧故事。此书对后世中国戏曲发展影响很大，因《莺莺传》中有赋《会真诗》的内容，亦称《会真记》。

金元时期的《董解元西厢记》，是在《莺莺传》的基础上创作的，是今存宋金诸宫调当中最为完整的作品，它代表着那个时代民间文艺的最高水平。因作者姓董，故而通称为《董西厢》，解元则是金元时期对读书人的尊称。《董西厢》在主题思想、人物形象、艺术结构、语言特点等方面均呈现出崭新的面貌，改写了《莺莺传》的悲剧结局，歌颂了青年男女追求自由和幸福的精神，广为流传。

元代戏剧家王实甫创作的《崔莺莺待月西厢记》，简称《西厢记》，又称《王西厢》《北西厢》，大约写于元贞、大德年间，取材于唐代元稹的《会真记》和金代董解元的《西厢记诸宫调》。

全剧五本二十一折，叙写了书生张生（名珙，字君瑞）与相国小姐崔莺莺在侍女红娘的帮助下，冲破孙飞虎、崔母、郑恒等人的重重阻挠，有情人终成眷属的故事。该剧具有浓郁的反封建色彩，歌颂了青年人对爱情的渴望，表达了"愿天下有情人都成眷属"的美好愿望。该剧情节引人入胜，形象鲜明生动，曲词文采斐然，是中国文学史、戏剧史上的优秀作品。

贾宝玉偷看的《会真记》，实际上应该是《西厢记》，因为《会真记》没有十六出。而王实甫的《西厢记》在金批本中的原作确实只有前四本，每本四折，共计十六折。因此，本回中说林黛玉"不到一顿饭功夫，将十六出俱已看完"。林黛玉自觉《西厢记》词藻警人，馀（余）香满口，心内还默默记诵，体现了《西厢记》高度的艺术水平。宝黛二人对《西厢记》的喜欢绝不仅仅是因为它的语言优美，更在于故事情节和宝黛二人境况的相通。张生和崔莺莺一见钟情，和宝黛二人初见似曾相识多么相似！母亲的阻挠、小人的破坏和二人情感的波折也有相近之处。张生、崔莺莺对爱情的热烈追求亦是宝黛二人的爱情理想。

四、心灵相通,方式相异

《西厢记》脍炙人口的戏词众多,贾宝玉引用了第四本第三折中的"我就是个'多愁多病身',你就是那'倾国倾城貌'",向林黛玉表白。林黛玉听了,"不觉带腮连耳通红,登时直竖起两道似蹙非蹙的眉,瞪了两只似睁非睁的眼,微腮带怒,薄面含嗔"。林黛玉恼羞成怒,感觉自己受到了轻薄。二人尽管感情深厚,但生性高洁的林黛玉接受不了这样唐突直白的方式,她更倾心于细水长流的绵绵情意和暖心、贴心的细节。如第三十二回,贾政让贾宝玉去见贾雨村,贾宝玉不愿意去。史湘云劝他去"会会这些为官做宰的人们,谈谈讲讲些仕途经济的学问,也好将来应酬世务"。贾宝玉听了,顿时翻了脸,请史湘云离开。袭人过来打圆场,说上次薛宝钗也这样规劝,薛宝钗话没说完,贾宝玉就扬长而去,好在薛宝钗有涵养,不计较,贾宝玉倒和薛宝钗生分起来。如果换了林黛玉又要和贾宝玉赌气,贾宝玉不知要赔多少不是。贾宝玉直言:"林姑娘从来说过这些混账话不曾?若他(她)也说过这些混账话,我早和他(她)生分了。"贾宝玉的话恰巧被林黛玉听到,她又惊又喜,果然贾宝玉是知己,在众人面前不避嫌疑公然称赞自己,又想到有"金玉良缘"的说法,感慨自己薄命多病,一面拭泪,一面往回走。贾宝玉看到林黛玉流泪,心疼地抬手给她拭泪,林黛玉躲避不迭。当贾宝玉瞅了半天,说出"你放心"三个字的时候,林黛玉如轰雷掣电,甚是震撼,头也不回地离开了。贾宝玉一时忘情,对着前来送扇子的袭人说了一番肺腑之言:"睡里梦里也忘不了你!"唬得袭人当场灵魂出窍。

第十九回中,夏日午后,贾宝玉到潇湘馆去,非和林黛玉躺在一张床上。林黛玉替他擦去脸上的胭脂,贾宝玉闻林黛玉袖子里的"暖香",两人嬉闹,贾宝玉挠林黛玉痒痒,林黛玉按着贾宝玉拧,后来薛宝钗不期而至,两人才撂开手。第三十四回,贾宝玉挨打之后,林黛玉前来探望,两只眼睛哭得像桃儿一样,心疼地劝他从此都改了那些贾政不喜欢的毛病。贾宝玉病情稍轻,就派晴雯给林黛玉送了两条旧手帕。历来红学家对"赠帕之谜"众说纷纭。有人说贾宝玉送旧手帕给林黛玉拭泪,这个手帕贾宝玉也曾用过,类似歌词里唱的"我吹过你吹过的晚风,那我们算不算相拥?"体现了二人感情的亲密;也有人说手帕在传统文化中是男女定情的信物,如贾芸和小红就是以手帕传情;有人说旧手帕的重点是"旧"字,含蓄地表明贾宝玉依旧坚持初心,不会因为挨打而改变志向;还有人说没什么特殊含义,就是贾宝玉随手找一个东西让晴雯去送,趁机让晴雯替自己去探望林黛玉,表明他对林黛玉的牵挂和关心。

由此可见,林黛玉既希望和贾宝玉有特别的情感,又接受不了热烈直白的表达方式,她更在乎的是那种心意相通的精神享受和心理愉悦,即儒家所说的"发乎情,止乎礼"。林黛玉虽有叛逆思想,鄙视功名利禄,洁身自好,目无下尘,但行为上基本遵守礼节,不逾矩。而贾宝玉可以和袭人偷试云雨情,但绝不会对林黛玉有这样的行为,因为林黛玉是他理想中高洁的"潇湘妃子"。当林黛玉听见贾宝玉借戏词表白后,立刻发怒并且眼圈发红时,贾宝玉赶紧赌咒发誓,自己并没有欺负林妹妹的意思,假如有这样的心思,将来变个大王八,等林黛玉做了"一品夫人"病老归西的时候,自己给林黛玉的坟驮一辈子的碑。林黛玉忍俊不禁,也不由得引用《西厢记》中的句子"原来是苗而不秀,是个银样镴枪头"来打趣贾宝玉。贾宝玉笑着说:"你这个呢?我也告诉去。"正在此时,贾母打发人找贾宝玉去贾赦处探病请安,此事不了了之。

五、偶听曲词,直通心扉

贾宝玉走后,林黛玉闷闷不乐。经过梨香院时,听到十二个小戏子们在排演《牡丹亭》,正唱到最著名的《游园》片段。随风吹来两句戏词:"原来姹紫嫣红开遍,似这般都付与断井颓垣。"林黛玉听了,觉得戏词十分感慨缠绵,于是止步细听:"良辰美景奈何天,赏心乐事谁家院。"像这种缠绵悱恻、凄美伤感的戏词,肯定会引起林黛玉的情感共鸣。林黛玉和《牡丹亭》的杜丽娘一样,身处幽闺之中,向往自由美好的爱情。奈何天不遂人愿,青梅竹马的感情因为薛宝钗的到来横生枝节;父母双亡无人做主,只能听天由命,独自哀叹。当听到"则为你如花美眷,似水流年……"时,林黛玉如痴如醉,站立不稳,一蹲身坐在山石上。戏词中对青春易逝的感慨和无奈,深深地击中了林黛玉的内心。诸多感叹"流水落花"的诗句一齐涌上心头,"水流花谢两无情""流水落花春去也""花落水流红,闲愁万种",联想到自己孤独的身世,个体在命运面前的无力,不禁心痛神痴,眼中落泪。正如《牡丹亭》杜丽娘所唱:"似这等花花草草由人恋,生生死死随人愿,便酸酸楚楚无人怨。"刘勰在《文心雕龙·知音》中有言:"夫缀文者情动而辞发,观文者披文以入情。"此时的林黛玉,已经和戏文产生了强烈的共鸣。作者借此戏文,渲染一种缠绵悱恻的悲剧气氛。

本回借杂剧《西厢记》艺术地反映了贾宝玉和林黛玉之间的默契,借《牡丹亭》的经典唱词,抒发了林黛玉的身世之感。前者唯美,后者凄凉;前者有贾宝玉相伴共读,后者只有林黛玉孤单聆听。本回以喜悦开头,以悲凉落幕。

考题回放

【2020届北京市西城区高三二模语文试题】

唐传奇小说《莺莺传》又称《会真记》，元代王实甫据其改编为杂剧《西厢记》。

节选文字是如何表现宝黛之间的微妙情感的？请结合文段中的描写简要分析。

解题指导

解答小说类题目，离不开人物、情节、环境、主题和线索。分析写作技巧，要看所写的具体内容，如涉及人物，就要从人物塑造方面分析；如有环境，则要考虑环境描写的修辞手法以及环境衬托的作用。本题要求分析节选文字是如何表现宝黛之间的微妙情感的，节选文字借"只见一阵风过，把树头上桃花吹下一大半来，落的满身满书满地皆是""那花瓣浮在水面，飘飘荡荡"的环境描写，营造了温馨淡雅的氛围；再通过人物的语言、动作描写分析，"却是林黛玉来了，肩上担着花锄，锄上挂着花囊，手内拿着花帚"，此时贾宝玉的想法和林黛玉一致，烘托出宝黛二人情感的和谐。"真真这是好书！你要看了，连饭也不想吃呢""接书来瞧，从头看去，越看越爱看，不到一顿饭工夫，将十六出俱已看完，自觉词藻警人，馀（余）香满口"也体现了他们兴趣相投，爱好相似。"宝玉听了喜不自禁""慌的（得）藏之不迭""一面说，一面递了过去""好妹妹，若论你，我是不怕的"等动作、语言的描写透露出贾宝玉对林黛玉非同一般的感情。

答案示例

① 环境描写：节选文字通过描绘落花、流水等春景，烘托了宝黛共读画面的美好，暗示出两个人志趣相投的情感基础。

② 人物描写：节选文字借刻画宝黛的言行举止，展现出宝黛在情感上的强烈共鸣，显示出宝黛从两小无猜到爱情萌发的情感变化。

泣：戏蝶惊闻隐秘事　伤春泣成《葬花吟》
——第二十七回《滴翠亭杨妃戏彩蝶　埋香冢飞燕泣残红》导读

《红楼梦》第二十七回的回目是《滴翠亭杨妃戏彩蝶　埋香冢飞燕泣残红》。如果在这一回中提炼一个字，那就是"泣"。多愁多病的林黛玉，总是在看不见的角落里悲泣。本回中，林黛玉在别人的欢声笑语里，两次"悲泣"，幽怨之情令人动容。

一、遭冷遇泣身世之悲

这一回以"泣"开篇,"林黛玉正自悲泣",悲泣的原因在前一回已经交代,薛蟠过生日得了四样稀奇的贺礼——又粗又长的鲜藕、硕大无比的西瓜、又大又鲜的鲟鱼、暹罗国进贡的灵柏香熏暹猪。为了让贾宝玉出来,薛蟠让茗烟对贾宝玉谎称贾政找他,贾宝玉闻言如遭雷击,等到穿好衣服出来,才发现是薛蟠的伎俩。在薛蟠的盛情邀请下,贾宝玉赴宴,见到了贾政的一群清客相公和神武将军之子冯紫英。晚间散席后,薛宝钗又来怡红院聊天,贾宝玉刚吃了薛蟠的新鲜美食,尽管夜已深,还是热情地招待薛宝钗,并表达对薛蟠的谢意。

此时林黛玉记挂着贾宝玉被贾政叫去,不顾天黑路滑前去探望,正赶上晴雯和碧痕拌嘴,又加上薛宝钗夜访怡红院,害得丫鬟们不得休息。晴雯正一肚子气,听见有人敲门,很不耐烦地回复都睡了,明天再来。林黛玉以为晴雯没听出自己的声音,又说了一遍,晴雯偏偏没听出来,拒不开门。林黛玉气怔在那里,感慨自己寄人篱下,受此冷遇,一面想,一面滚下泪来。当她听到怡红院里传来贾宝玉和薛宝钗的笑语,伤感之情喷薄而出,她猜测贾宝玉如此绝情,是因为两人共读《西厢记》时,贾宝玉引用其中的"我就是个'多愁多病身',你是那'倾国倾城貌'",林黛玉恼羞成怒,威胁要去告诉舅舅、舅母。林黛玉以为贾宝玉是因此事而冷落自己,不禁悲从中来。当林黛玉看到贾宝玉、袭人等一群人送薛宝钗出来时,很想上前去质问贾宝玉,又怕人多不好看,于是闪过一旁,待贾宝玉等人关了门,她望着怡红院的门洒下几点泪。回到潇湘馆,两手抱膝,两眼含泪,如木雕泥塑一般,直到二更多方才睡去。

这一回中与林黛玉伤感垂泪形成巨大反差的,是薛宝钗鲜有的活泼举动——"戏彩蝶"。这一日是芒种节,闺中祭祀花神,大观园也是一片欢乐的景象。贾迎春最先发现林黛玉没来,薛宝钗自告奋勇去找林黛玉,远远看见贾宝玉去了潇湘馆。薛宝钗思忖片刻,想到宝黛二人不避嫌疑,且林黛玉爱猜疑,决定抽身回来。从这段文字中可以看出,在宝、黛、钗三人的感情纠葛中,林黛玉是最深情、最痛苦的那一个。林黛玉恼了,贾宝玉赌咒发誓、伏低做小,林黛玉一般会转怒为喜。贾宝玉在贾府如众星捧月,上有贾母宠爱和王夫人呵护,中有众多姐妹相伴,下有丫鬟仆人、清客相公伺候逢迎,在外还有蒋玉菡、柳湘莲、冯紫英、卫若兰等好友玩乐,生活丰富多彩。林黛玉在他心中很重要,但不是全部。薛宝钗同样寄居贾府,但她好歹有母兄可以依靠,自家又有买卖,王夫人是她的亲姨妈,加上她性情开朗温和,比起林黛玉来,境遇要好得多。林黛玉身居幽闺，虽有众姊妹相伴，但除贾母宠爱外，没有父母呵护，没有亲兄弟姊妹，孤身一人，远离家乡，寄人篱下，贾宝玉就是她全部的世界。她不愿意也没有机会同别的男子暧昧，贾府的很多人都默认贾宝玉和林黛玉是一对，所以也没人给林黛玉提亲。在宝黛二人的爱情中，林黛玉明显处于弱势和被动的地位，再加上她多愁善感的性格、孤苦伶仃的身世，全部感情都寄托在贾宝玉身上，一旦受伤，刻骨铭心，万劫不复。

二、泣落花发人生感叹

林黛玉因为贾宝玉和薛宝钗欢声笑语，自己却被拒之门外而伤心感慨，夜不能寐，第二天强作笑颜和姐妹们过饯花节，一直没搭理贾宝玉。贾宝玉不见林黛玉，便要去找她，又怕林黛玉生气，打算先将残花葬在那日同林黛玉一同葬花的花冢。忽然听到山那边有哭泣之声，原来是林黛玉在此处边哭边吟成《葬花吟》。

《葬花吟》是《红楼梦》中最著名的抒情长诗之一，林黛玉以花起兴，以花喻人，层层递进地抒发了自己的身世之感。此诗通过丰富而奇特的想象、暗淡而凄清的画面、浓烈而忧伤的情调，展示了林黛玉在冷酷现实摧残下的内心世界，表达了她在生与死、爱与恨的痛苦挣扎过程中，产生的悲观体验和忧伤情感。它是林黛玉感叹身世遭遇的深沉哀叹的集大成者，也是曹雪芹借以塑造林黛玉这一艺术形象、表现其性格思想的著名诗作和经典情节。

这首长诗可以分为三个层次。先是抒发惜花伤春之情。花谢花飞，娇艳的花即将香消玉殒，却无人怜惜。闺中少女满怀春愁，不忍心践踏如此美丽的花朵。那些柳絮和榆荚没有艳丽的色彩，在桃花梨花凋零之际，它们显示出自己的优势，轻狂地漫天飞舞。这令人想起了曾巩讥讽柳树的诗句："乱条犹未变初黄，倚得东风势便狂。解把飞花蒙日月，不知天地有清霜。"林黛玉诗中的"柳丝榆荚"似有所指，可能指的是那些冷漠而孤芳自赏的人。接着由实写到虚写，想象明年物是人非，花还会开，闺中惜花赏花的人已经不在了；燕子明年还会归来啄花，但是屋子的主人不在了，香巢也倾颓了。林黛玉以悲观的心态预言世事的沧桑变化，在她的眼中，当下虽是春光明媚，未来却是满目疮痍。

第二部分由惜花伤春到怜己伤怀。"一年三百六十日，风刀霜剑严相逼"，写出了自己生活处境的残酷凄凉。青春易逝，生命易逝，最终都了无痕迹。自己对落花流泪，如杜鹃啼血；荷锄归来，孤灯冷衾，难以成眠。不知愁从何来，来去无踪，挥之不去。庭外悲歌传来，不知是花落的声音，还是鸟的悲啼。

第三部分由花及人，抒己高致。葬花于香丘，保持花之高洁；自己"质本洁来还洁去",不愿与世俗同流合污。屈原"宁溘死以流亡兮,余不忍为此态也",林黛玉不惜以生命捍卫高洁的情操,其以身殉道的决绝令人惊叹!

整首诗既是林黛玉的自白,又是她对自己悲情人生的预言。与曹雪芹同时代的人、极可能是其友人的明义《题红楼梦》诗曰:"伤心一首葬花词,似谶成真自不如。安得返魂香一缕,起卿沉痼续红丝?"在贾府这样关系错综复杂的大家族中,林黛玉看起来深受贾母庇护,但精神的孤独、身世的悲苦、爱情的未卜都使她备受煎熬。这首诗既是爱情的挽歌,也是生命的哀歌,更是捍卫风骨的壮歌。

当贾宝玉兜着一些花前往香冢去时,听到林黛玉的哭吟之声,特别是当林黛玉吟到"一朝春尽红颜老,花落人亡两不知"时,贾宝玉恸倒在山坡上,想到林黛玉和众女子都有无可寻觅之时,又想到整个园子不知会归于何人,不知该怎样面对这段悠远深重的哀伤。林黛玉的眼泪不仅用来报答神瑛侍者的灌溉之恩,还洗刷了"通灵宝玉"的尘垢,使其主人贾宝玉保持着内心的澄澈与纯粹。

《葬花吟》字字含泪,句句有情。它不仅仅是林黛玉的悲情绝唱,也是《红楼梦》中众多女子的青春挽歌。"金陵十二钗",曾是多么青春明媚,诗情画意,最终或花落人亡两不知,或是千里飘零无所依,或是看破红尘入空门,令人唏嘘感叹。

三、频洒泪因情路坎坷

之后的情节少了一些沉重忧伤。贾宝玉又向林黛玉表明心迹,说自己"万不敢在妹妹跟前有错处",这段误会高起轻落,所有的哭诉、伤感、诅咒不过是因为晴雯没给林黛玉开门。当这一切误会解除时,宝黛二人的感情似乎暂时稳定下来。只是一波刚平,一波又起。贾母率众人到清虚观打醮,张道士给贾宝玉献上一些贺礼,贾宝玉挑了一个金麒麟揣着,林黛玉知道史湘云也有个相同的金麒麟,就瞅着他点头。又加上张道士提亲,林黛玉感觉自己腹背受敌。贾宝玉衔玉而生,薛家就炮制出"金玉良缘";史湘云有个金麒麟,贾宝玉又偷偷挑了一个一模一样的揣在怀里;贾宝玉看薛宝钗的红麝串,对着薛宝钗发呆,感觉她比林黛玉别有一番妩媚风流。件件桩桩好像都在阻挠宝黛的感情,林黛玉为这些莫名其妙的事洒泪,和贾宝玉的误会更深,两人都觉得对方不了解自己的真心。

这一回中,薛宝钗扑蝶的快乐和林黛玉葬花的忧伤相映成趣。针对林黛玉的"风刀霜剑"从未停止。薛宝钗追赶蝴蝶,没想到在滴翠亭听到丫鬟林红玉和坠儿说贾芸和林红玉以手帕传情的秘事,两人怕别人偷听,推开了窗户。薛宝钗急中生智,大喊着林黛玉的名字,对两个丫鬟说自己是为了找在亭子边玩水的林黛玉而来。两个丫鬟立刻怀疑林黛玉偷听了她们的秘密,林黛玉不知不觉背了黑锅。

薛宝钗和林黛玉是《红楼梦》中的"双生花",一个在滴翠亭扑蝶、"甩锅",一个在埋香冢葬花、悲泣。一直以来,薛宝钗的情绪稳定,淡定从容,除了她自身的性格和阅历所致,还在于她的生活背景:有母兄呵护,有王夫人的厚爱,有良好的人缘,有一定的经济实力。林黛玉的生活背景一直是灰暗的,她为情而生,她的一生在作诗,她为自己的理想、为了爱情而活;薛宝钗的花签是"任是无情也动人",她一生在"做人",充满理性地规划着自己的人生。

考题回放

【江苏省徐州市重点高中2022—2023学年度下学期高三3月联考语文试题】

宝钗听到林红玉和坠儿谈论一段"情事",请结合原著相关情节,简述这段"情事"的来龙去脉。

解题指导

本题考查对《红楼梦》情节的了解情况。林红玉和贾芸的故事主要集中在第二十四回《醉金刚轻财尚义侠 痴女儿遗帕惹相思》,答题时以两人的故事为主线,将二十四回和二十七回的情节串联起来概括。

答案示例

林红玉和贾芸在怡红院前相见后,互存好感。林红玉不小心把手帕丢了,被贾芸拾了去。贾芸把自己的帕子说成是拾的,让坠儿交给林红玉,并叮嘱说"你若得了他(她)的谢礼,不许瞒着我"。坠儿还帕,并按嘱索谢礼,林红玉嘴上虽说"他是个爷们家,捡了我的东西,自然该还的",实际上却又把自己的一方手帕给了贾芸,二人传帕定情。一来二去,林红玉、贾芸二人的恋情有了发展。

责:责子心切大冲突 尺水兴澜众生相
——第三十三回《手足眈眈小动唇舌 不肖种种大承笞挞》导读

《红楼梦》第三十三回回目是《手足眈眈小动唇舌 不肖种种大承笞挞》。这一回写的是《红楼梦》中的大事件——贾宝玉挨打,如果提炼一个字,那就是"责"。

"宝玉挨打"是《红楼梦》六大事件之一,在此之前的大事件是贾元春省亲,之后的大事件有除夕祭宗祠、抄检大观园、黛死钗嫁、贾府抄家等,其中像这样矛盾集中爆发的大事件有"抄检大观园"和"贾府抄家"。

一、层层推进,加剧矛盾

贾宝玉挨打的原因有三:一是贾宝玉奉贾政之命见贾雨村,全无慷慨挥洒谈吐,"葳葳蕤蕤",又加上因为和金钏调笑导致金钏含羞自杀,心中悲伤愧疚,见了贾政应对不似往日,贾政见了生了三分气。二是忠顺王府长史来访,逼问贾宝玉忠顺王爷最喜欢的戏子琪官的下落,贾政这才知道贾宝玉在外流荡优伶,表赠私物,贾政又惊又气,得知细节,更是气得目瞪口呆。三是贾政送长史离开,碰见贾环乱跑,贾环蓄意构陷贾宝玉淫辱母婢金钏,致其自杀。贾政听闻,气得面如金纸,下令小厮把贾宝玉找来,家法伺候,立刻打死。因贾政临走前吩咐贾宝玉不要动,贾宝玉找不到人去报信,好容易找见一个老婆婆,偏生老婆婆耳聋。贾政嫌小厮打贾宝玉敷衍了事,自己亲自上阵,狠狠地在贾宝玉身上"盖了三四十下",将贾宝玉打得皮开肉绽,奄奄一息。

贾宝玉挨打的原因折射出贾府的诸多矛盾。贾宝玉挨打的三条原因,凑巧集中在一起,就像乌云迅速堆积,导致了这场电闪雷鸣的"狂风暴雨"。

第一条导火索与贾雨村有关。贾雨村第一次被罢官以后,多亏林如海和贾政推荐,被重新起用。因徇私枉法包庇薛蟠有功,在贾政和王子腾的助力下,平步青云。贾雨村和贾府交往颇多,颇受贾政器重。第三回,贾雨村拿着林如海的推荐信拜见贾政,贾政见他相貌魁伟,言语不俗,又加上是妹丈致意,竭力从中协助。第十七回至第十八回,贾政带领清客相公和贾宝玉给大观园题匾额,贾政说若妥当就用,不妥的话请贾雨村来,令他再拟,可见贾政非常欣赏贾雨村的才华。第三回中写贾政最喜读书人,礼贤下士。贾政的妹夫林如海是前科探花,贾政和他关系很好。贾雨村寒窗苦读,参加科举考试一举中第,这种"学而优则仕"的逆袭是贾政深为推崇的。所以,每当贾雨村来访,贾政必然让贾宝玉来见,希望贾雨村的求学求官之路能给贾宝玉一些启发,至少让贾宝玉能了解一下人情世故、仕途经济,而不是一天到晚在贾母面前承欢,在女儿堆里厮混。从当时的主流价值观来看,贾雨村走的是一条读书人的正统之路。但在贾宝玉看来,贾雨村就是"禄蠹",是窃取俸禄、沽名钓誉的读书人。贾雨村有一定的才华,但是人品欠佳:他徇私枉法错判葫芦案,对恩人女儿遭难无动于衷;利用强权抢走石呆子的扇子,将石呆子投入大狱,讨好贾赦;贾府被弹劾,他落井下石,为人所不齿。这样一个品格低劣的人,贾宝玉对他表示反感也在情理之中。可是彼时贾政对贾雨村的人品并不了解，所以为贾宝玉在贾雨村面前表现欠佳而生气。第一条导火索，折射的是贾政和贾宝玉父子之间在人生观、价值观方面的矛盾。

　　第二条导火索是忠顺王府的长史到贾府来找贾政，说贾宝玉和戏子琪官关系亲密，一定知道琪官的下落。贾宝玉一开始极力否认，甚至痛哭流涕，但长史丝毫没有客气，直接说出贾宝玉和琪官互赠汗巾子的细节，迫使贾宝玉说出了琪官的下落。贾政气急败坏，如果贾宝玉不好好读圣贤书他尚可忍受，堂堂荣国府的公子，竟然和"三教九流"的戏子混在一起，还被人找上门来，真是有辱门风！忠顺王府的长史代表忠顺王爷来荣国府兴师问罪，盛气凌人，态度傲慢，完全不把贾政和贾宝玉放在眼里，这从一个侧面说明贾府在朝廷的政治地位每况愈下，贾元春在宫中也逐渐失宠，不然，忠顺王府岂敢为了一个戏子上门对贵妃的父亲和弟弟兴师问罪？贾府政治地位降低，所谓"墙倒众人推"，忠顺王府阵营的政治势力开始挑衅以贾府为代表的老牌名门望族，这个导火索折射的是不同政治阵营之间的斗争。

　　第三条导火索是贾环夸大其词，对贾政说贾宝玉企图侵犯王夫人的大丫鬟金钏，因金钏不从，贾宝玉将金钏打了一顿，金钏被撵出去之后跳井自杀。贾环的身份是庶子，再加上其母赵姨娘的道三不着两，本人长相猥琐，素质低下，荣国府的人对他都是冷眼相对。如第二十回，贾环和薛宝钗的丫鬟莺儿一起玩赶围棋的游戏，贾环输了耍赖，和莺儿发生争执，恰逢被贾宝玉看到，就教训了他几句，让他回家。贾环回家后无精打采，赵姨娘一再追问，贾环说了事情的经过，不过与真相完全相反："同宝姐姐玩的，莺儿欺负我，赖我的钱，宝玉哥哥撵我来了。"贾环不仅撒谎成性，还经常使坏。第二十五回，贾环嫉妒贾宝玉和王夫人的丫鬟彩霞说笑，竟然故意推倒灯油，烫伤了贾宝玉的脸。之后贾宝玉的寄名干娘马道婆和赵姨娘合谋，作法整蛊贾宝玉和王熙凤，经一僧一道持诵，两人才慢慢恢复正常。这一次，贾环还是一如既往地抓住机会添油加醋地陷害贾宝玉。贾环此举，折射出贾府嫡庶之间不可调和的矛盾。

　　三条导火索，层层递进，致使贾政忍无可忍，怒气犹如火山爆发，将贾宝玉打得皮开肉绽。

二、责子之举折射众人心态

　　第一个赶来的是王夫人，贾政见王夫人来了，板子打得又狠又快，此时的贾宝玉早已动弹不得。贾政一向不关心家务，他认为贾宝玉变成这样，都是王夫人溺爱的结果。再加上贾政宠爱的是赵姨娘，王夫人在他眼里没有多少分量。王夫人抱住板子，声泪俱下，说贾宝玉该打，这样大热天的，老爷也要自重，惊到了老太太，事情就严重了。没想到贾政冷笑着对王夫人说，快别说这些,我养了这样一个孽障,已是不孝,我一教训,众人护持,不如勒死,以绝将来之患。说着要去拿绳子。王夫人一看不妙,抱住儿子,想和儿子一起死,爬到贾宝玉身上大哭起来。贾政这才长叹一声,在椅子上坐了,泪如雨下。王夫人又想起了早逝的儿子贾珠,又叫着贾珠的名字哭起来。听到贾珠的名字,李纨放声大哭,贾政的眼泪也滚落下来。最爱贾珠的三个人此时最伤心。王夫人想起自己的三个孩子:贾元春身居宫中,难得一见;长子贾珠聪明上进,不到二十岁夭亡,留下李纨、贾兰孤儿寡母;次子贾宝玉再有个三长两短,自己一生有何指望?李纨想起自己青春守寡、独自拉扯儿子的心酸,放声大哭,这是李纨唯一一次失态。虎毒不食子,贾政作为父亲,年过半百,怎能不想念自己早逝的儿子?怎能不希望次子有所成就?人人都觉得贾政是封建卫道士,可恶至极,但他同时也是一位父亲,对儿子也有亲情天伦。他只是一个五品工部员外郎,他哪里敢惹忠顺王府?贾宝玉年少无知,惹到了忠顺王爷,那可是祸及家族的事,他怎能无动于衷?

接着贾母颤颤巍巍地出场了,此时的贾政,早已没有刚才的盛怒和气势。在孝道和母亲面前,只能唯唯诺诺,苦苦认罪。贾政想逞家长之威惩治贾宝玉的举动又一次半途而废。父亲的痛打并没有让贾宝玉屈服,林黛玉哽咽着劝他:"你从此可都改了罢!"贾宝玉回答:"就便为这些人死了,也是情愿的!"这些人是哪些人?是好友琪官,是投井自尽的金钏,还是刚刚来看他的薛宝钗?

三、责子未成,余波不断

脂砚斋评价《红楼梦》:"草蛇灰线,伏脉千里。""宝玉挨打"这个大事件引发的余波在后面的情节中一直振荡延续。贾宝玉被打之后,先是薛宝钗手里托着一丸药来探望,看到贾宝玉伤势很重,薛宝钗情动于衷:"……别说老太太、太太心疼,就是我们看着,心里也疼。"刚说了半句,感觉自己说得急了,不觉红了脸,只管低头弄衣带,娇羞怯怯。贾宝玉心中大畅,疼痛早已飞到九霄云外。接着来的是林黛玉,林黛玉眼睛肿得如桃一般,满面泪光。见到贾宝玉,无声哭泣,气噎喉堵,抽抽噎噎。见前面王熙凤等人来探望,林黛玉急忙从后院离开。

第三十四回王夫人叫一个贾宝玉屋里的人去问话,袭人主动前往,在王夫人面前恳切陈词,希望王夫人让贾宝玉搬出大观园,以免发生不才之事。第三十二回袭人听过贾宝玉对林黛玉的真情告白,此时王夫人对金钏事件还心有余悸,所以袭人的这一建议得到了王夫人的极大肯定,王夫人自此视袭人为心腹之人。

贾宝玉的小厮茗烟对袭人说,贾宝玉挨打与薛蟠有关,薛家母女责怪薛蟠,薛蟠无故背锅,愤愤不平,说因为"金玉良缘",薛宝钗就处处维护贾宝玉,一向稳重的薛宝钗气得哭了很久。对于薛家大造舆论的"金玉良缘",贾宝玉并不认可。第三十六回,薛宝钗在午睡的贾宝玉床边绣肚兜,贾宝玉在梦中喊骂:"什么是金玉姻缘,我偏说是木石姻缘!"

伤势稍好的贾宝玉惦记着林黛玉,支开了袭人,派晴雯给林黛玉送去两块旧手帕。林黛玉懂得贾宝玉的关心和苦心,连夜在手帕上题诗,之后,这两块旧手帕一直被林黛玉珍藏着。第九十七回,贾宝玉和薛宝钗成亲之时,林黛玉奄奄一息,弥留之际,让紫鹃找出题诗的手帕,用手狠命地撕,无奈力气微弱,于是让紫鹃把火盆挪到自己身边,将手帕投入火中,之后又焚烧了自己的诗稿。林黛玉以这样决绝的方式,对自己的痴情做个了断,与这个世界诀别。

红学泰斗周汝昌先生在《〈红楼梦〉的艺术个性》中谈到了"宝玉挨打"的情节,周老认为,《红楼梦》里写得最好的一个情节就是"宝玉挨打"。这一个场面打动了很多人,至今还是我们学习的典范。这才是真正了不起的艺术。如果说"宝玉挨打"是一次狂风骤雨,作者关注的并不仅仅是事件本身,更关注事件的酝酿过程,层层渲染"山雨欲来风满楼"的紧张气氛,也关注之后的余波微澜,"留得残荷听雨声"。

"宝玉挨打"像一个多棱镜,折射出诸多人物内心的隐痛,折射出贾府内外错综复杂的矛盾,链接起后面跌宕起伏的情节。

考题回放

【2021年北京市房山区高一语文模拟题】

作者仅用300多字直接写宝玉挨打的情形,而围绕"宝玉挨打"这一事件一共写了5 000多字。请问作者这样安排详略有什么好处?

解题指导

本题考查的是叙事的详略,小说详略的安排与小说的三要素、主题有着密切的关系,所以我们在答题的时候可以从这几个方面思考。"宝玉挨打"是《红楼梦》的大事件,这不是一个孤立的事件,是诸多矛盾发展的结果。这些矛盾一是政治上的,如以忠顺王府为代表的新兴政治势力和以贾府为代表的"四王八公"的老牌勋贵之间的明争暗斗。二是家庭的,像王夫人、贾宝玉和赵姨娘、贾环之间的嫡庶矛盾,贾政和贾宝玉之间长期以来的父子矛盾,实则是封建正统思想和叛逆者之间的矛盾;贾政和贾母、王夫人之间在教育贾宝玉方面的分歧和矛盾。作者通过这个事件,揭示贾府的种种矛盾,展现广阔的社会生活和家庭生活的图景;通过不同人对这个事件的态度,揭示他们的性格特点,塑造了性格鲜明的人物形象。

答案示例

① 情节详略取舍的安排主要取决于小说主题的表达与人物形象的塑造的需要。

② 贾宝玉挨打的过程,与作者要表现的主题和人物性格的关系不大,所以略写。

③ 详写贾宝玉挨打的缘由和众人的反应,有利于突出主题、塑造形象,表现母子之间、父子之间、嫡庶之间、夫妻之间、新旧政治势力和新旧思想之间的矛盾冲突,突出表现了贾政与贾宝玉父子之间由来已久的思想冲突,彰显了贾宝玉追求自由和个性解放的叛逆精神。

吟:苦心吟咏觅诗韵　雕章琢句慕书香
——第四十八回《滥情人情误思游艺　慕雅女雅集苦吟诗》导读

"吟安一个字,捻断数茎须",唐代诗人卢延让的这句诗是无数诗人苦心创作的写照。"两句三年得,一吟双泪流",那些脍炙人口的珠玑文字,是诗人感情的熔铸,是作者心血的结晶,诗中的每一个字都在作者的心中经过反复的锤炼和斟酌,如同金子经过了烈火的灼烧,如同礁石经过了风浪的洗礼。在《红楼梦》中,有这样一位苦苦吟诗的女子,她对文学的执着令很多读者难以忘怀,她就是第四十八回《滥情人情误思游艺　慕雅女雅集苦吟诗》中的香菱。

我们对香菱并不陌生,她的原名叫甄英莲,是苏州乡绅甄士隐的女儿,元宵节跟着仆人观灯时被拐子拐走,后被小乡绅之子冯渊看中,想买来结为夫妻。不想拐子贪财,又卖给了薛蟠,冯渊和薛蟠互不相让,大打出手,冯渊被薛蟠的家人打死,薛蟠夺走了甄英莲,到京城投亲,将甄英莲改名香菱。香菱成了薛蟠的侍妾,每天侍奉绰号"呆霸王"的薛蟠和薛家人,生活中根本没有诗和远方。

恰逢薛蟠因调戏柳湘莲被柳湘莲一顿羞辱暴打,薛蟠无脸在京城贵族子弟圈里混迹,决定跟着老仆人张德辉到外地做生意,实际是出去躲风声。这样一来,香菱暂时有了空闲,被薛宝钗带到了大观园里和自己做伴。久怀学诗之心的香菱开始了自己的学诗生涯。

一、拜师波折

香菱本想"近水楼台先得月",拜自己的主人薛宝钗为师,没想到一向擅长写诗并在"海棠社"一举夺魁的薛宝钗一口拒绝,理由冠冕堂皇:我知道你喜欢大观园很久了,所以带你到园子里来,既然来了,应该先从老太太起,挨个屋去候一下,这才是正理。薛宝钗义正词严的一番话,给满腔热情的香菱当头泼了一盆冷水。薛宝钗自己读书写诗,参加诗社,但她从不支持别人写诗作文,尤其不主张将读书写诗作为主业。第四十回,刘姥姥进大观园,贾母领着大家玩牌,林黛玉在宴席上不小心说出了《西厢记》和《牡丹亭》的唱词,别人都没在意,唯独薛宝钗记在心里。到了第四十二回,也就是宴会的第二天,薛宝钗单独将林黛玉叫到蘅芜苑,对她进行了耐心的劝导:女孩子还是不读书的好,只该做些针黹纺织的事;既认得字,也要拣正经书看,不可因为看杂书移了性情。可见,薛宝钗觉得女孩子不认字不读书就挺好,在这种想法的主导下,她怎么会教一个丫鬟写诗?

"山重水复疑无路,柳暗花明又一村。"香菱来到林黛玉屋子里,说起自己要学诗的想法,林黛玉非常热情地表示支持,并且毛遂自荐做香菱的指导老师。

二、学诗过程

林黛玉的支持如一束光,照亮了香菱的诗歌梦想。林黛玉对香菱指导有方,对我们的语文教学特别是写作教学颇具借鉴意义。

(一)夯实基础,提升审美

先是鼓励香菱,激发信心。林黛玉是"大观园第一诗人",有着渊博的学识和丰富的创作经验。她首先鼓励香菱,写诗并不是什么难事,结构上无非讲究起承转合,中间两联是两副对子,音律上平仄相对,内容上虚实相生。若是有了佳句,不论格律和虚实都可以。写诗立意最要紧,其次才是词句格律。再是纠正其错误想法。当林黛玉听香菱说喜欢陆游的"重帘不卷留香久,古砚微凹聚墨多"这样的句子时,意识到香菱对诗歌的鉴赏品位有待于提高。她告诉香菱,这样的诗句看起来对仗工整,但是缺乏意趣,诗中无人、无情,不算是好诗。林黛玉告诫香菱不要入这类诗的"坑"。第三点,阅读好诗,提高鉴赏能力。林黛玉为香菱选择高质量的诗作供其阅读,重点推荐了王维、杜甫、李白的作品。三位诗人的作品各有所长:王维的五律富有诗情画意;杜甫的七律沉郁顿挫,有真性情;李白的七绝浪漫飘逸,有想象力。三人的诗歌都是诗中的典范,质量上乘,能给予初学者很多有益的启示。读诗的数量也要有保证,每位诗人的诗歌至少读上一二百首,再加上读陶渊明等魏晋、建安、正始时期的诗人的诗,这样可以积累丰富的创作素材和阅读经验,为以后写诗打下坚实的基础。

(二)讲诗加深理解,引发共鸣

林黛玉先让香菱阅读她精选的王维的诗,香菱茶饭不思,悉数读完。待香菱来还书,林黛玉启发她说出自己的感受。香菱是一个非常有悟性的人,她领悟到王维的诗中"有似乎无理的,想去竟是有理有情的"艺术境界:像"大漠孤烟直,长河落日圆"两句中的"直"和"圆",看起来无理,但没有其他字能比这两个字更能表现这种阔大、闃静、壮丽的意境;再如"日落江湖白,潮来天地青"两句中的"白"和"青"两字,看起来亦属平常,但读起来却沉甸甸的,两个平常的字承载了天地间万物的重量;第三个例子是"渡头馀落日,墟里上孤烟"中的"馀"和"上",让香菱回忆起了旅途中见到的情景,用这两句形容再贴切不过了。

(三)诗歌不厌百回改,在修改中提升

林黛玉看香菱对诗歌词语和意境理解得很到位,于是给她布置了写诗的作业:写月亮,限用"十四寒"的韵。

香菱苦思冥想,茶饭不思,用薛宝钗的话说,是"呆了",终于写出了一首七律:

> 月挂中天夜色寒,清光皎皎影团团。
> 诗人助兴常思玩,野客添愁不忍观。
> 翡翠楼边悬玉镜,珍珠帘外挂冰盘。
> 良宵何用烧银烛,晴彩辉煌映画栏。

林黛玉看了香菱的处女作,评价道:"意思却有,只是措辞不雅……把这首丢开,只管放开胆子去作。"所谓"意思却有",说香菱的诗没有跑题;所谓"措辞不雅",是写月亮的词句都是陈词滥调,如玉镜、冰盘等,都是常见的指代月亮的常用词,没有新意。香菱的这首诗,不吝笔墨写月亮的形态、光亮,笼统地写人们看月的普遍心理,缺乏个性化的表达。尽管如此,这首稚嫩、粗浅的诗,是香菱诗歌之旅的一大步:从不会写诗到细细品读、冥思苦想写出诗句,这在创作上是一个了不起的突破;从一个供人驱使没有尊严和自由的侍妾到一个沉醉于文学世界的读书人和创作者,这是身份的变化、思想的觉醒和灵魂的升华。

香菱又开始了自己第二轮的创作,这一回她更加投入,"越性连房也不入,只在池边树下,或坐在山石上出神,或蹲在地下抠土",完全不顾别人的眼

光。她皱一回眉,又自己含笑一回,完全沉浸在自己的世界里。薛宝钗的评价是"疯了"。香菱的第二首咏月诗如下:

> 非银非水映窗寒,试看晴空护玉盘。
> 淡淡梅花香欲染,丝丝柳带露初干。
> 只疑残粉涂金砌,恍若轻霜抹玉栏。
> 梦醒西楼人迹绝,馀容犹可隔帘看。

对于这首诗,林黛玉评价"过于穿凿了",薛宝钗的评价是"不像吟月了,月字底下添一个'色'字倒还使得,你看句句倒是月色"。不可否认的是,香菱的这首诗比之前有了很大的进步,有诸多可圈可点之处:首联写月的质地,是"非银非水";颔联写月下的梅柳,梅香染月,柳露初干,意境唯美朦胧,且运用了烘托修辞手法;颈联写月光的颜色,运用了比喻、拟人、虚实结合的修辞手法,调动视觉、嗅觉等感官;尾联中有了人的动作和情感,观察描写的角度也更加丰富。

香菱继续苦思冥想,挖心搜胆,耳不旁听,目不别视,用薛宝钗的话说,俨然成了"诗魔"。功夫不负有心人,香菱在梦中得了八句:

> 精华欲掩料应难,影自娟娟魄自寒。
> 一片砧敲千里白,半轮鸡唱五更残。
> 绿蓑江上秋闻笛,红袖楼头夜倚栏。
> 博得嫦娥应借问,缘何不使永团圆!

众人看了这首诗,都说:"这首不但好,而且新巧有意趣。"第三首诗最大的优点是"诗中有我",作者真切的感受洋溢在字里行间。香菱幼时被拐,孤身一人在薛家当侍妾,心中的孤苦可想而知,这首诗既是写月,也是写香菱自己:"精华欲掩料应难",她就像安静美丽的月亮,坎坷的命运、卑贱的地位,都掩盖不了她的才华和对美好事物的向往;"影自娟娟魄自寒",她的身影娟秀而孤单,心中有难以言说的孤苦之感;"一片砧敲千里白,半轮鸡唱五更残",化用了李白《子夜吴歌》中的句子"长安一片月,万户捣衣声",月光之下,阵阵捣衣声表达着远方亲人的挂念,拂晓时分,在雄鸡报晓的声音里,又送走了一个无眠之夜;"绿蓑江上秋闻笛,红袖楼头夜倚栏",月下传来凄凉哀婉的笛声,又牵扯出无限的愁思,孤单的女子走上楼头远眺,心中藏着万千心事;"博得嫦娥应借问,缘何不使永团圆!"对月长叹,为什么造化弄人,自己孑然一身,不能和自己的父母团圆?这首诗借景抒情、巧妙化用,将香菱的悲苦身世、所思所想以凝练优美的语言表现出来,达到了"诗中有我,诗如其人"的艺术境界。

三、学诗启示

香菱学诗，给了我们很多启示。

（一）香菱学诗的过程体现了学问之道

香菱学诗的过程，从开始"独上高楼，望尽天涯路"的博览，到"衣带渐宽终不悔，为伊消得人憔悴"的求索，再到最后"蓦然回首，那人却在，灯火阑珊处"的顿悟，艺术地揭示了人们学习、探索的普遍规律。第五十回，大观园的女子们在芦雪广赏雪、联诗，香菱是唯一一个参与联诗的侍妾，她吟成两句："匝地惜琼瑶，有意荣枯草。"这与她之前熟读名家诗作、苦心学诗是分不开的。

（二）体现了作者的诗学主张

林黛玉告诉香菱，不能以词害意，不要拘泥于诗的条条框框，放手大胆地去创作。正如清初游艺编《诗法入门》中所言："诗不可滞于法，而亦不能废于法。……法乎法而不废于法，法乎法而不滞于法，透彻玲珑，总无辙迹，所谓空中之音、相中之色、水中之月、镜中之花，是耶非耶？得是意者，乃可与之读诗法。"就是"法寓于无法之中"，"至法无法"。就是最死板的八股文，也讲究"文无定体，在其人之自得何如耳"，诗歌创作形式为内容服务，而不是以形式束缚内容。

（三）丰富了人物形象，刷新了读者的耳目

香菱本是侍妾，侍奉庸俗不堪的薛蟠，就是这样不幸的女孩子，没有沉沦于世俗琐碎，心中一直怀有诗歌梦想，怀有对美好事物的憧憬和向往。正因如此，和其他丫鬟相比，香菱除了美貌，更有一种浓郁的书香气息，这个命运坎坷的女子既让人心疼，又让人敬佩。怜香惜玉的贾宝玉看到香菱苦苦吟诗，感叹"人杰地灵""天地至公"。脂砚斋对此有精辟的分析："细想香菱之为人也，根基不让迎探，容貌不让凤秦，端雅不让纨钗，风流不让湘黛，贤惠不让袭平，所惜者幼年罹祸，命运乖蹇，致为侧室。且曾读书，不能与林湘辈并驰于海棠之社耳。然此一人岂可不入园哉？故欲令入园，终无可入之隙，筹划再四，欲令入园必呆兄远行后方可。"

本回还展示了林黛玉形象的"另一面"。在指导香菱学诗的过程中，多愁善感、哭哭啼啼的林妹妹不见了，一个热情大方、自信坦诚的林黛玉跃然纸上。林黛玉饱读诗书，循循善诱，讲究方法，热情鼓励，给了香菱以卓有成效的帮助，圆了香菱的"诗歌梦"。

与林黛玉的热情不同，一向会做人的薛宝钗对香菱学诗的态度很耐人寻

味。当香菱提出向薛宝钗学诗的请求后,薛宝钗先是拒绝,接着开始嘲笑香菱"呆了""疯了""诗魔",没给香菱切实的帮助。究其原因,是薛宝钗的三观所致,也在于她在香菱面前的"身份优势"。

中国是诗的国度,《红楼梦》是诗化小说,展现了很多诗情画意的生活图景。"香菱学诗"为小说的诗意加上了浓墨重彩的一笔。

考题回放

香菱学诗成功的原因是什么?

解题指导

此题考查对文章内容的理解。香菱初学写诗就写出了那样的好诗,绝非偶然。

其一,学诗成功由于她"苦志学诗,精血诚聚",意思是她把全副精力都用在写诗上,执着地追求自己的目标,这是她取得成功的主要原因。但除此之外,还有一些不可忽视的因素。

其二,香菱有良好的资质。香菱出身于书香门第,被拐后接受了琴棋书画训练,有一定的文学功底。入园前尽管家务繁忙,却能忙中偷空儿读几首诗,这证明她不是一个"俗人";入园后听林黛玉讲诗,她的反应极快,如林黛玉谈到"有了奇句,连平仄虚实不对都使得的",她立即悟出"格调规矩竟是末事,只要词句新奇为上",这又证明她的感悟能力非同寻常。

其三,有好的引路人。无论林黛玉还是众人,对香菱的指导都用点拨的方式,三言两语点出要害,使香菱知所取舍,逐步领悟诗中三昧。

其四,大观园是个美好的地方。跟园外黑暗、污浊的环境形成强烈的对比,香菱来到这里,仿佛到了另一个世界,特别是贾宝玉、贾探春等人对她的鼓励和赞扬,更使她感受到人间的温暖。她得到了精神上的解放,聪明才智终于显露了出来。正如贾宝玉所说,"这正是'地灵人杰',老天生人再不虚赋情性的"。

答案示例

① 专心致志,废寝忘食,苦志学诗,精血诚聚。

② 自身有良好的资质、较高的领悟力。

③ 有林黛玉这样的好老师指点。

④ 与大观园这个优雅、美好、自由的环境分不开。环境造就人,在这里香菱精神得到了解放,聪明才智得以显露出来。

年：除夕祭祀彰气派　元宵夜宴显品位
——第五十三回《宁国府除夕祭宗祠　荣国府元宵开夜宴》导读

第五十三回的回目是《宁国府除夕祭宗祠　荣国府元宵开夜宴》，这一回主要记述贾府春节前后的仪式和习俗。无论是除夕祭祀，还是欢庆元宵，都可以归为"年俗"。这一回如果提炼一个关键字，那就是"年"。

《红楼梦》对春节的描写只有本回这一次。春节是中国人心目中最隆重的节日。"小孩小孩你别馋，过了腊八就是年。"从腊月初开始，贾府就开始了轰轰烈烈的忙年行动。这一回开头写晴雯带病补雀金裘，力尽神危，经大夫调治，加上贾宝玉的悉心照顾，渐渐好起来；袭人送母殡回来，常常思母含悲；王子腾升了九省都检点；贾雨村补授了大司马，协理军机参赞朝政。

戚序本这一回的总评说，除夕祭宗祠一题极博大。

一、除夕祭祖庄严肃穆，礼节繁复

因为宁国公居长，贾珍是族长，祭祀活动主要在宁国府举行。这一回作者写得忙而不乱。贾珍率人打扫宗祠，悬挂遗真影像；尤氏等女眷准备压岁钱和赏钱。贾蓉奉贾珍之命去光禄寺领春祭的赏钱，这些赏钱数量不多，关键是一种荣耀。装春祭的黄布口袋上印有"皇恩永锡"四个大字，小字写有"宁国公贾演荣国公贾源恩赐永远春祭赏共二分（份）"等字样，这是朝廷对贾府军功的铭记和奖赏。

重头戏是庄头乌进孝来送年租。乌进孝送的年租可谓五花八门，山珍海味、日常用品应有尽有，另有两千五百两的白银。在贾珍和乌进孝的对话中，我们可以体会到民间百姓的艰难。乌进孝等人冒着大雪，踏着泥泞，走了一个月零两天，才赶到贾府。旱涝、冰雹等灾害使粮食大为减产。贾珍说这点儿收入，自己没法过了，又说到荣国府的入不敷出，所谓皇亲国戚，不过是外头体面里面苦。

书中详尽地记录了乌进孝交年租的明细。可能有人觉得这样详细的展示似乎没太大必要，无非是表现贾府生活的奢靡。其实细想，还有另外的深意，那就是与前后众多的情节照应，可谓文笔如针，绵密细腻，笔笔不乱。第六十二回："小燕接着揭开，里面是一碗虾丸鸡皮汤，又是一碗酒酿清蒸鸭子，一碟腌的胭脂鹅脯，还有一碟四个奶油松瓤卷酥，并一大碗热腾腾碧莹莹蒸的绿畦香稻粳米饭。"这些美食中用的鸡鸭鹅和著名的"茄鲞"中用的鸡，应该出自乌进孝送来的活鸡鸭鹅等家禽二百只，奶油松穰卷酥取材于乌进孝送来的"榛、松、桃、杏穰各二口袋"，绿畦香稻粳米饭出自乌进孝送的各色稻米。芦雪广贾府的女眷和贾宝玉踏雪赏梅,史湘云和贾宝玉商量着烤鹿肉,或来自乌进孝进献的"大鹿三十只"。第二十六回,贾兰拿着个弓箭射鹿,这只鹿应该来自乌进孝送给小主人的玩物"活鹿两对"。还有王熙凤请李嬷嬷吃滚烫的野鸡,给赵嬷嬷炖的火腿肘子,都可以在乌进孝的明细单上找到对应的食材。

二、分年货也是年祭前的重要一环

人道所先,在乎敦睦九族。贾珍留下年租中自己用的和祭祖的部分,其他的分成若干份,分给族中无进益的子侄们。特别提到了管和尚道士的贾芹,没等贾珍通知,就急急地来领年例,被贾珍一顿训斥,批评他在家庙里胡作非为。贾芹的行为固然让人不齿,但贾珍也并非行得正,坐得直。其身不正,虽令不从,贾珍自身劣迹斑斑,训斥起子侄来却正气凛然,其道貌岸然不禁令人失笑。可见贾府的腐败堕落早已上行下效。

贾府的祭祖大戏隆重开场。戚序本批注如下:"拟此二题于一回中,早令人惊心动魄。不知措手处,乃作者偏就宝琴眼中款款叙来。首叙院宇匾对,次叙抱厦匾对,后叙正堂匾对,字字古艳。槛以外,槛以内,是男女分界处;仪门以外,仪门以内,是主仆分界处。献帛献爵择其人,应昭应穆从其讳,是一篇绝大典制。文字最高妙是神主看不真切,一句最苦心是用贾蓉为槛边传蔬人,用贾芷等为仪门传蔬人,体贴入微。噫!文心至此,脉绝血枯矣。"

这一回中,作者借第一次参加祭祀的薛宝琴之目来展现祭祀的场景,通过牌匾等渲染庄严肃穆的气氛和贾府的尊贵荣耀。"贾氏宗祠"四字和旁边的对联都是孔子的后人衍圣公所写,抱厦上的九龙金匾"星辉辅弼"是先皇御笔,这些都彰显着贾府曾经的荣耀。看起来隆重盛大的祭祀,却暴露出贾府后继乏人的现状。整部《红楼梦》,宁荣二府没有新生儿,现有的子孙,用冷子兴的话说,是"一代不如一代"。贾荇、贾芷这样名不见经传的人物,都成了传菜人。这次祭祖的主祭是一直在外修道的贾敬。贾敬回家来过年,也只是敷衍了事。第六十三回,阴历四月贾宝玉刚过完生日,贾敬因为服丹药而死,这是他在贾府过的最后一个春节。在宁国府祭祀完毕,贾母坐轿从大门回到荣国府,这是荣国府为数不多的打开大门的时刻。贾母回荣国府接见老妯娌们,接受晚辈和下人们拜年行礼,分发压岁钱,举行除夕的合欢宴——屠苏酒、合欢汤、吉祥果、如意糕。喝屠苏酒是古代在春节流传下来的习俗,上至帝王官宦,下达黎民百姓,无不遵循。人们相信新年伊始饮用屠苏酒可以避免瘟疫和疾病的侵扰,求得健康长寿。饮酒的顺序通常是从年少的小儿开始,年纪较长的在后,逐人饮少许,这与平时先敬长者的礼数不同,这种特

三、元宵开夜宴极其富丽

戚序本对本回的批注曰:"前半整饬,后半疏落,浓淡相间。宗祠在宁国府,开宴在荣国府,分叙不犯手,是作者胸有成竹处。"对于除夕的团圆饭和之后几天的庆祝活动,作者简略带过。按民间的说法,"没出正月都是年",元宵节是新春佳节的延续。贾母的元宵夜宴是作者详写之处,但这种详写又有独特之处,以渲染、对比的方式来体现夜宴的奢华。戚序(蒙府)总批:"叙元宵一宴,却不叙酒,何以青菜?何以馨客?何以盛令?何以行先?于香茗古玩上渲染,几榻座次上铺陈,隐隐为下回张本,有无限含蓄,超迈獭祭者百倍。"作者先简略交代贾赦的元宵夜宴,"自然是笙歌聒耳,锦绣盈眸",庆祝方式一如既往地庸俗热闹。而贾母的夜宴则雅致很多。每一席的几案焚着御赐百合宫香,点缀着小盆景,茶盘里放着上等茗茶,最名贵的是紫檀透雕、嵌着大红纱透绣花卉并草字诗词的璎珞,这就是名动天下的"慧纹"。"慧纹"的刺绣者是苏州才女慧娘,她出身书香官宦人家,工于书画,刺绣技艺精湛,但并非以此谋生,只是爱好,又加上慧娘十八岁就夭亡,因此天下拥有"慧纹"者甚少。贾府只有两三件,上年已经把那两件献给了皇上,只剩下一件璎珞,贾母视如珍宝,留着自己赏玩。元宵佳节,这件宝物又惊艳亮相。根据原文描写,我们看出"慧纹"有如下特点:一是图案高雅,慧娘精通书画,屏上所绣花卉,都是仿前代名家的折枝花卉,格式配色雅致,花枝侧配有诗词名句,使之更有文化品位;二是笔迹飘逸灵动,书写的笔画与真迹无异,如同名家挥毫泼墨创作的草书一般,真切传神;三是物以稀为贵,慧娘只是偶尔绣一两件作为消遣,即使是世宦豪富之家,无此物者甚多,贾府将其他两件进献给皇帝,目前只剩下一件。一干翰墨文魔先生们,深惜"慧绣"之佳,觉得"慧绣"的"绣"字不能尽其妙,于是改为"慧纹"。

本回除了浓墨重彩介绍"慧纹"外,还介绍了元宵节的华灯,重点是大梁上挂着的联三聚五玻璃芙蓉彩穗灯、荷叶灯和各色材料制成的灯,极力渲染夜宴之奢华。作者还介绍了夜宴的主人和宾客。贾母歪在榻上看戏,让丫鬟琥珀给她捶腿,只有薛宝琴、史湘云、林黛玉、贾宝玉等四人陪着坐着,其余的人都坐在贾母席的下手。贾母也去请族中的其他人,来的人很少。不来的原因各不相同:有的年迈懒于热闹,有家里没人不便来,有因病不能前来,有妒富愧贫不来的,有对王熙凤有意见不来的,有不愿出头露面的,所以族中之人来的很少。写荣国府的元宵节用了一回多的篇幅,除夜宴之外,还有看戏赏钱、吃元宵、听自家戏班子的笙箫演唱、听听女先儿说书、击鼓传花、放烟花等丰富多彩的活动。详写的一是贾母痛批说书内容的荒诞不经和陈腐旧套，二是击鼓传花讲笑话的环节。贾母先讲了喝猴尿的小妯娌伶牙俐齿的故事，在场的人心照不宣地大笑。接着王熙凤讲"一家人吃团圆饭"和"聋子放炮仗"的笑话，赢得了满堂彩。王熙凤两个笑话的结尾，第一个是"吃了一夜酒散了"，第二个是"聋子放炮仗——散了"，元宵佳节以"散"来结尾，也暗含不祥的意味。从第五十五回开始，贾府颓势更加明显。

《红楼梦》除了第五十三、第五十四回外，还有另外的三次写到元宵节。第一次是开篇第一回，元宵节甄士隐家的仆人霍起带着甄英莲看灯，因为一时疏忽，致使甄英莲被人贩子拐走。甄英莲一生命运坎坷，最后难产而死。甄家先是丢了唯一的女儿，接着遭遇一场大火，殷实的乡绅之家瞬间落魄不堪，这就是《红楼梦》中甄家的"小荣枯"，预示着贾府的"大荣枯"。此前半年，一僧一道在街上看到甄士隐抱着甄英莲，说甄英莲是"有命无运、累及爹娘之物"，想让甄英莲出家。甄士隐自然舍不得自己的宝贝女儿出家，癞头和尚于是念了一首诗："惯养娇生笑你痴，菱花空对雪澌澌。好防佳节元宵后，便是烟消火灭时。"这首诗预示了甄英莲和甄家的悲剧命运。

第二次写元宵节是第十七回至第十八回贾元春省亲，这是贾府最隆重、最奢华的一个元宵节。整个大观园灯月交辉，细乐声喧，说不尽的太平气象，富贵风流，真是"烈火烹油、鲜花着锦"。大喜中蕴藏着大悲。贾元春见到家人，几度垂泪，仅仅待了几个小时，就含悲回宫。第九十六回，元妃薨逝，全家悲戚，再加上贾宝玉丢失"通灵宝玉"，一日呆似一日，贾政自己也叹气道："家道该衰！"此时，贾府已经大厦将倾，摇摇欲坠。"且说贾政那日拜客回来，众人因为灯节底下，恐怕贾政生气，已过去的事了，便也都不肯回。只因元妃的事忙碌了好些时，近日宝玉又病着，虽有旧例家宴，大家无兴，也无有可记之事。"这一个凄凉的元宵节被作者一笔带过。

四个元宵节，分别展示了贾府的"小荣枯"、省亲中兴、最后的狂欢和败落，连缀起贾府的盛衰荣辱。

考题回放

下列有关《红楼梦》的说明，表述有误的一项是（　　　）

A.《红楼梦》中，王夫人为丫鬟金钏投井一事而自悔，独在屋中垂泪，宝钗见状连忙劝慰她，并拿出自己新做的两套衣服给金钏做装裹用。

B. 临近年底，贾珍开了宗祠准备祭祀，让贾蓉去领皇上春祭的恩赏，说哪怕用一万两银子供祖宗，也不如这个有体面。说明贾家奢华无比，并不在意这点儿银子，只因是皇上的恩赏，才更觉体面。

C. 邢夫人禀性愚犟,只知顺承贾赦以自保,次则贪婪财货为自得。家里一应大小事务,俱由贾赦摆布。凡出入银钱事务,一经她手,便克啬异常。

D. 宝玉无人时问紫鹃为什么唬他。紫鹃解释并提起老太太要定下宝琴的事。宝玉说她傻,说自己只愿死了,把心挖出来她们瞧见了,然后化灰,化烟,被大风吹散了才好。

解题指导

B项中贾珍说的是场面话,实则已入不敷出,皇上的赏银对衰落的贾家实则非常重要。

答案示例 B

敏:倚云红杏敏而秀 风雅玫瑰玲珑心
——第五十六回《敏探春兴利除宿弊 时宝钗小惠全大体》导读

她是日边一棵熠熠生辉的红杏,热烈,明媚;她是昆仑瑶池边一朵美丽的仙葩,清雅,脱俗;她是贾府一枝明艳动人的玫瑰花,美丽而又有锋芒;她是天际一只渐飞渐远的风筝,孤独,决绝。她的判词是:"才自精明志自高,生于末世运偏消。清明涕送江边望,千里东风一梦遥。"她是《金陵十二钗》正册中的贾探春。《红楼梦》第五十六回《敏探春兴利除宿弊 时宝钗小惠全大体》中,贾探春展露出非同一般的治家才能,回目中的一个"敏"字,既是作者对贾探春的高度评价,也恰如其分地概括了贾探春的形象特点。

一、才思敏捷,敏而好学

第三回林黛玉初到贾府,贾母命三个孙女今天不必上学,都来见远道而来的贵客——林黛玉。通过林黛玉的眼睛,我们看到"贾府三春"——贾迎春、贾探春、贾惜春都是一样的装饰,贾探春"俊眼修眉,顾盼神飞,文彩(采)精华,见之忘俗",相对于贾迎春的"温柔沉默,观之可亲",贾探春一出场,就自带光芒。她身上的光彩,来自她的文采,正所谓"腹有诗书气自华"。

大观园女儿中,贾探春的才华是非常突出的。贾探春的写诗水平屈居薛宝钗和林黛玉之后,但她对诗歌的热情在大观园里是首屈一指的。第三十七回,她首倡成立诗社,想一展莲社之雄才,兴起东山之雅会。她给贾宝玉写的信,辞藻优美,贯古通今,文采斐然。贾宝玉看了贾探春的建议,不觉喜得拍

手笑道:"倒是三妹妹的高雅……"在海棠社活动中,她写的《咏白海棠限门盆魂痕昏》诗中的"玉是精神难比洁,雪为肌骨易销魂",对仗工稳,恰到好处地表现了白海棠的神韵。在菊花社活动中,贾探春一口气写了《簪菊》和《残菊》两首诗,最后李纨评价,认为《簪菊》仅次于林黛玉的《咏菊》《问菊》《菊梦》。薛宝钗也赞扬贾探春的《簪菊》中的"短鬓冷沾"和"葛巾香染"两句"把簪菊形容的(得)一个缝儿也没了"。在五十回,大观园的众姊妹赏雪联诗,贾探春亦是积极参与者。她擅长书法,第十七回至第十八回,贾元春省亲,命贾宝玉和众姊妹写诗,写完之后,又令贾探春另以彩笺誊录一共十数首诗。可见,贾探春的书法早就得到了大家的认可。贾探春尤其喜欢颜真卿的书法。第四十回,贾母带领刘姥姥畅游大观园,来到她的居处秋爽斋,看到"当地放着一张花梨大理石大案,案上磊(垒)着各种名人法帖,并数十方宝砚,各色笔筒,笔海内插的笔如树林一般……西墙上当中挂着一大幅米襄阳《烟雨图》,左右挂着一副对联,乃是颜鲁公墨迹……"从这段描写中,我们看出贾探春爱好书法,并且习之不辍,颇有造诣。第三十七回,贾探春给贾宝玉写了封信提议成立一个诗社,说到自己生病了,贾宝玉亲自去探病,后来又多次派丫鬟去问候,并且送了新鲜的荔枝和颜真卿的墨迹。贾宝玉是一个非常细心的人,他给贾探春的荔枝还要配上玛瑙盘子,送颜真卿的墨迹也是投其所好。

二、目光敏锐,明察秋毫

贾探春被称为"大观园里的改革家",第五十五回至第五十六回,王熙凤因小产休养,贾探春和李纨、薛宝钗奉王夫人之命暂时管家。管家就要和贾府的管家媳妇打交道,正如王熙凤协理宁国府后对丈夫贾琏所言:"你是知道的,咱们家所有的这些管家奶奶们,那(哪)一位是好缠的?错一点儿他们就笑话打趣,偏一点儿他们就指桑说槐的抱怨。'坐山观虎斗','借剑杀人','引风吹火','站干岸儿','推倒油瓶不扶',都是全挂子的武艺。"刚上任,管家娘子吴新登媳妇便报告说,贾探春生母赵姨娘的兄弟赵国基死了,要支取丧葬的赏银。吴新登媳妇说完就垂手而立,再不言语,"站干岸儿""推倒油瓶不扶",吴新登媳妇为首的管家娘子故伎重演,冷眼旁观新上任的当家人怎么处理。贾探春先问李纨,李纨按袭人母亲的标准赏四十两银子。吴新登媳妇刚领命要走,贾探春敏锐地发现其中的蹊跷,问吴新登媳妇之前的规矩,吴新登媳妇推说忘了。贾探春笑道:"你办事办老了的,还记不得,倒来难我们。你素日回你二奶奶也现查去?若有这道理,凤姐姐还不算利害,也就算是宽厚了!还不快找了来我瞧。再迟一日,不说你们粗心,反像我们没主意了!"一席话,说得吴新登媳妇满面通红,忙转身出来,取了旧账给贾探春看。贾探春根据旧例,批给赵国基二十两银子的丧葬费。面对见风使舵、精明圆滑的管家娘子,初出茅庐的贾探春头脑清晰,不动声色地给了她们一个"下马威",为之后的管理扫清了障碍。

贾探春还敏锐地发现荣国府和大观园长期以来形成的弊端——重复领取费用,如贾宝玉、贾环都有自己的月钱,每年还要支取上学杂费——八两银子。姑娘们每月二两银子,还有二两银子的头油脂粉钱,而买办们用这些钱买的头油脂粉品质低劣,根本不能用。贾探春和李纨、薛宝钗商量后,废除了这两项费用。如果说废除这两项是"节流"的话,那么"承包大观园"则是"开源"。贾探春是个有心人,她到赖大家做客,从和赖家女儿的闲谈中得知赖大家的院子承包给嬷嬷们,每年可以有二百两银子的收入。贾探春深受启发,决定将大观园承包给园里的嬷嬷们,出产的东西可以满足一部分生活需要,大大地节省了支出。承包的婆子们见有利可图,无不欢欣鼓舞。薛宝钗又提醒平衡没参与承包的嬷嬷的利益,改革方案得到了大家的拥护。第七十四回抄检大观园,贾探春对贾府这个百年望族的未来充满了忧虑,她说像贾府这样的大族人家,若从外头杀来,一时是杀不死的,从家里自杀自灭起来,就会一败涂地。贾探春小小年纪,就通过甄家被抄的教训,看到贾府这样自杀自灭的严重后果,充分显示了她目光敏锐,见识超群。

三、行动敏捷,雷厉风行

贾探春是一个敢说敢干的人,该出手时就出手,当仁不让。如在本回中,代王熙凤理家的三个人中,贾探春是最用心、最有责任感的一个。她提出了一系列的改革措施,其出发点是为日渐衰败的贾府开源节流。贾探春的亲生母亲赵姨娘,经常无事生非。贾探春刚上任,赵姨娘的兄弟也就是贾探春的亲舅舅死了,按旧例可以得到赏银。李纨认为不是什么大事,根据袭人母亲的旧例,说赏四十两银子,前来汇报的吴新登媳妇明知不合理也不说话。贾探春根据贾府的旧例,认为应该赏二十两。赵姨娘听说以后,气势汹汹地来找贾探春算账。贾探春有理有节地给赵姨娘解释,最终赵姨娘无话可说。贾探春此举,显示了她办事坚持原则,不徇私情,让那些想看热闹的管家媳妇们再不敢轻举妄动。第四十六回,年老好色的贾赦想纳贾母最得力的丫鬟鸳鸯为妾,贾母得知后,气得浑身乱战,正好王夫人在身旁,就朝着王夫人发火:"你们原来都是哄我的!外头孝敬,暗地里盘算我。有好东西也来要,有好人也要,剩了这么个毛丫头,见我待他(她)好了,你们自然气不过,弄开了他(她),好摆弄我!"面对盛怒的贾母,王夫人连忙站起来,不敢说一句话;在场的薛姨妈和王熙凤因为是王夫人的亲戚,也不好劝贾母;李纨一看形势不好,早就带着姑娘们离开了。这时贾探春走了进来,赔笑向贾母说:"这事与太太什么相干?老太太想一想,也有大伯子要收屋里的人,小婶子如何知道?便知道,也推不知道。"还未说完,贾母就检讨自己老糊涂了,错怪了王夫人,并责怪贾宝玉和王熙凤不提醒自己,让极孝顺的王夫人受委屈。贾探春在这样的形势下敢于直言,并且言之有理,需要很大的勇气和智慧。君不见,林黛玉初到贾府,上下人等在贾母面前个个敛声屏气,恭肃严整,当时还只是迎接远道而来的林黛玉,气氛远没有现在这么紧张。山雨欲来风满楼,只有贾探春一个人考虑到他人不便出头,勇敢地站了出来,为王夫人主持公道,消除了贾母的怒气,赢得了王夫人的好感。后来王夫人委托她作为临时管家人之一,与这次危险中救王夫人的驾不无关系。贾宝玉担心贾政检查功课,临阵抱佛脚,彻夜不眠,正好一个小丫鬟说有人从墙上跳下来。晴雯灵机一动有了主意,到处说贾宝玉被园子里夜晚跳墙的人吓病了,还派人去找安魂丸药,闹了一夜。贾母也知道了消息,此事原来是大观园里婆子们晚上聚赌导致的。贾母很生气,众人噤若寒蝉,还是贾探春上前,陈述了大观园里婆子们赌钱的情况,于是查到了几个坐庄的婆子,打了四十大板,撵出去终身不用。贾迎春的乳母参与赌博,将贾迎春的首饰累金凤当掉换取赌资,贾迎春懦弱,不敢索要,丫鬟绣桔据理力争,乳母之媳王住儿媳妇气焰嚣张。恰逢贾探春等人到贾迎春处,贾探春出言弹压,借助平儿的力量,平息了这场纠纷。

第七十四回抄检大观园中,贾探春的表现更是令人钦佩。贾探春早就得到了消息,"猜着必有缘故,所以引出这等丑态来,遂命众丫鬟秉烛开门而待"。当王熙凤说丢了一件要紧的东西,想要访察洗净众人的嫌疑时,贾探春显示出她的担当:"我们的丫头,自然都是些贼,我就是头一个窝主。"在这之前,抄检小分队已经去了怡红院和潇湘馆,主人贾宝玉和林黛玉并没有阻止,王善保家的率领众人尽数搜检了两处丫鬟们的箱子。贾探春主动出击,命丫头们打开了自己的箱柜,王熙凤赔笑表示自己只是奉命行事,请贾探春不要生气。不知深浅的王善保家的上前拉起贾探春的衣襟,故意一掀,嘻嘻笑道:"连姑娘身上我都翻了,果然没有什么。"一语未了,贾探春一记耳光早落到王善保家的脸上,见王善保家的嘟嘟囔囔不服气,贾探春喝命丫鬟去痛斥王善保家的,众人不敢轻举妄动。王熙凤直待服侍贾探春睡下才离开。试想一下,如果抄检小分队来到秋爽斋翻检丫鬟们的衣柜箱子,贾探春无动于衷,事不关己高高挂起;当王善保家的上来掀贾探春的衣襟,贾探春忍气吞声或者委屈痛哭,事后再诉苦,那"玫瑰花"真是浪得虚名,贾探春在读者心目中的形象会大打折扣。偌大的大观园,也只有贾探春能以主人的姿态,在抄检的过程中占据主场,让王熙凤等人甘拜下风。

四、内心敏感,自强不息

贾探春是庶出,在封建宗法制度下,这是她心中与生俱来的痛,给她带来深深的自卑感。再加上生母赵姨娘经常生事,甚至与几个小戏子打架;兄弟贾环生性猥琐无赖,被人看不起;父亲贾政对她也没有过多的关注;相对于大观园的其他人,贾探春人生之初可谓抓到了"一手烂牌"。但是她没有自暴自弃,努力提升自己,刻苦练习书法,书法水平在贾府小有名气;她提议建立诗社,自己写的诗也可圈可点;她胸襟开阔,居所秋爽斋格局阔朗,器物大方,院内种着芭蕉和梧桐,笔名"蕉下客",完全没有女儿的香艳脂粉之气。她凭借自身的努力,赢得了大家的尊重。在大观园的诸多活动中,总少不了她的身影。第七十六回,贾母率众人中秋赏月,夜深人倦,姊妹中只有贾探春一直陪到最后,贾母感叹"三丫头可怜见的",贾探春的懂事孝顺可见一斑;第四十回,贾母领着刘姥姥及其外甥板儿游览大观园,来到贾探春屋子里,调皮的板儿想要佛手吃,贾探春拣了一个给他并嘱咐:"玩罢,吃不得的。"一个温和热情、善解人意的大姐姐形象跃然纸上。

庶出的身份是贾探春的隐痛,所以她自律自尊,伶俐要强,对于冒犯自己的人,毫不手软。贾迎春被奶妈及其儿媳王住儿媳妇欺负,贾探春"物伤其类,齿竭唇亡",严厉斥责不懂规矩的王住儿媳妇。赵姨娘因为兄弟赵国基死后的赏银事件大闹,贾探春悲愤陈词:"我但凡是个男人,可以出得去,我必早走了,立一番事业,那时自有我一番道理……"贾探春虽为女儿身,却怀有男儿志。她住处的阔朗,显示出其开阔的胸襟;她喜欢的颜真卿书法,亦是雄浑壮美,端庄大气。第六十三回,大观园女儿为贾宝玉庆生,席间玩掣花签的游戏,贾探春的题字是"瑶池仙品",题诗是"日边红杏倚云载",花签上注明:"得此签者,必得贵婿。"第二十二回,贾探春作了首灯谜:"阶下儿童仰面时,清明妆点最堪宜。游丝一断浑无力,莫向东风怨别离。"此处脂砚斋批注:"此探春远适之谶也。"贾探春所制的灯谜也预示了其远嫁的结局。第七十回,贾探春和众姊妹在大观园放风筝,她的凤凰风筝与另一个凤凰风筝缠在一起,最后被一个双喜字风筝裹挟着一起飞走,这个情节也暗示了她远嫁的命运。贾探春远嫁海疆,虽说远离了亲人,但比起"金陵十二钗"其他人的结局,已经属于"上上签"。第一一九回,贾探春出嫁几年后回贾府省亲,大家看她"出跳(挑)得比先前更好了,服采鲜明"。随后三姑爷也来贾府拜见众人。可见,贾探春婚后的生活很是美满,丈夫很尊重她。得知贾宝玉出了科场不知所终,贾探春夫妇住在贾府劝解,等待贾宝玉的消息。最感人的是林黛玉临终之时,贾府上下忙着给贾宝玉娶亲,紫鹃去请李纨,可巧贾探春来了,她和李纨守在林黛玉身边,送林黛玉最后一程。贾探春当时还是个未出阁的姑娘,不顾忌讳和李纨一起料理林黛玉的后事,可见她重情重义,令人敬服。

五、敏于审美,格调高雅

第二十七回,贾探春拿出自己攒的私房钱,委托贾宝玉给自己买点儿外面的小玩意,她这样跟贾宝玉说:"怎么像你上回买的那柳枝儿编的小篮子,整竹子根抠的香盒儿,胶泥垛的风炉儿,这就好了。我喜欢的什么似的……""你拣那朴而不俗、直而不拙者,这些东西,你多多的(地)替我带了来。"贾探春喜欢这些充满着质朴之美的民间艺术品,显示出她不同流俗的高雅品位。她的居所摆设也很雅致:"斗大的一个汝窑花囊,插着满满的一囊水晶球儿的白菊""紫檀架上放着一个大观窑的大盘,盘内盛着数十个娇黄玲珑大佛手。右边洋漆架上悬着一个白玉比目磬,旁边挂着个小锤""拔步床上悬着葱绿双绣花卉草虫的纱帐",这些摆设,显示了贾探春崇尚朴素天然,尤其喜欢富有山野气息的器物和图案。

六、贾探春与王熙凤的不同之处

贾探春和王熙凤两人都做过荣国府的当家人,两人都精明强干,杀伐决断,也有不同之处。

(一)两人成长的家庭背景不同

贾探春生于诗书簪缨的百年望族贾府,自小由贾母教养,平时三春姐妹一起上学读书。林黛玉初到贾府,贾母命三春姐妹今天不用上学了,可见贾母对三春姐妹的教育还是很用心的。从后面的情节看,三春姐妹不仅识文断字,还能写诗作词,而且各有特长,贾迎春善于下棋,贾探春擅长书法,贾惜春善于画画。贾探春在三姐妹中文化素养最高,她和薛宝钗探讨朱熹的《不自弃文》,对文中的内容熟稔于心。贾探春知书达理,这和不大认字的王熙凤起点不同,境界不同。王熙凤自幼假充男儿教养,据王熙凤说,王家也预备过一次接驾,她爷爷单管各国进贡的事,外国人来了,都在她家养活。粤、闽、滇、浙所有的洋船货物都是王家的。她的父亲在仕途上乏善可陈,父辈中只有叔叔王子腾权势遮天。王熙凤的家族商业气息比较浓重,书香气息相对淡薄,这从王夫人、薛姨妈身上也能体现出来。据和王熙凤一起长大的贾珍回忆,王熙凤从小说笑着就杀伐决断。她在诗词方面兴趣很有限,志不在此。

(二)两个人的治家理念不同

贾探春理家,讲的是"理",想的是贾府之"利"。她不偏不倚,公平公正,从没有中饱私囊之事。就是对生母赵姨娘,也是秉公处理,绝不徇私舞弊。

她注重制度建设,努力调动被管理者的积极性,平衡各方的关系,使大家受益,使贾府受益。贾探春深知贾府入不敷出的窘境,有长远的眼光,大公无私,注重开源节流。贾探春理家的时间不长,却赢得了王熙凤的赞誉。王熙凤治家,讲的是"一己之利",是为了满足自己的权力欲、物欲。王熙凤面对日益衰败的贾府,得过且过,苟延残喘,她让鸳鸯偷老太太的家当,抵押出银子应对各种花销,拖欠月钱违法放高利贷来赚取利润。

(三)两人的治家策略不同

王熙凤治家,心狠手辣,靠的多是雷霆手段,严酷的处罚令人望而生畏。王熙凤协理宁国府时,一个下人迟到了,为了以儆效尤,王熙凤将这个人打了二十大板,革了一个月的银米,并威胁谁再误了,惩罚加倍。第二十九回,贾母率众去清虚观打醮,一个十二三岁的剪烛花的小道士慌里慌张撞到了王熙凤,王熙凤一扬手,照脸一下,把那小孩子打了一个筋斗,幸亏贾母在场,命令贾珍给他些钱,好好安抚。对小丫头,王熙凤更是毫不手软。第四十四回王熙凤过生日,贾琏趁机在家里和鲍二家媳妇鬼混,派两个小丫鬟望风。王熙凤看出蹊跷,将其中的一个丫头一巴掌打得一栽,又一下,打得两腮紫胀起来,并威胁要用烧红的烙铁来烙嘴,又要用刀子割小丫头的肉,还用簪子往小丫头嘴上乱戳。另一个丫头一看形势不好,赶紧从实招来,也被王熙凤打了一个趔趄。听见贾琏和鲍二家的都赞颂平儿,又回身打了平儿两下子。贾琏偷娶尤二姐东窗事发,王熙凤将跟随贾琏的小厮兴儿召来审问,命令兴儿自己打嘴巴。在王熙凤眼里,对不听话的下人就得暴力统治;对于威胁自己地位的人,务必除之而后快。贾探春显然不是这样的人,当赵姨娘和芳官等人厮打在一处,贾探春赶来,告诉赵姨娘,丫头们不过是些玩意,不要和她们较真,自降身价。唯一一次打王善保家的,也是因为王善保家的仗着自己年纪大,有资历,欺负贾探春是庶出,被贾探春打了一巴掌,纯粹是自取其辱。在承包大观园的人选上,贾探春和薛宝钗反复斟酌,力求发挥所长,人尽其用。赫赫扬扬近百年的贾府积重难返,无论是王熙凤还是贾探春都无力回天。

贾探春是《红楼梦》中最具光彩和正能量的女性形象,她除了具有出色的才能,更有超出一般女子的大志,她的"逆袭"过程,是《红楼梦》众多哀曲里最振奋人心的旋律。

考题回放

【2020届北京市房山区高三二模语文题】

《红楼梦》第五回中,贾宝玉在梦中看到的"金陵十二册正册"中有关于贾探春的歌词:"才自精明志自高,生于末世运偏消。清明涕送江边望,千里东风一梦遥。"

这一歌词与贾探春的哪些主要经历相关?请结合原著简要分析。

解题指导

本题考查识记名著阅读的能力。阅读名著,感知作品内容,了解故事情节的发生、发展、高潮、结局,抓住故事中的矛盾,梳理矛盾解决的过程。人物的性格及主题思想都是在情节的发展演变过程中逐渐展现出来的。回答本题时,先要根据题目的提示在记忆中搜索有关贾探春的情节,答题时既要注意合乎原著的相关内容,又要语言通顺,分点陈述,力求层次清晰。

题中的歌词即贾探春的判词,《红楼梦》中的判词是对人物的命运与结局的总结。题中歌词的前两句写出了贾探春的才华和志向,可惜生不逢时,生活在贾府即将走向衰落的"末世"。"才自精明"是写她精明能干,有心机,善决断。如王熙凤小产,家中事情由李纨、薛宝钗和贾探春管理。赵姨娘的兄弟死了,贾探春按惯例给二十两赏银,赵姨娘不满,贾探春坚持原则,并痛斥赵姨娘"没脸面";平儿说:"如今请姑娘裁夺着,再添些也使得。"遭贾探春拒绝,并把爷儿们每月上学多领的八两银子也一概免了。治理大观园时,贾探春兴利除弊,富有改革精神;抄检大观园时,她无所畏惧,为捍卫自己的尊严打了王善保家的一记耳光,表现出决断果敢的气概。在"敏探春兴利除宿弊"的管理水平以及在"鸳鸯女誓绝鸳鸯偶"中替王夫人解围的情节都展示出她的才能。"志自高"是说她有远大的抱负。小说对她闺房的描写,显示出她的脱俗与高雅。贾探春对贾府面临大厦将倾的危局颇有感触,她想用"兴利除弊"的改革来挽回这个封建大家庭的颓势,具体的办法就是"节流"和"开源",但这只是杯水车薪,无济于事。"清明涕送江边望,千里东风一梦遥",意思是清明节贾探春离家远嫁,她在江边流泪回眸,天长路远,梦魂难度,相隔千里,今后只能在梦中与家人团聚,暗示了贾探春最后远嫁的结局。

答案示例

这一歌词与贾探春的以下主要经历相关:

① 在贾探春的倡议下,大观园中创办了海棠诗社,贾探春写的诗虽然比不过林黛玉和薛宝钗,相比贾迎春、贾惜春而言,也有一定的水平。可见,贾探春出众的才气与远大的志向。

② 贾探春曾和李纨、薛宝钗一起临时管理家事,她不被家仆蒙蔽,明察秋毫,决断力强,并对大观园的管理进行了有益的改革,既增加了收益,又减

少了浪费，可见其才志之高。

③ 王熙凤带着家仆抄检大观园，贾探春愤怒之中打了王善保家的一记耳光，表达自己对抄检之举的不满，也体现了贾家衰败之际她的无奈与悲愤。

④ 贾探春最终由贾政做主，远嫁海疆，离家千里。

抄：小香囊引大抄检　忆前情现反常事
——第七十四回《惑奸谗抄检大观园　矢孤介杜绝宁国府》导读

《红楼梦》第七十四回的回目是《惑奸谗抄检大观园　矢孤介杜绝宁国府》，这一回就是《红楼梦》著名的大事件"抄检大观园"。如果这一回提炼一个字，那就是"抄"。

一、抄检缘于小香囊

"抄检大观园"的起因并不复杂，在第七十三回中交代，贾母新挑上来的粗使丫头傻大姐在大观园闲逛掏促织，在山石后面捡到一个五彩绣春囊，碰巧遇见了邢夫人，便拿给邢夫人看，邢夫人大惊失色，没想到小姐们住的大观园出现了这等有伤风化的东西。她一面威胁傻大姐不要对任何人说起此事，一面将此物藏在袖内，对这件事守口如瓶。之后，作者宕开一笔，写邢夫人到了贾迎春房中，因贾迎春的乳母因聚赌获罪，邢夫人将贾迎春教训一番，埋怨贾迎春管不住奶妈丫鬟；埋怨王熙凤、贾琏两口子赫赫扬扬，遮天盖日，却不照顾自己同父异母的妹妹；埋怨贾迎春老实木讷不如贾探春伶牙俐齿。邢夫人走后，绣桔发现贾迎春的累金凤首饰被乳母当掉，要去报告王熙凤。懦弱的贾迎春想要息事宁人，多亏贾探春等姊妹出言弹压，平儿前来主持公道，前来闹事的贾迎春乳母之媳王住儿媳妇才减了几分嚣张气焰。第七十三回中，"绣春囊事件"再没提起，一场风波在暗中酝酿。

直到第七十四回，王夫人盛怒地来到王熙凤的住处，屏退平儿，质问王熙凤为什么将绣春囊遗落在大观园中。王熙凤着了慌，变了脸色，又急又愧，含泪跪告王夫人，列举五点理由，撇清了自己的嫌疑：一是做工粗糙；二是自己不会带园子去；三是大观园的奴才也有年轻媳妇；四是主人中也有年轻媳妇常来园子里玩；五是大观园丫头众多，不敢保各个无嫌疑。王夫人觉得此话有理，于是和王熙凤商量对策。王熙凤提出悄悄查访，借此机会裁减人员，省些用度，一举两得。王夫人于是任用邢夫人的心腹王善保家的和自己的四个亲信婆子组成"抄检小分队"，由王熙凤担任领队，趁着夜色展开了"抄检大观园"行动。

二、抄检暴露大矛盾

"抄检大观园"事件是继"宝玉挨打"之后又一个矛盾集中爆发的大事件。

（一）邢、王二夫人的"朝野之争"

邢夫人作为荣国府的"在野党",一直对王夫人和自己的儿媳王熙凤有着很深的敌意。这次在大观园发现了有伤风化的绣春囊,是向荣国府当家人王夫人发难的最佳时机。邢夫人为什么不直接去送给贾母呢?因为第四十六回邢夫人帮着贾赦向贾母要她的得力大丫鬟鸳鸯为妾,引得贾母大怒,贾母和贾赦夫妇的关系早就降到了冰点,贾母对续弦的大儿媳邢夫人很是不满。贾母痛斥贾赦和邢夫人妄图弄走了鸳鸯进而对付自己,令夫妇二人颜面扫地。邢夫人明白,自己就是把这个绣春囊交给贾母,也只会引来贾母的一顿训斥,自己是晚辈,还不能辩解,只能自取其辱,所以她还是秘密地送给王夫人,将王夫人的军,并且派王善保家的去王夫人处打探情况。因为常到大观园的只有王熙凤是年轻媳妇,嫌疑最大,利用这样一个绣春囊"一石两鸟",既显示王夫人和王熙凤治家不严,又让王熙凤陷入"轻薄不尊重"的尴尬境地。邢、王二夫人之争实际上是荣国府"在野党"和"执政党"的权力之争。

（二）贾探春和王善保家的"嫡庶之争"

在这次"抄检大观园"的行动中,王善保家的代表邢夫人充当了"急先锋"。抄检队伍到了秋爽斋,贾探春早就命丫鬟秉烛以待。贾探春故意问何事,王熙凤谎称园子里丢了一件东西。贾探春冷笑说自己的丫头是贼,自己是最大的窝主。王熙凤一看势头不好,赶紧赔笑说,自己是奉命而来,让丫鬟把箱子赶紧关上。王善保家的不知天高地厚,仗着自己陪房的身份,认为贾探春徒有威名,况且是庶出,于是蹬鼻子上脸,越过众人上前拉起贾探春的衣襟,故意一掀,嘻嘻笑道:"连姑娘身上我都翻了,果然没有什么。"王熙凤赶紧制止,一语未了,王善保家的脸上早已经挨了贾探春一巴掌。贾探春怒斥王善保家的狗仗人势,拿自己取笑。说着还拉着王熙凤检查自己的衣服,王熙凤和平儿一边替贾探春整理衣服,一边呵斥王善保家的。王善保家的还念念有词,被贾探春的丫鬟侍书一顿抢白,王熙凤一行人只得好言相劝,讪讪离开。

（三）暴露了主仆之间的矛盾

这次抄检从婆子们查起,主人的顺序是怡红院(贾宝玉居住)、潇湘馆(林黛玉居住)、秋爽斋(贾探春居住)、稻香村(李纨居住)、暖香坞(贾惜春居住)、紫菱洲（贾迎春居住）。抄检队伍到了怡红院要检查晴雯的箱子，正在生病的晴雯挽着头发闯了进来，豁一声将箱子掀开，两手捉着底子，朝天往地下尽情一倒，将所有之物尽都倒出。晴雯之所以有这样激烈的举动，前面做了交代。王善保家的奉邢夫人之命送绣香囊给王夫人，王夫人想任用她去抄检大观园，她趁机向王夫人进谗言，说"宝玉屋里的晴雯，那丫头仗着他（她）生的模样儿比别人标致些，又生了一张巧嘴，天天打扮的（得）像个西施的样子，在人跟前能说惯道，掐尖要强"。一番话一下子触动起王夫人的回忆，她想起了上次跟着老太太在园子里看到一个水蛇腰、削肩膀、眉眼又有些像林黛玉的丫鬟正在那里骂小丫头。王夫人即刻命令将晴雯带来，晴雯因连日生病，并没有打扮，但王夫人依然看她不顺眼。她问晴雯贾宝玉今日怎么样？晴雯知道自己遭到了暗算，也深知王夫人生平最恨打扮俏丽、言语轻薄的丫鬟，所以晴雯说自己不太和贾宝玉接触。王夫人并不罢休，威胁说等回了老太太就把她撵出去，还后悔自己粗心，没发现贾宝玉的身边竟有这些妖精似的东西。王夫人对年轻美丽女人的敌意由来已久，如赵姨娘，虽然道三不着两，由于长得漂亮，深受贾政宠爱，贾政常常去赵姨娘那里安歇。王夫人作为正室夫人，焉能没有妒意？只是碍于封建礼教，不敢也不能有所流露。再如身边的大丫鬟金钏，竟然趁着她午睡，和贾宝玉调笑，被她撵了出去，金钏刚烈，一气之下投了井。不久前贾琏背着侄女王熙凤偷娶尤二姐，贪恋的无非是尤二姐的美貌。丈夫贾政、侄子贾琏都不是她能控制的，但对于贾宝玉，作为母亲，她一定要严防死守。她对晴雯的严厉审问和恶意揣度，激起了晴雯强烈的不满。晴雯在被抄检过程中激烈的行为，是对贾府统治者的反抗。

（四）暴露了仆人之间的矛盾

王善保家的对晴雯的不满，体现了贾府仆人之间的矛盾。按说晴雯和王善保家的并没有直接的利害冲突，就是老女人对年轻女孩的嫉妒。像第二十回贾宝玉的奶妈李嬷嬷因为袭人病了躺在炕上，未及时与她打招呼，就对袭人进行了严厉的责骂。李嬷嬷说袭人是"忘了本的小娼妇""妆狐媚子哄宝玉"。袭人以为李嬷嬷只是因为自己躺着而生气，后来听到李嬷嬷的污言秽语，非常羞愧和委屈，最后忍不住哭了起来。李嬷嬷的心态和王善保家的基本一致，对在贾宝玉面前有天然优势的女孩非常嫉妒和不满。贾宝玉称"女儿是水作的骨肉"，而出嫁的女人则由"珍珠"变成"鱼眼睛"。第五十九回，春燕提到贾宝玉曾说过的话："女孩儿未出嫁，是颗无价之宝珠；出了嫁，不知怎么就变出许多的不好的毛病来，虽是颗珠子，却没有光彩宝色，是颗死珠了;再老了,更变的不是珠子,竟是鱼眼睛了……"第七十七回,司棋被逐,又写道:"宝玉又恐他(她)们(押送司棋的几个媳妇)去告舌,恨的(得)只瞪着他(她)们,看已去远,方指着恨道:'奇怪,奇怪,怎么这些人只一嫁了汉子,染了男人的气味,就这样混帐(账)起来,比男人更可杀了!'"由此可见,贾宝玉对身边未出嫁的女儿有着非同一般的推崇和怜惜,这必然导致他的奶妈和年长的嬷嬷们多有怨言,无形之中给年轻的女孩子树敌。

三、"抄检大观园"的反常之处

"抄检大观园"还暴露出很多反常之处,值得我们深思。

（一）王夫人由"活菩萨"变成了"女魔头"

第六回刘姥姥第一次进荣国府时,周瑞家的告诉她,如今太太竟不大管事,是王熙凤当家。刘姥姥在来荣国府之前,就听说王夫人如今怜老恤贫,舍米舍钱,很是慈悲。书中也多次提到王夫人吃斋。就是这样一个"活菩萨",怀疑晴雯可能勾引贾宝玉,先是找来生病的晴雯一阵训斥,"抄检完大观园"后,迫不及待地来怡红院"阅人",将四五天水米不粘牙的晴雯从炕上拉下来,毫不留情地逐出大观园,只许带走贴身衣物。四儿因和贾宝玉同一天生日,背地里说了一句"同天生日是夫妻",王夫人便将她逐出配人。芳官因是戏子且生性活泼,王夫人让她干娘领走,自行聘嫁。芳官等人执意出家,王夫人无奈,同意她们跟着智通和圆信两位尼姑出家修行。王夫人如此狠辣,主要还是怕唯一的儿子贾宝玉有什么闪失,影响自己的地位和名声。不久之前王夫人的大丫鬟金钏和贾宝玉趁着王夫人午睡调笑,王夫人大怒,打了金钏一巴掌,并撵了出去。金钏羞愤交加,投井自尽。这等惨痛的教训,王夫人至今心有余悸。

（二）王熙凤由"风云人物"变成了"幕后英雄"

在"抄检大观园"的过程中,王熙凤表现得反常的低调和内敛。想当年,林黛玉进贾府,"未见其人,先闻其声"的出场是多么惊艳四座,协理宁国府时杀伐决断多么令人赞叹,处理贾琏的风流韵事是多么狠辣强悍,承奉贾母时又是多么善于察言观色、妙语连珠,如今却甘居人后,谨言慎行,固然有之前为名利费尽心机导致自己身心俱疲、四面楚歌的醒悟,也有平儿苦心规劝"得饶人处且饶人"的抽身退步,更多的还是对"抄检大观园"之举的不认同以及因王夫人执意为之的无奈和积劳成疾的有心无力。王熙凤只提了一个建议,不要抄检作为亲戚的薛宝钗的住处。当王善保家的在抄检过程中威风八面、冲锋陷阵之时,王熙凤只是出面安抚不知所措的姑娘们,完全没有当家少奶奶的风范。而当从贾迎春的大丫鬟、王善保家的外甥女司棋箱子里翻出男子的物品和字帖时,王熙凤这才恢复了以往的谈笑风生和诙谐幽默:"他(她)(司棋)鸦雀不闻的(地)给你们弄了一个好女婿来,大家倒省心。"众人哄笑,王善保家的无地自容。王熙凤的反常,折射出"抄检大观园"行动的荒谬。

(三)贾探春由大家闺秀变成"维权斗士"

贾探春绰号"玫瑰花",她虽然厉害要强,但也并没有什么出格言行。但在这次"抄检大观园"中,贾探春变被动为主动,先是秉烛以待,接着充分利用自己未出阁小姐的尊贵身份,宣称自己是头号窝主,令抄检队伍无法下手,然后眼含热泪悲愤痛斥这种抄检行为是自取灭亡,是重蹈刚刚被抄家的江南甄府的覆辙。当王善保家的不知深浅地去掀贾探春的衣襟时,贾探春以一记响亮的耳光捍卫了自己的尊严。贾探春反常的激烈言行,展现出她的远见卓识和独立人格。

(四)司棋私情败露却并不畏惧惭愧

司棋和表弟潘又安的私情被发现,按道理应该惊慌失措、苦苦哀求,但"司棋低头不语,也并无畏惧惭愧之意",连见多识广的王熙凤都感到可异。司棋为什么会这样?首先,司棋和潘又安萌生情愫之时,早已经知道这种做法大逆不道,所以早就有了一朝东窗事发的心理准备。其次,之前司棋和潘又安相约被鸳鸯发现,鸳鸯对此事守口如瓶,但潘又安吓得逃之夭夭,不见踪影。尽管如此,司棋还是对潘又安心存幻想,幻想有朝一日能相见相守。再次,司棋在贾府有自己的靠山,她的外祖母王善保家的是邢夫人的陪房,她的叔婶也在荣国府当差,所以她有"怒砸大观园"的嚣张之举,有不理会小红询问的傲慢之气。再有,司棋本来是一个比较要强的人,但跟着懦弱的贾迎春,在大观园里没有存在感,说话没分量,料想她受了不少窝囊气,她的心理承受力比较强大。司棋和金钏这两个丫鬟都因所谓的"有伤风化"之事而自杀,我们不妨将两人做以比较。金钏跟贾宝玉调笑,只是偶然为之,并没有男婚女嫁的约定。被王夫人发现后,金钏被王夫人打骂并逐出贾府,事主贾宝玉一看形势不好,早已溜之大吉。金钏因为无心之失,导致身败名裂,无人为她撑腰,离开贾府后走投无路,只能一死了之。司棋和潘又安有爱情盟约,虽然潘又安逃走,司棋还是满怀希望。等到潘又安回来,司棋母亲坚决不允许二人成婚,心灰意冷的司棋才撞墙而亡。

"抄检大观园"是《红楼梦》的大事件、大转折,贾府由兴盛到衰败,由衰败而被抄家,"抄检大观园"是贾府被抄的预演和前奏。

考题回放

【广东省普宁市 2020—2021 学年高一下学期期中测试题】

脂砚斋对本回的点评是"一处一样",比如王熙凤在不同的抄检之处就有不一样的表现。请结合选文相关内容,说明王熙凤"一处一样"的表现并分析其原因。

解题指导

本题是对《红楼梦》内容的综合考查。王熙凤善于察言观色,看人行事。贾宝玉和林黛玉青梅竹马,深受贾母宠爱,王熙凤自然对宝黛二人另眼相看,很多场合,王熙凤都对贾宝玉照顾有加。如给秦可卿送殡,王熙凤让贾宝玉和自己同乘一辆车;王熙凤协理宁国府,忙得不可开交,还记得吩咐人给贾宝玉和秦钟收拾书房。王熙凤提议在大观园里设置小厨房,体谅大观园的姑娘们冬天到荣国府吃饭的不便,王熙凤还给林黛玉送新鲜名贵的茶叶。王熙凤深知,将贾母的两个心肝宝贝照顾好了,贾母才会对自己满意。王熙凤对精明强干的贾探春很是赞赏。贾探春和李纨、薛宝钗代王熙凤管理大观园时,贾探春革除宿弊,王熙凤赞不绝口。她还对平儿说,不知哪个不挑嫡庶的有福之人会娶到贾探春。贾探春是未出阁的小姐,按照旗人的传统,在娘家会被高看一眼,所以,面对贾探春,王熙凤处处退让,不敢造次。至于贾惜春,是宁国府贾珍的妹妹,又加上脾气古怪,孤介难相处,所以王熙凤对她公事公办,源于二人关系的疏远。

答案示例

① 在林黛玉处,王熙凤主动替林黛玉解释潇湘馆有贾宝玉的东西很正常,使得王善保家的只得作罢。原因是王熙凤与贾宝玉、林黛玉关系亲密,且清楚贾母宠爱这二人,因而有意袒护他们。

② 在贾探春处,王熙凤息事宁人,如她多次"陪笑",步步退让。原因是王熙凤知道贾探春"素日与众不同",精明刚强,所以避其锋芒。

③ 在贾惜春处,王熙凤公事公办,如细致追问,按规矩处理。原因是贾惜春毕竟是宁国府的小姐,与自己关系相对疏远。

断:断情缘诗缘尘缘　叹前生今生来生

——第九十七回《林黛玉焚稿断痴情　薛宝钗出闺成大礼》导读

"一朝春尽红颜老,花落人亡两不知。"《红楼梦》第二十七回林黛玉吟成的《葬花吟》一语成谶,第九十七回和九十八回集中写了林黛玉的去世。第九十七回的回目名《林黛玉焚稿断痴情　薛宝钗出闺成大礼》,第九十八回回目名是《苦绛珠魂归离恨天　病神瑛泪洒相思地》。如果从第九十七回中提炼一个字,那就是"断"。

一、断情缘

宝黛的爱情是《红楼梦》的线索之一,林黛玉和贾宝玉之间有着绵延三生三世的"木石前盟"。绛珠仙草因为赤瑕宫神瑛侍者的灌溉之恩,得以绵延岁月,修炼成绛珠仙子。当她得知神瑛侍者要下凡时,执意跟随救命恩人来到世间,并决心把一生的眼泪还给他,于是有了第三回中两人初次相见的似曾相识。

宝黛的爱情经历了五个阶段。

第一阶段是青梅竹马时期。林黛玉初到贾府不过六七岁,两人都是贾母的心肝宝贝。第五回中写道:"便是宝玉和黛玉二人之亲密友爱处,亦自较别个不同,日则同行同坐,夜则同息同止,真是言和意顺,略无参商。"这个阶段,二人关系和谐,在贾母的呵护下,林黛玉的丧母之痛暂时得到了平复。

第二阶段是情窦初开时期。随着薛宝钗的到来,这种和谐的关系被破坏了。第八回,贾宝玉去梨香院薛宝钗处探病,薛宝钗和贾宝玉互看"通灵宝玉"和金项圈,正好林黛玉也来探病,林黛玉酸意顿生,运用自己的聪明才智和语言天赋,将贾宝玉和薛宝钗狠狠地讽刺了一番,直到贾宝玉答应一起离开。林黛玉的嫉妒,是其对贾宝玉的爱慕所致。第十六回林黛玉奔赴父丧后回到贾府:"宝玉心中品度黛玉,越发出落得超逸了。"此时贾宝玉对林黛玉的感情,已经是一个情窦初开的少年的情愫。他把北静王赠送的鹡鸰香串郑重地送给林黛玉,林黛玉说:"什么臭男人拿过的!我不要他(它)。"遂掷而不取。这说明,林黛玉对贾宝玉以外的男子不感兴趣,对其他异性怀有很深的戒备和厌恶心理。第十七回至第十八回,贾宝玉随贾政到大观园游览并一展诗才,获得贾政赞赏,小厮们将贾宝玉身上所佩戴之物一抢而光,林黛玉误以为贾宝玉将自己相赠的荷包也给了别人,赌气把自己费了很多功夫准备送给贾宝玉的香囊剪碎。后来误会解除,原来贾宝玉一直将林黛玉赠送的荷包贴身佩戴。从林黛玉激烈的反应来看,她对贾宝玉的感情具有很强的独占欲和排他性,这正是爱情的特征之一。在第十九回中,林黛玉调侃贾宝玉,"黛玉点头叹笑道:'蠢才,蠢才!你有玉,人家就有金来配你'"。林黛玉说这句话,足以说明她很介意"金玉良缘"的说法。正因为林黛玉介意,故而可以肯定此时林黛玉对贾宝玉也不是单纯的妹妹与哥哥的感情了。第十九回《情切

切良宵花解语　意绵绵静日玉生香》，夏日午后，贾宝玉和林黛玉躺在床上说话，讲故事，互相嬉闹……若不是两情相悦，绝不会有这样温馨和谐的画面。

第三阶段是试探确认时期。这个阶段，宝黛二人互相试探心意，矛盾不断。第二十五回中，王熙凤送给林黛玉一些茶叶，之后调侃林黛玉："你既吃了我们家的茶，怎么还不给我们家作媳妇？"此时贾宝玉和林黛玉的爱情虽然没有公开，但是郎情妾意，贾府上下都认为他们是一对儿了。林黛玉深陷情网，十分敏感多疑，所以对天天在女儿堆里混的贾宝玉很不放心。贾宝玉不懂林黛玉的细腻心思，二人不停地互相试探，以至于矛盾不断，争吵不断，哭闹不休。如林黛玉去怡红院看贾宝玉吃了闭门羹，却听到贾宝玉和薛宝钗在里面谈笑，次日流泪吟成《葬花吟》。第二十八回中，贾宝玉发誓心里只有林妹妹，可是看见薛宝钗雪白的臂膀，不觉动了羡慕之心，被林黛玉冷笑讥讽为"呆雁"。第二十九回中，因为清虚观的张道士给贾宝玉提亲一事，宝黛吵闹，气得贾宝玉连"通灵宝玉"都摔了，二人的矛盾达到了高潮。等到史湘云再来贾府时，林黛玉不放心贾宝玉，害怕贾宝玉借金麒麟同史湘云也做出那些风流佳事来，所以站在窗口偷听，却听到了贾宝玉称赞自己的肺腑之言："林姑娘从来说过这些混帐（账）话不曾？若他（她）也说过这些混帐（账）话，我早和他（她）生分了。"从这一刻起，林黛玉才相信，贾宝玉是真心喜欢自己的，她终于可以放心了。当贾宝玉对林黛玉说"你放心"的时候，林黛玉似有千言万语，却一句话说不出来。这是彼此明白心意的释然和欣慰，更是对经历了百般试探、辗转难眠之后终于等到花开的激动和喜悦。所有的等待和付出都没有被辜负，对孤苦伶仃的林黛玉来说，这是她生命中巨大的幸福和欣喜。

第四阶段是感情笃定时期。贾宝玉挨打后，林黛玉哭得眼睛像桃子一样，令贾宝玉心疼。贾宝玉让晴雯给林黛玉送两条旧手帕，林黛玉明白了贾宝玉的情意，连夜在帕子上题诗。此后宝黛爱情回归平稳，两个人都明白了彼此的心意，再也没有因为"金玉良缘"或者薛宝钗、史湘云的问题闹过矛盾。第四十五回，林黛玉和曾被她视为情敌的薛宝钗冰释前嫌。这个阶段的主要矛盾是贾宝玉和林黛玉的婚姻问题。林黛玉终身大事无人做主，为了试探贾宝玉的感情，林黛玉的丫鬟紫鹃仗义出手，谎称林黛玉要回老家苏州，把贾宝玉吓得疯疯癫癫。后来紫鹃解释一番，贾宝玉才恢复正常。紫鹃还瞅准时机，请薛姨妈在贾母面前给宝黛二人做媒，薛姨妈一口答应，单纯的紫鹃和林黛玉信以为真。

第五阶段是情缘渐逝时期。第八十九回，贾政的门客给贾宝玉提亲，林黛玉的丫鬟雪雁听贾探春的丫鬟侍书说起此事，就回来跟紫鹃谈论，结果被林黛玉听见。林黛玉万念俱灰，绝食求死，奄奄一息之际，侍书奉贾探春之命来探望，说起先前贾政门客提的婚事没议成，老太太想亲上做亲。昏睡中的林黛玉听得此言，心里清爽不少，身体竟渐渐好起来。第九十回中，人们都觉得林黛玉病得蹊跷，好得也奇怪，议论纷纷。阅人无数的贾母明白了八九分，鉴于林黛玉性情怪僻，身体欠佳，贾母最终选定了薛宝钗作为孙媳妇。可怜林黛玉还蒙在鼓里。这期间贾府发生了一系列奇怪的事情，先是十月份海棠花突然盛开，接着贾宝玉的"通灵宝玉"不知所终，后来贾元春暴毙，不久王子腾在回京赴任的路上染风寒去世，贾政又要去奉命赴外任。第九十六回，林黛玉去给贾母请安的途中，巧遇傻大姐，傻大姐透露了贾宝玉要娶薛宝钗的消息，这次贾宝玉的婚事是千真万确。林黛玉乍听，"如同一个疾雷，心头乱跳"，当听到傻大姐说起原委，林黛玉"心里竟是油儿酱儿糖儿醋儿倒在一处的一般，甜苦酸咸，竟说不出什么味儿来了""身子竟有千百斤重的，两只脚却像踩着棉花一般，早已软了"。此时林黛玉如同行尸走肉，"颜色雪白，身子恍恍荡荡的，眼睛也直直的，在那里东转西转"。林黛玉到贾母屋里看到贾宝玉，两个人只对着脸傻笑。临别，林黛玉"便回身笑着出来了，仍旧不用丫头们搀扶，自己却走得比往常飞快"。林黛玉一向体弱多病，弱不禁风，如今健步如飞，一反常态，展现了她对人世间最深的绝望和最沉默的反抗。

弥留之际，林黛玉用力撕扯手帕，直至用尽力气将贾宝玉送给她、自己题诗的旧手帕在火盆上点燃。林黛玉以这样决绝的方式，斩断了自己的情丝。她留给世间的最后一句话是："宝玉，宝玉，你好……"这句未完的话引发了人们的想象，大家见仁见智。有人说，这句话应该是"宝玉，宝玉，你好狠心"，林黛玉一腔痴情付之东流，对于贾宝玉另娶他人，肯定会因爱生恨；还有人说，这句话应该是"宝玉，宝玉，你好好活着"，因为林黛玉对贾宝玉爱之太深，自己虽不久于人世，但希望他在世间好好活着；也有人认为，这是林黛玉对贾宝玉的同情和牵挂，这句话完整的应该是"宝玉，宝玉，你好悲催"，林黛玉深知贾宝玉和薛宝钗的婚姻不会幸福，正如《红楼梦》中《终身误》曲子中所言"纵然是齐眉举案，到底意难平"。作家、红学家蒋和森的名篇《林黛玉论》，就是以"黛玉之死"开头的。他写道："《红楼梦》第九十八回，是不寻常的一回。两个世纪以来，不知多少读者的感情，都要在这里突然像一道水流跌入万丈深渊似的激荡、回旋起来。"

二、断诗缘

林黛玉是大观园的诗人，她自幼天资聪颖，家学渊源，才华出众。从贾元春省亲令众姊妹写应制诗之时起，林黛玉就展现出不凡的才华。虽然只写了一首诗,但贾元春十分赞赏:"终是薛林二妹之作与众不同,非愚姊妹可同列者。"林黛玉本想大展诗才,将众人压倒,不想贾妃只命一匾一咏,倒不好违谕多作,只胡乱作一首五言律应景罢了。林黛玉余兴未尽,替贾宝玉作了一首《杏帘在望》,被贾元春盛赞,因其中有"一畦春韭绿,十里稻花香"的佳句,遂将"浣葛山庄"改为"稻香村"。一首《葬花吟》,成为《红楼梦》中的经典作品。第三十三回,贾宝玉挨打后,赠给林黛玉两块旧手帕,她领会了贾宝玉的深情厚谊,写了三首题帕诗。第三十七回,贾探春提议组建诗社,在首次海棠诗社活动中,林黛玉一挥而就《咏白海棠》,开篇"半卷湘帘半掩门,碾冰为土玉为盆",贾宝玉大赞"从何处想来";又看颔联"偷来梨蕊三分白,借得梅花一缕魂",众人看了也不禁叫好,说"果然比别人又是一样心肠"。大家都认为林黛玉的作品应该列为第一,最终评委李纨道:"若论风流别致,自是这首;若论含蓄浑厚,终让蘅稿。"第三十八回菊花社活动,林黛玉以《咏菊》《问菊》《菊梦》名列前三,当之无愧地成为"大观园第一诗人"。《咏菊》中的"笔端蕴秀临霜写,口齿噙香对月吟"和《问菊》中的"孤标傲世偕谁隐,一样花开为底迟?"成为脍炙人口的名句。第四十五回,正值秋天,林黛玉劳神犯病,在潇湘馆将养。这一晚正下雨,深感凄凉,写下《秋窗风雨夕》。第六十四回,林黛玉感慨古代有才华有容貌的女子,遭遇令人唏嘘,有可欣赏可羡慕之处,于是为西施、虞姬、明妃、绿珠、红拂等五位女子各写了一首诗,贾宝玉命其为《五美吟》。第七十回,时值春天,林黛玉、史湘云提议重启诗社,林黛玉作了一首《桃花行》,因此,诗社改名为桃花社。《红楼梦》第七十回,史湘云和林黛玉重开诗社,以"柳絮"为题,择取几个小令为词调,请大家以拈阄之法分词调填词。林黛玉抽到的词牌是《唐多令》,于是赋了一首《唐多令•咏絮》。第七十六回,林黛玉和史湘云在凹晶馆联诗,吟出了"冷月葬诗魂"(也有版本写作"冷月葬花魂")的佳句。此外,林黛玉还是指导别人写诗的高手,第四十八回,林黛玉教香菱学诗,方法得当,效果明显,很快香菱写的诗可圈可点。

"心比比干多一窍",林黛玉的才学加上自己细腻独特的感受,使她在大观园众姊妹中脱颖而出。她居住的潇湘馆千竿翠竹,龙吟细细,室内藏书满架,以致刘姥姥误以为是哪位公子哥的书房。她的生活处处充满着诗意和书香气。第二十七回,林黛玉出门,回头叫紫鹃道:"把屋子收拾了,撂下一扇纱屉;看那大燕子回来,把帘子放下来,拿狮子倚住;烧了香就把炉罩上。"可见她的日常生活很是精致,有格调。及至弥留之际,她决绝地烧掉了手帕,对自己的诗稿,却有些恋恋不舍,"瞧了瞧又撂下了"。这些诗句,是她美好青春和爱情的见证,那里凝聚着她人生的悲欢感慨,她对此有些不舍,但想到留下毫无意义，想到毕生爱恋的人已另娶他人，她毅然将诗稿投入火中。世间已无林黛玉的痕迹，但她来过，哭过，爱过，最后悄无声息地离开。贾宝玉的新婚之喜和林黛玉的离世之悲形成了鲜明的对比，给读者以强烈的震撼和冲击。

三、断尘缘

作者在第九十八回的回目中称林黛玉为"苦绛珠"，一个"苦"字是对林黛玉一生的精准概括。前世由绛珠仙草修炼成绛珠仙子，终日游荡在离恨天外，渴就饮灌愁海之水，饥则食蜜青果，为还泪下凡历劫。她自幼体弱多病，和尚劝其出家。六岁左右丧母，十岁左右丧父，孤身一人来到贾府，寄人篱下。所幸遇到志同道合、怜香惜玉的贾宝玉，怎奈半路杀出个薛宝钗，在痛苦的煎熬中小心翼翼地守护着爱情，爱情却如手中的沙，攥得越紧，流失得越快。孤独的林黛玉，"质本洁来还洁去"，逗留人间仅十七载，就结束了人生之旅，回到了太虚幻境中，成为永远的"潇湘妃子"。

蚌病成珠，杜鹃啼血，林黛玉为情而生，亦为情而死。纤弱美丽的绛珠仙子，用泪水偿还所爱，用生命泣血成诗。

考题回放

【2020—2021学年度高一·下内蒙古通辽阶段性练习】

林黛玉临死之时："猛听黛玉直声叫道：'宝玉，宝玉，你好……'说到'好'字，便浑身冷汗，不作声了。"人们认为这是画龙点睛的神妙之笔，试具体分析好在什么地方。

解题指导

《红楼梦》中最令人肝肠寸断的篇章大概就是"林黛玉焚稿断痴情"和"苦绛珠魂归离恨天"两章了。林黛玉在听说贾宝玉定亲的消息后，病情日重一日，自料万无生理，就决绝地将自己珍藏的和贾宝玉爱情见证的帕子和诗稿付之一炬，在孤独凄凉中魂归离恨天。林黛玉之死，是对扼杀自由爱情的封建社会的控诉，是对吃人的封建礼教的抗争，是对自己纯洁爱情的坚守，也是宝黛爱情的升华。正如林黛玉在《葬花吟》中所写"质本洁来还洁去"，她以自己的死表现了人格的纯洁和对爱情的忠贞。不可疏忽文中的细节描写，林黛玉的一言一行，全是心理的真情写照。撕帕、焚帕、焚稿……每一个细节都在平静中动人心魄，尤其临终前那一句"宝玉，宝玉，你好……"在无尽的语言中倾泻了林黛玉满腹的幽怨，令人为之伤感，为之流泪。有人认为高鹗续书有狗尾续貂之嫌，但如以本回而论，则令人叹为观止。

答案示例

林黛玉临终的这句话表达了林黛玉对贾宝玉的深深的爱,也表达了对贾宝玉另娶他人的怨愤。言有尽而意无穷,发人深思,感人至深。

归:飞鸟投林觅归宿　雪影绝尘梦无痕
——第一二〇回《甄士隐详说太虚情　贾雨村归结红楼梦》导读

第五回《红楼梦》曲子的最后一曲《收尾·飞鸟各投林》预言了这部鸿篇巨制的大结局:"好一似食尽鸟投林,落了片白茫茫大地真干净!"第一二〇回是小说的大结局,回目名是《甄士隐详说太虚情　贾雨村归结红楼梦》。如果这一回要提炼一个字,那就是"归"。

一、贾宝玉的归宿

贾宝玉从科场出来不知所终,家里人百般寻找,毫无下落。袭人听说贾宝玉失踪的消息,急怒致病。一日恍恍惚惚,似乎看见贾宝玉在自己面前,一会儿又变成了和尚。袭人思前想后,预感贾宝玉是做了和尚。贾政和贾蓉等带着贾母、秦可卿、王熙凤、林黛玉、鸳鸯等人的灵柩回南方安葬,归途中得知贾宝玉下落不明,贾政很是揪心。走到毗陵驿,天寒下雪,归船停泊在岸边,贾政正在船中写家书。雪影中,看到一个人光头赤脚,披着大红猩猩毡的斗篷,向贾政倒身下拜,一共拜了四拜。贾政仔细一看,竟是贾宝玉。贾政惊问:"可是宝玉么?"那人似喜似悲。贾政问:"你若是宝玉,如何这样打扮,跑到这里?"贾宝玉未及回答,忽然来了一僧一道,夹住贾宝玉,飘然登岸而去,边走边唱:"我所居兮,青埂之峰。我所游兮,鸿蒙太空。谁与我游兮,吾谁与从。渺渺茫茫兮,归彼大荒。"贾政紧追不舍,那三人转过山坡,不见踪影。贾政还欲前行,只见前面白茫茫一片旷野,只得回来。

这段贾宝玉诀别父亲的描写感人至深,有着"此时无声胜有声"的艺术效果。为得大自在,须斩断骨肉亲情,对贾宝玉而言不能说不残酷。脂砚斋评论贾宝玉为"情不情",他对无情之物尚且十分怜惜不舍,何况生他养他的父亲?怎奈他的前身神瑛侍者只是来世间历劫,出生时所衔之玉也不过是青埂峰下的顽石,因为羡慕人间的荣华富贵,来世间享受一番,此时尘缘已尽,分别在所难免。贾政是一位严厉的父亲,对贾宝玉恨铁不成钢,对他不喜读书的行为深恶痛绝,对他那些离经叛道之举更是气急败坏,以致痛打。但贾政对贾宝玉还是很偏爱的。当贾宝玉和贾环站在一起,贾政看到贾宝玉秀色夺人,心中欢喜。贾政听王夫人说起贾宝玉房中的丫鬟叫"袭人",就问谁给取了这个古怪的名字,王夫人谎称是老太太,贾政一眼识破,说肯定是贾宝玉的杰作,真是"知子莫如父"。"大观园试才题对额",贾宝玉化用前人的诗句"曲径通幽处",使得贾政对众门客笑道:"不可谬奖!"贾宝玉的"沁芳"二字,又使得贾政拈髯点头不语。对于贾宝玉题写的"绕堤柳借三篙翠,隔岸花分一脉香"对联,他更是点头微笑。这几次笑可谓难能可贵。第七十八回,贾政外放三年回来,仕途不顺,对名利十分灰心。贾政年轻时也是个诗酒放诞之人,见贾宝玉虽不读书,但也颇有才情,也不算十分玷辱了祖宗,所以也不再以举业逼迫儿子。贾政让贾宝玉、贾环、贾兰等三人根据林四娘的事迹写诗,贾环、贾兰分别写了七言绝句和五言律诗,贾宝玉欲写长篇歌行体。贾政听说,合了心意,准备亲自给贾宝玉抄录下来,他"向宝玉笑道:'如此,你念我写。若不好了,我捶你那肉。谁许你先大言不惭了!'"贾政寥寥几句玩笑话,一幅父子温馨和谐的画面跃然纸上。抄录过程中,贾政一如既往地横挑鼻子竖挑眼,可仔细体会,不难看出这种挑剔不过是父亲的矜持罢了,他的内心还是很欣赏贾宝玉的才华的。

  贾政回忆起贾宝玉从衔玉而生算起,十九年来和"通灵宝玉"及和尚僧人之间的不解之缘,领悟到贾宝玉不是肉体凡胎,而是下凡历劫的仙人。贾政回家后将自己的所见所闻、所思所想跟王夫人等人说明,众人悲痛却又无奈,贾政让大家面对现实、接受现实。贾雨村因婪索获罪,幸遇大赦削职为民后,如约来到急流津觉迷渡口和甄士隐相会,甄士隐告诉他"通灵宝玉"的来历:"通灵宝玉"蒙一僧一道携入凡间历劫,如今劫数已满,绛珠仙草归真,回到了太虚幻境中;"通灵宝玉"归位,回到了大荒山无稽崖青埂峰下。

  既然"通灵宝玉"归位,贾宝玉也不会在世间停留,出家是他最好的也是必然的归宿。林黛玉在世时,两人拌嘴,贾宝玉不止一次表示,假如林黛玉死了,自己就去做和尚。贾母为薛宝钗的生日安排听戏,薛宝钗为贾宝玉讲《寄生草》的唱词,抒发的是鲁智深出家前的所思所想,也暗示了贾宝玉出家的结局。自林黛玉死后,贾宝玉出家的念头从没放下,只是王夫人、薛宝钗、袭人等拼死相劝,他才没有如愿,但已是"身在曹营心在汉"。原先那个浪漫多情、灵气十足的贾宝玉不见了,他对身边的女孩熟视无睹,对家中的一切也不再关心。

二、"金陵十二钗"的归宿

  书中出现的"金陵十二钗"都有了自己的结局。正册中的林黛玉含恨而逝,灵柩由贾蓉、紫鹃护送回到姑苏老家安葬。薛宝钗嫁给贾宝玉,已有身孕,贾宝玉出家后,她注定孤独一生。贾元春暴毙。贾迎春被孙绍祖虐待致死。贾探春远嫁。贾惜春出家。史湘云下落不明。妙玉被劫,传说遇害。王熙凤病死。贾巧姐嫁给乡绅之子。秦可卿一病而亡。李纨守得云开见月明,但贾兰做官不久,李纨就离开人世。副册中的香菱在薛蟠赦罪回来后被扶正,但很快难产而死,被甄士隐度到太虚幻境中。又副册中的晴雯被王夫人逐出大观园后,贫病交加,十六岁的生命戛然而止。袭人离开贾府后,嫁给了戏子蒋玉菡,夫妻和睦。鸳鸯在贾母死后想到未来无望,自缢殉主。平儿在王熙凤死后被贾琏扶正。

三、袭人的归宿悲喜转换

本回中主要写了袭人的结局。贾宝玉不知所终,袭人陷入了两难的境地:苦守在贾府,名不正言不顺;离开贾府,又觉得对贾宝玉不仁不义。当贾政回家将在雪中见到贾宝玉的事情说明后,王夫人和薛姨妈商量了袭人的去向,让她家人找一门合适的婚事,她的哥哥花自芳为她说定了城南蒋家。袭人本来抱着必死的决心回家结婚,看到哥嫂为自己出嫁打点周全,不忍心死在哥哥家;到了蒋家,看到蒋家郑重其事地办理婚事,又不忍心死在蒋家。夫婿温柔和顺,对她极为敬重。婚后第二天开箱看到猩红汗巾子,蒋玉菡才知自己娶的是好友贾宝玉的丫鬟。第二十八回贾宝玉将袭人的松花汗巾子送给蒋玉菡,蒋玉菡将自己的红色的茜香罗汗巾子赠给了贾宝玉。两条汗巾子拉近了两个人的距离,本来想寻死的袭人和蒋玉菡琴瑟和鸣,举案齐眉。

四、贾雨村归结红楼梦

顽石归位后,空空道人又经过青埂峰,看到顽石记录尘世经历的文字依旧,不过又加了收缘结果的内容。空空道人又抄录下来,准备在世间找一闲人,将这段故事流传下去。寻寻觅觅,芸芸众生或忙于建功立业,或忙于谋生糊口,没人理睬空空道人。在急流津觉迷渡口的草庵里,空空道人发现了沉睡于此的贾雨村,于是请贾雨村帮忙传世,贾雨村推荐了悼红轩中的曹雪芹。曹雪芹欣然应允,空空道人掷下《石头记》,飘然而去。后人题了一首诗:

说到辛酸处,荒唐愈可悲。

由来同一梦,休笑世人痴!

红楼一梦,落下帷幕。万般曲折,皆有因果。书中大旨谈情,实则寄寓兴亡荣枯之叹。无论是书中人,还是书外人,大家同读一梦,同感辛酸,同品其中味!

考题回放

根据要求，完成题目。

宋人知雪，以雪构建了大宋独特的雪文化；雪芹喜雪，以雪为《红楼梦》锦上添花。《红楼梦》书中，曹公或以雪营造气氛，推动情节发展；或直书雪中雅事，烘托人物形象；或以雪入诗，展示丰富寓意……请选择以上一个角度，概述与雪有关的内容，并加以分析。

解题指导

《红楼梦》中最重要的一场雪发生在第四十九回《琉璃世界白雪红梅 脂粉香娃割腥啖膻》。解答本题，可以从推动情节发展入手：大观园的女儿们个个品貌出众，能诗善画，天公作美，一场大雪如约而至。姐妹兄弟欢聚一堂，觥筹交错，这是一场关于青春的盛会，一次充满了欢乐的相聚。也可以从烘托人物形象入手：大家联对吟诗，锦心绣口，或才华横溢，或天真活泼。还可以从展示丰富寓意入手：大雪之中，栊翠庵的寒梅格外娇艳，这与结尾"好一似食尽鸟投林，落了片白茫茫大地真干净"构成对比，今天的美丽和欢乐不过转瞬即逝，未来的悲剧命运正悄然而至。第一二〇回贾宝玉雪中拜别父亲，随一僧一道出家，揭示了小说的结局，深化了主旨。

答案示例

① 推动情节发展。第四十九回、五十回，一场大雪引出贾宝玉寻梅、薛宝琴披裘立雪、芦雪广即景联诗、史湘云割腥啖膻等情节。

② 烘托人物形象。妙玉以梅花雪烹茶，烘托其高洁品行；史湘云赏雪啖膻，体现其豪放性格；众姐妹争相联诗，体现其才华横溢。

③ 展示丰富寓意，深化主旨。《飞鸟各投林》中"落了片白茫茫大地真干净"，隐喻小说的结局。贾宝玉雪中跪拜父亲后随一僧一道出家，揭示小说的结局，与《飞鸟各投林》曲子中的预言照应，深化了主旨。

下 篇

课例展示:"红楼"探幽入佳境

《红楼梦》导读有效策略课例综述

在《红楼梦》导读过程中,我们意识到方法比知识更重要,培养学科素养比考试分数更重要。我们要求学生通读原文,运用复述法、对联诗歌对比法、图表、思维导图等进行整体感知,摸索出专题研究法、读写结合法、评点细读法、散点透视法、一线串珠法、比较阅读法、辩论深读法、答疑导读法等八种阅读方法,将学科素养的培养贯穿其中。

一、专题研究法

我们将《红楼梦》专题研究集中在"人物""线索""诗词""楹联""艺术特色""质疑发现"等方面,进行人物专题研究时提倡用图表梳理内容,启发学生探究《红楼梦》塑造人物的特色。如人物名字的"谐音法",名字的暗示作用、人物之间的映衬关系、历史和小说的映衬关系等。学生对这些地方进行解读和探索,深入感悟曹雪芹的大家匠心。

我们精选了二十回作为精读内容,在本书的第二部分已经有了全面的呈现。对于其他非精读章回的处理,我们主要用专题研究法将其勾连融合,充分相信学生,让学生灵活运用上述方法,采取自读赏析和小组交流分享相结合的方式进行阅读。

二、读写结合法

除在记叙文写作中加以借鉴外,我们还努力挖掘《红楼梦》中有利于写作的其他内容,通过鉴赏诗歌、对联,激发了学生创作对联、古诗词的兴趣,并在不同层面上展示学生的相关作品。如在赏析贾雨村这个人物时,我们仿照第五回"金陵十二钗"的判词,师生一起尝试为贾雨村写判词,学生兴致盎然,在认真阅读贾雨村相关事迹的基础上,学习借鉴"金陵十二钗"判词的写法,可谓是"一举数得"。

三、评点细读法

"评"是"品评";"点"是"点拨、启发",即可点拨、启发别人,亦可点拨、启发自己。我们以《脂砚斋重评〈石头记〉》为范例,引导学生进行动态评点。学生评点时既要体现个性化的原创,又要在借鉴别人成果的基础上充实提高,还要敢于自我否定、自我提升,不断刷新自己的评点高度。如第十三回《秦可卿死封龙禁尉 王熙凤协理宁国府》,贾珍进得内室,"唬的(得)众婆娘嗳的一声,往后藏之不迭,独凤姐款款站了起来"。一学生评点:用对比的修辞手法,"款款站了起来"表现出王熙凤的落落大方。这样的评点差强人意,一学生想到脂砚斋的前后勾连评点法,说凤姐的表现鹤立鸡群,为以后协理宁国府的精彩表现张本。这个评点已经很精彩。又一学生受到启发,说王熙凤此时人如其名,堪称"百鸟之王",与众不同,站出了气度,站出了风采。几天后一学生又有了新发现,说众婆娘本能地远离贾珍,除男女授受不亲的原因外,也许对贾珍与秦可卿之私情也有耳闻;王熙凤自幼和贾珍玩耍,她不怕贾珍,贾珍也了解王熙凤的杀伐决断,不敢轻举妄动。学生不断补充修改评点内容,不断丰富、积累阅读和思考的成果。

教师在指导学生阅读的过程中,自己首先进行文本的细读。特级教师王崧舟的《语文教师如何细读文本》一文为我们提供了文本细读的方法:一是要直面文本,进行"素读",尊重自己的阅读体验,进行个性化解读,当然这个个性化解读不能无中生有、追求猎奇搞怪;二是要字斟句酌,不放过文本的任何一句话、一个字、一个标点符号;三是要感同身受,要读进去,置身其中,全心投入;四是可以用比较品评的方法,如后面展示的不同版本的《红楼梦》对林黛玉"两弯似蹙非蹙罥烟眉,一双似喜非喜含情目"的描写,通过品读比较,判断优劣;五是擦亮语言,见人所未见,体会出其深层的含义,如在细读第三回时,王熙凤说林黛玉"竟不像老祖宗的外孙女,竟是个嫡亲的孙女",在封建宗法制度中,外孙女的地位远不如孙女,这句话明着是赞美林黛玉有着和贾母嫡亲孙女一样的美貌和气派,但在幼年失母、寄人篱下的林黛玉听来,还是很刺耳的;六是要寻找缝隙,在无疑处生疑,在有疑处解疑,这样才能读出深度,读出新意。这些方法在教师的分回导读和评点法导读课型中都有体现。

四、散点透视法

散点透视法本来是绘画技法,借用在文学创作中,就是多侧面、多角度表现事物的特征、刻画人物的形象。在阅读赏析中,我们也可以运用该方法,尝试从多个角度来进行赏析。有的章节精彩之处很多,我们就采取分组合作散点透视的赏析方法,如"林黛玉进贾府",学生从"通过摆设看贾府""林黛玉的眉眼心病""国公府的第一餐""舅母们的陷阱"等不同侧面进行研究交流,真正体会到了《红楼梦》的博大精深。再如"宝玉挨打",引导学生体会不同的人在"宝玉挨打"这个大事件中的反应,深入体会不同人物的迥异心理和性格,梳理出贾府这个百年大家族中所隐藏的各种矛盾。

五、一线串珠法

从回目中锤炼精选一个字,领起全篇。如第一回《甄士隐梦幻识通

灵　贾雨村风尘怀闺秀》，我们以"梦"作为阅读主线，让学生概括出这一回的几处梦境，揭示其寓意。"王熙凤毒设相思局"，抓住一个"毒"，分析"毒"字在何处；"林黛玉焚稿断痴情"，抓住一个"断"字，断得不甘，断得无奈，断得绝望。在相关回目中找出一个字高度概括人物形象，如林黛玉、贾宝玉多用"痴"字，还有俏平儿、美香菱、呆香菱、苦尤娘、呆霸王、冷郎君、憨湘云、贤袭人、敏探春、时宝钗、慈姨妈、勇晴雯、懦小姐等。

六、比较阅读法

《红楼梦》如此多娇，引无数文人墨客竞折腰。我们将红学名家的相关论述推送给学生，让他们用批判性思维看待名流大家的观点，进而形成自己的见解。如秦可卿这个人物，《红楼梦》评点人畸笏叟对她持同情佩服的态度；清代红学家王希廉、当代学者马瑞芳教授、欧丽娟教授认为她是一个情色人物；刘心武先生则认为她是康熙朝废太子胤礽的女儿，身负政治使命。王蒙先生认为刘心武先生的研究是趣味性研究，不置可否。学生通过深入比较、辨析、思考各家观点，形成自己的见解。再如贾宝玉的两个大丫鬟晴雯和袭人，我们也运用了比较阅读的方法，加深了对人物的认识，收到了很好的效果。《红楼梦》被称为"中国封建社会的百科全书"，《百年孤独》被称为"再现拉丁美洲历史社会图景的鸿篇巨制"，将二者进行比较阅读，加深了学生对两本书的理解，取得了事半功倍的效果。

七、辩论深读法

灯不点不亮，理不辩不明。我们组织大大小小的辩论活动，以辩论带动阅读，在辩论中加深理解，在辩论中培养批判性思维能力。我们组织的"钗黛谁更适合贾宝玉"辩论赛，极大地激发了学生的阅读积极性，取得了意想不到的效果。对敏感章节的处理也是一个探索的过程。对一些"黄色"内容，第一轮、第二轮导读时我们有顾虑，蔡红柳老师花了大量的精力校对、删减、改写。到了2014届高一新生，在前期激发学生阅读热情的基础上，我们大胆地将这些内容引进了课堂，如在进行"王熙凤毒设相思局"导读时，我们让学生辩论：王熙凤对付贾瑞的轻浮调戏，处理手段是否得当？令人欣慰的是，随着时代的发展，学生素质的提高，他们理解了这些内容的批判意义和警示意义，领悟了《红楼梦》中这些人物身上所蕴含的悲剧意义。我们对这些内容的处理从最初的"堵"变成了现在的"疏"，由"黄色"变成了"绿色"，导读的渠道更加宽广，师生的心态更加开放，学生对《红楼梦》的理解更加全面而深刻。

八、答疑导读法

在《红楼梦》导读过程中,我们定期举行答疑活动,解决学生在阅读过程中遇到的问题。有些简单的问题,学生自己就可以解决;有些疑难或有争议的问题,教师通过查阅资料给学生列出观点,教师也阐述自己的看法,让学生自己辨析筛选。

课例一 读开篇浪漫神话 探传统文化密码
——《红楼梦》前五回三个神话故事的传统文化密码

设计背景

在《红楼梦》整本书阅读中,我们始终将新课标的核心素养之一——文化的传承和理解贯穿始终,并注意挖掘《红楼梦》的传统文化元素,增进学生对传统文化的了解和热爱。《红楼梦》前五回是全书的总纲,是解读全书的钥匙,其中蕴含着丰富的传统文化元素。在进行《红楼梦》导读过程中,我们以三个神话故事为核心,引导学生发现并领悟蕴含其中的文化密码,加深对文本内容及传统文化的理解。

在《红楼梦》阅读过程中,学生普遍反映前五回看不懂,前五回成了整本书阅读的障碍。一味地硬性要求显然会事倍功半,挫伤学生的积极性,于是笔者尝试将前五回的神话故事提取出来,结合我们的传统文化内容,使二者融会贯通,既激发学生的阅读兴趣,又开阔学生的视野。

导读目标

(1)了解三个神话故事的内容以及相关的文化知识。
(2)结合相关的文化知识,体会三个神话的寓意及作用。

导读内容和步骤

一、导入新课

《红楼梦》是一部充满魅力的小说,诗一般的语言,唯美浪漫的意境,使它迥异于其他的现实主义文学作品。前五回中的神话故事,为作品增添了瑰丽神秘的色彩。但有学生反映,前五回的内容总有种"犹抱琵琶半遮面"的感觉。今天我们一起来结合书中内容和传统文化知识,解读前五回的神话故事,走进亦真亦幻的神话世界,在神话的王国里饱览神秘美妙的风光,领略作者的匠心。

二、引导学生概括介绍书中三个神话故事的内容

第一个故事"女娲补天":介绍无材补天石头的变身下凡和《石头记》的由来。

第二个故事"木石前盟":介绍贾宝玉和林黛玉的三世情缘。

第三个故事"太虚幻境":介绍甄士隐和贾宝玉梦游太虚幻境的所见所闻。

三、女娲补天——奇石背后的文化密码

(一)引导学生自主研读书中有关"女娲补天"的内容

在明确了故事的主要内容之后,学生自主研读书中有关"女娲补天"的内容,比较一下和传统的"女娲补天"的故事有什么异同?

二者的侧重点不同:传统的"女娲补天"故事的主角是女娲,她是中华民族的大地母神,天崩地裂之时,她挺身而出,炼五色石补天,守护天地的安宁。她不仅创造了世间万物,还抟土造人。而书中的"女娲补天"故事是传统神话故事的继续,主角变成了顽石。女娲补天之后,仅剩一块顽石无材可用,该顽石起了凡心,央求一僧一道带它到凡间经历繁华。它变身美玉,历劫终了后回原地,写成《石头记》传世。

二者的相同点:女娲补天的背景是天崩地坼,天地岌岌可危;顽石变身美玉来到贾府,贾府这个百年望族也已经到了末世,家族大厦摇摇欲坠。

(二)引导学生挖掘作者在介绍顽石时所运用的数字背后的文化密码

1. 三万六千五百零一块

整数和零数形成鲜明对比,显示出这块顽石的孤独,隐喻贾宝玉的叛逆不为人理解。

三万六千五百,正好是一百年的天数,在传统文化中"百年"也是一个很有象征意义的词语,如百年老店、百年家族,既是一种传承和积淀,也预示着结束和变迁,如"江山代有才人出,各领风骚数百年"。"百年"还可以指人的一生、晚年,如宋代陈普的《拟古八首》中有"人生不满百,常怀千岁忧"的句子,杜甫《登高》中"万里悲秋常作客,百年多病独登台",李白《襄阳歌》中"百年三万六千日,一日须倾三百杯",小说中的百年望族贾府日薄西山,已近末世。

2. 石头高经十二丈,方经二十四丈

"十二"也是传统文化中的高频数字,如十二个月、十二地支、十二生

肖、十二时辰,以及书中的"金陵十二钗",冷香丸配料中也都是"十二"。"二十四"让人联想到"二十四节气","二十四节气"是我国古代劳动人民智慧的结晶,2016年被列入世界非物质文化遗产。

巧合的是,《西游记》中孕育孙悟空的那块仙石,有三丈六尺五寸高,有二丈四尺围圆。

这些数字,来源于人们对大自然的认识,暗示此石汲取天地精华,蕴含天地间的灵气,具有道法自然的韵味。

(三)引导学生以小组合作的方式探究"玉"的文化内涵

几千年来在中华民族中形成了爱玉心理,20世纪的英国学者、汉学家李约瑟说:"对玉的爱好,可以说是中国文化特色之一。三千多年以来,玉的质地、形状和颜色一直启发着雕刻家、画家和诗人们的灵感。"儒家学说赋予玉以"德"的内涵,于是,玉有十一德、九德、五德之说广泛传播,并被全社会所接受,成为传统文化中久盛不衰的精神支柱。这种寓德于玉、以玉比德的观念把玉和德结为一体。同时,又将玉与君子结缘,物质、社会、精神三合一的"玉意识"是我们中华民族的思想建树,成为中国玉文化的丰富思想和精神内涵。中国玉文化延续时间之长,内容之丰富,范围之广泛,影响之深远,是其他文化难以比拟的。

(四)引导学生总结顽石的作用

引导学生在探究文化密码的基础上,总结顽石的作用。

(1)暗指末世,这是以贾府为中心的四大家族的末世,也是封建社会的末世。

(2)顽石和贾宝玉同呼吸共命运,贾宝玉也如顽石一般,不为世容,不为世用,是封建社会的叛逆者。

(3)体现由自然到文明的演化,顽石作为线索、旁观者,串起整部小说。

(4)顽石世间历劫的经历体现了作者的人生感悟——好事多磨,万境归空。

四、木石前盟——一段奇缘背后的文化密码

(一)引导学生细读相关情节,梳理宝黛之间的三世情缘

第一世情缘:绛珠仙草—神瑛侍者。

第二世情缘:绛珠仙子—神瑛侍者。

第三世情缘:林黛玉—贾宝玉。

(二) 引导学生寻找这段情缘中的文化密码

1. 三生石的传说

"三生"源于佛教的因果轮回学说,后成为中国历史上情定终身的象征。三生石的"三生"分别代表"前生""今生""来生"。很多人的爱情是从一种似曾相识的感觉开始的,而相爱之后人们又一定会期待"缘定三生"。

三生石位于杭州的天竺寺,传说唐代李源与僧人圆观交好,同游三峡,见妇人引汲,观曰:"其中孕妇姓王者,是某托身之所。"相约十二年后中秋月夜,相会于杭州天竺寺外。是夕观果殁,而孕妇产,婴儿生下不久,即死去。十二年后约定的日子,李源赴约,闻牧童歌《竹枝词》:"三生石上旧精魂,赏月吟风莫要论。惭愧故人远相访,此身虽异性长存。"李源因知牧童即圆观之后身。后人附会谓杭州天竺寺后山的石头为三生石,即李源和圆观相会之处,诗文中常用为前因宿缘的典故。唐齐己的《荆渚感怀寄僧达禅弟》诗之三:"自抛南岳三生石,长傍西山数片云。"

2. "还泪"的典故

娥皇女英,又称皇英,长曰娥皇,次曰女英,是中国古代神话传说中帝尧的两个女儿,姐妹同嫁帝舜为妻。舜父顽,母嚣,弟劣,曾多次欲置舜于死地,终因娥皇、女英助之而脱险。舜继尧位,娥皇、女英为其妃,后舜至南方巡视,死于苍梧。二妃往寻,得知舜帝已死,埋在九嶷山下,抱竹痛哭,泪染青竹,泪尽而逝,因称"潇湘竹"或"湘妃竹"。自秦汉时起,湘江之神湘君与湘夫人的爱情神话,被演变成舜与娥皇、女英的传说,后世因附会称二女为"湘夫人"。

3. 引导学生思考在"木石前盟"中化用典故的作用

(1) 体现宝黛二人的感情超越世俗、浪漫纯洁、坚贞不渝。

(2) 暗示宝黛爱情的忧伤坎坷和悲剧结局。娥皇、女英为爱泪尽而逝,与林黛玉为报恩还泪有相似之处。

五、太虚幻境——奇境背后的文化密码

(一) 前五回中,有两人梦游太虚幻境,所见所闻有何不同?

甄士隐梦游太虚幻境听到一僧一道说起"木石前盟"的故事,见到了一僧一道手中的"通灵宝玉",看到了一副对联"假作真时真亦假,无为有处有还无"。

贾宝玉在太虚幻境见到了警幻仙子,看到了"金陵十二钗"的画册、判词,听到了仙女们演唱的《红楼梦》曲子,和甄士隐一样看到了对联——假作真时真亦假,无为有处有还无。

（二）在太虚幻境中，又发现了哪些文化密码？

1. 传统的文化形式：对联、诗词

最经典的对联是"假作真时真亦假，无为有处有还无"，这副对联以高度凝练的语言，概括了《红楼梦》的精髓——假和真，有和无，看似对立，实则统一，看似无甚联系，实则在相互转化。贾府的假繁荣、真衰败，假和谐、真争斗，假道德、真糜烂，昭然若揭。纵观《红楼梦》全书，"真假"相映成趣，"有无"相得益彰。有命无运者，有运无命者，有情无缘者，有缘无情者，比比皆是。都中的贾府和江南甄家相互照应，贾府有个贾宝玉，甄府有个甄宝玉，还有甄士隐和贾雨村，姓的谐音为"真假"。

诗词也是我国传统的文学样式，作者用十一首判词和十二首曲子，预言了"金陵十二钗"的命运，体现了一种宿命的悲凉感。

2. 浪漫主义的创作方法

从屈原到蒲松龄，从民间故事到文学作品，浪漫主义的创作方式源远流长，如李白、李商隐、李贺、李清照的诗词中，《牛郎织女》《窦娥冤》《梁祝》《白蛇传》等神话故事中，都有浪漫主义的影子。

教后反思

对三个神话故事的解读，确实让学生了解到了我们的传统文化，学生深刻地体会到了文化的传承价值。《红楼梦》正是在守正和创新的基础上，达到了中国古典小说的巅峰，这其中既有作者的天才创作，也是文化继承和发展的必然结果。因为是整本书阅读，立足全书，所以课堂上对文化密码的探究不是很细致到位，目的是引发学生的兴趣，鼓励学生课下继续探讨。

课例二 名字背后探深意 会心一笑悟匠心
——《红楼梦》小说中取名的艺术

设计背景

《红楼梦》小说中的名字有着丰富的寓意，这是《红楼梦》的特色。仔细研究，可谓妙趣横生，读懂了名字的寓意，也就读懂了作者的匠心。

导读目标

以名字为切入点，解读其含义，理解作者给人物取名时的匠心独运。

导读内容和步骤

一、导入新课

《红楼梦》处处都有作者的匠心和苦心,即使是一个名字,细细体会,也很有深意。当你了解了其中的深意,会心一笑之余,一定更加佩服作者在创作这部鸿篇巨制时的慧心、匠心。"致广大而尽精微",《红楼梦》宏大的叙事之中,即使是名字这样的细微处作者也颇为用心。今天我们一起探究《红楼梦》名字背后的秘密吧!

二、引导学生探究名字背后的秘密

(一)观察下列几组人名、地名、物品名,找出其特点,体会其寓意

1. 甄英莲　甄士隐　贾化　秦钟　秦可卿　封肃　娇杏　傅试　霍起　詹光　卜固修　单聘仁　卜世仁

这些人物的名字都用了谐音的修辞手法,暗示了人物的特点或命运。例如:甄英莲,谐音"真应怜",说的是甄士隐之女甄英莲被拐子拐卖,后被薛蟠买去做妾,受夏金桂虐待,一生命运坎坷悲苦;甄士隐,谐音"真事隐",将真事隐去;贾化,谐音"假话",贾雨村断案时徇私枉法,满嘴假话;秦钟,谐音"情种",他很多情,和尼姑智能儿暗度陈仓,最终一病而亡;秦可卿,谐音"情可轻",把情看得很轻,和公公贾珍产生不伦之恋;封肃,谐音"风俗",甄士隐的岳父,拜高踩低,市侩势利;娇杏,谐音"侥幸",只因为多看了贾雨村一眼,贾雨村便念念不忘,做官后娶其为妾,不久生子后被扶正;傅试,谐音"附势",一心想给妹妹找个"金龟婿",趋炎附势,攀附权贵;霍起,甄士隐的仆人,元宵节领着甄英莲看灯,却把甄英莲丢了,是甄家"祸起"的开端。詹光、卜固修、单聘仁谐音"沾光""不顾羞""善骗人",这几个人都是贾政的门客,跟着贾府沾光,不顾羞耻,不学无术,善于骗人。卜世仁谐音"不是人",他是贾芸的舅舅,对外甥贾芸非常冷漠,做的事不是人能做出来的。

2. 大荒山无稽崖　青埂峰　十里街仁清巷　葫芦庙　湖州　蘅芜苑　潇湘馆　怡红院

这一组是地名的谐音。大荒山无稽崖是顽石所在之处,是作者虚构的地名,取"荒诞无稽"之意;青埂峰谐音"情根峰",作者在开篇写道,本书大旨谈情,而顽石所在的青埂峰是"情"产生的地方,也是顽石历劫之后的归宿。十里街仁清巷谐音"势利街人情巷",是姑苏乡绅甄士隐所居之地,取意"势利人情",其中的许多故事都是围绕着"势利人情"展开。葫芦庙谐音"糊涂

庙",和其后的"葫芦僧""葫芦案"都是一样的谐音,都与贾雨村有关,贾雨村为了攀附贾府,稀里糊涂地判了一桩人命案。贾雨村的老家湖州谐音"胡诌",影射贾雨村断案时一派胡言,胡诌八扯。蘅芜苑谐音"恨无缘",尽管薛家为了和贾府联姻编造了"金玉良缘",但薛宝钗和贾宝玉三观不同,即使结为夫妻,最后贾宝玉还是出家,留下薛宝钗独守空房。潇湘馆谐音"消香馆",指它的主人林黛玉在此香消玉殒。怡红院谐音"遗红怨","红"指的是女子,贾宝玉抛下一群女子,毅然出家。

3. 群芳髓　千红一窟　万艳同杯　蜜青果

这些物品的名字也使用了谐音的修辞手法。贾宝玉梦游太虚幻境,闻到的幽香叫"群芳髓",谐音"群芳碎";喝的仙茶叫"千红一窟",谐音"千红一哭";喝的仙酒叫"万艳同杯",谐音"万艳同悲"。这三个事物都暗示《红楼梦》女子的悲剧命运。蜜青果,是林黛玉的前身绛珠仙子所食之物,谐音"秘情果",林黛玉和贾宝玉的感情在封建社会大家族中是"秘情"。

总结:《红楼梦》中人物、地点、物品的名字使用了谐音的修辞手法,既有趣味,又能反映出与之相关的人、地、物的特点,一举两得。

(二)从下列判词中找出人物的姓名

A. 可叹停机德,堪怜咏絮才。玉带林中挂,金簪雪里埋。

B. 富贵又何为,襁褓之间父母违。展眼吊斜晖,湘江水逝楚云飞。

C. 桃李春风结子完,到头谁似一盆兰。如冰水好空相妒,枉与他人作笑谈。

明确:

A. 运用了谐音法,里面包含了林黛玉和薛宝钗的名字。

B. 最后一句镶嵌了史湘云的名字。

C. 第一句中镶嵌了李纨的名字,"一盆兰"指贾兰。

(三)观察下列几组人名,找出其特点,体会其含义

(1)贾元春　贾迎春　贾探春　贾惜春

(2)贾政　贾敬

(3)贾宝玉　林黛玉　薛宝钗　蒋玉菡　妙玉　红玉

第一组中"四春"名字的第二个字连起来是"原应叹息",叹息"四春"的悲剧命运。她们的丫鬟分别是抱琴、司棋、侍书、入画,连起来是"琴棋书画",暗指"四春"的特长。脂砚斋批注有云:"贾家四钗之环,暗以琴棋书画四字列名,省力之甚,醒目之甚,却是俗中不俗处。"又云:"曰司棋,曰侍书,曰入画,后文补抱琴。'琴棋书画'四字最俗,上添一虚字,则觉新雅。"有观

点认为，四位丫鬟名字的谐音暗示"四春"结局。"抱琴"谐音"暴寝"，暗示贾元春暴亡。"司棋"谐音"死棋"，贾迎春嫁给孙绍祖就是一局死棋，毫无转圜余地。"侍书"谐音"势输"，贾探春远嫁藩王，气势上已输。"入画"谐音"入化"，暗指贾惜春遁入空门。

第二组中贾政、贾敬连起来是"假正经"，极具讽刺意义。

第三组，贾宝玉和林黛玉、薛宝钗名字各有一个字相同，暗示三人的感情纠葛。而蒋玉菡、妙玉、红玉三人都和贾宝玉有着密切的联系。

（四）观察下列判词中人名的特点，体会其含义

王熙凤判词

凡鸟偏从末世来，都知爱慕此生才。

一从二令三人木，哭向金陵事更哀。

贾迎春判词

子系中山狼，得志便猖狂。

金闺花柳质，一载赴黄粱。

"凡鸟"合在一起是繁体字"鳳"，"凤"为雄性，这个字体现出王熙凤"巾帼不让须眉"的治家才能。第十三回回末诗云"金紫万千谁治国，裙钗一二可齐家"，意思是朝廷文武百官谁能有治国之才，一两个女子却可以像男性一样齐家治国平天下。

贾迎春判词中，"子系中山狼"，"子""系"合起来是"孙"的繁体字，指贾迎春嫁的丈夫孙绍祖，对她百般虐待，致使贾迎春出嫁一年就死去。

作者用拆字法来点明人名，充满暗示性和趣味性。

（五）观察以下人名，找出规律，体会其寓意

金荣　张金哥　林如海　买办钱华

我们可以从脂砚斋的批语中一窥端倪。金荣，有正本脂批云：妙名。盖云："有金自荣廉耻何益哉！"张金哥庚辰本脂砚斋批云："俱从财一字上发出。"其父母贪财致使女儿张金哥和守备公子殉情。林如海，姓林名海，甲戌本脂批云："盖云'学海文林'也，总是暗写林黛玉。"《诗品》中言，"陆（机）才如海，潘（岳）才如江"，说明林如海学识不凡，暗写林黛玉才情卓然是因为家学渊源。第八回中写道："独有一个买办名唤钱华……"甲戌本脂批："亦钱开花之意。随事生情，因情生文。"张金哥、钱华、林如海等名字都是就名取义。

（六）贾家五代人，按辈分排列，找出规律并体会其用意

第一代水字旁：宁国公贾演、荣国公贾源，寓意他们二人是贾府荣华富贵

的开端和起源,并由此进行演变、发展。

第二代人字旁:贾代善、贾代化,寓意贾府注重思想修养,以人为本,"善""化"二字更是体现儒家的思想,注重教化,引人向善。

第三代文字旁:贾敬、贾赦、贾政,寓意贾府向文官的方向发展。如贾政做工部员外郎,后升任郎中;贾敬曾考中进士;贾赦世袭一等将军。

第四代玉字旁:贾珍、贾琏、贾琮、贾宝玉、贾环,儒家认为"君子如玉",玉有五德,即仁、义、智、勇、洁。贾家更加重视个人修养,期待后代成为玉一般的君子。

第五代草字头:贾蓉、贾蔷、贾芹、贾兰(贾蘭)、贾芸等。贾府到了第五代,衰败之势十分明显。贾兰还算勤奋上进;贾芸也算自强不息,比较成熟圆滑;其他人基本是纨绔子弟,如温室的花草,毫无风骨与壮志,只知享乐,作风败坏。贾蓉和自己的姨娘尤二姐、尤三姐打情骂俏,毫无礼法规矩;贾芹和尼姑们不清不楚;贾蔷和戏子厮混在一处。

(七)下列几组人名有什么特点和寓意?

贾母的丫鬟:鹦哥(紫鹃)　鸳鸯　琥珀　珍珠(袭人)

林黛玉的丫鬟:紫鹃　雪雁

贾宝玉的小厮:焙茗(茗烟)　锄药　扫红　引泉

两位宝玉:贾宝玉　甄宝玉

这些名字两两对偶,相映成趣,既独立,又有联系。

(八)根据提示写出人名

(1)负责设计大观园的人(　　　)。

(2)负责出府送东西的婆子(　　　)。

(3)大观园管理竹子的婆子(　　　)。

(4)大观园管理庄稼的婆子(　　　)。

(5)大观园管理花草的婆子(　　　)。

(6)贾家的私塾先生(　　　)。

(7)贾府管理佃租的人(　　　)。

明确:(1)山子野。(2)宋妈。(3)老祝妈。(4)老田妈。(5)老叶妈。(6)贾代儒。(7)乌进孝(谐音"无进项",一直在哭穷)。

从以上人名中,看出作者在取名时随事命名。

(九)请说一说下列名字的特点

(1)奉王熙凤之命虐待尤二姐的善姐。

（2）誓死不愿给贾赦做妾的贾母大丫鬟鸳鸯。

（3）向贾宝玉报告赵姨娘在贾政面前说贾宝玉坏话的丫鬟小鹊。

明确：这些人名用的是反向谐趣法，名字和所作所为形成强烈的反差。善姐不善良，虐待尤二姐，助纣为虐；鸳鸯不愿意和好色好酒的糟老头子贾赦成双入对；喜鹊本是报喜，小鹊却带来了坏消息。

（十）巧妙运用姓名的本义诠释人物的性格、命运，请举例说明

明确：尤二姐、尤三姐，"尤"字让人想起了成语"天生尤物"，这个词虽然是赞美女子貌美，但含有贬义，有"红颜祸水"的意味。例如《左传》中，晋国大夫叔向想要娶一个貌美的女子，叔向的母亲不同意，她说："夫有尤物，足以移人，苟非德义，则必有祸。"紫鹃、杜鹃是悲苦忧愁的象征，像《琵琶行》中的"其间旦暮闻何物？杜鹃啼血猿哀鸣"。冷子兴，冷眼观兴亡。

（十一）根据脂砚斋的批注，观察下列人名的特点

那时官客送殡的，有镇国公牛清之孙现袭一等伯牛继宗，理国公柳彪之孙现袭一等子柳芳，齐国公陈翼之孙世袭三品威镇将军陈瑞文，治国公马魁之孙世袭三品威远将军马尚，修国公侯晓明之孙世袭一等子侯孝康；缮国公诰命亡故，故其孙石光珠守孝不曾来得。这六家与宁荣二家，当日所称"八公"的便是。余者更有南安郡王之孙，西宁郡王之孙，忠靖侯史鼎，平原侯之孙世袭二等男蒋子宁，定城侯之孙世袭二等男兼京营游击谢鲸，襄阳侯之孙世袭二等男戚建辉，景田侯之孙五城兵马司裘良。徐（余）者锦乡伯公子韩奇，神武将军公子冯紫英、陈也俊、卫若兰等诸王孙公子，不可枚数……

——第十四回《林如海捐馆扬州城　贾宝玉路谒北静王》

脂砚斋甲戌本批注：牛，丑也。清，属水（水为五行之首，寓干支之首），子也。柳折卯字。彪折虎字，寅字寓焉。陈即辰。翼火为蛇（二十八星宿之一）；巳字寓焉。马，午也。魁折鬼，鬼，金羊（二十八星宿之一），未字寓焉。侯、猴同音，申也。晓鸣，鸡也，酉字寓焉。石即猪，（豕）亥字寓焉。其祖曰守业，即守夜也，犬字寓焉。此所谓十二支寓焉。

明确：根据脂砚斋的批注，参加秦可卿葬礼的"六公"姓名暗含十二地支。选文中的牛清、柳彪、陈翼、马魁、侯晓明、石守业对应十二地支和十二属相。十天干是：甲、乙、丙、丁、戊、己、庚、辛、壬、癸。十二地支是：子、丑、寅、卯、辰、巳、午、未、申、酉、戌、亥。古人在干支的基础上，将它们进行组合，同性干支依次配合，进行不重复的排列，产生了六十对干支组合，俗称"六十花甲子"。

二、总结《红楼梦》小说中取名的艺术

《红楼梦》取名的艺术,可以总结为:谐音妙趣生,偏旁寓深意,就名取义法,连字有深意,拆字寓机巧,对偶相应法,反语有谐趣,随事命名法,运用字本义,干支暗示法。

教后反思

这是一堂寓教于乐的课,学生兴致勃勃地探讨小说中取名的艺术,或恍然大悟,或冥思苦想,或灵光乍现,感叹之余,更加佩服作者的奇思妙想。

课例三 两行平仄蕴诗意 一副佳联寄深情
——《红楼梦》楹联选析

设计背景

《红楼梦》是中国古典小说的巅峰,是中国封建社会的百科全书,其中蕴含着丰富的传统文化元素,对联便是其中之一。《红楼梦》的对联有三十余副,皆是平仄合辙、用词精妙、意蕴深刻的精品。《红楼梦》中的对联,如同这部伟大的作品王冠上熠熠生辉的明珠,焕发着独特的光彩。引领学生品味其中的对联,可以让学生更深刻地体会我国璀璨的艺术形式——对联的魅力,激发学生对传统文化的热爱,培养学生的文化自信。

导读目标

(1)理解对联的含义,赏析对联的精妙之处。
(2)结合情节体会小说中对联的作用,领略对联的艺术魅力。

导读内容和步骤

一、导入新课

"开谈不说《红楼梦》,读尽诗书也枉然。"《红楼梦》以它崇高的文学性和思想性成为中国古典小说的巅峰之作,除了"草蛇灰线,伏脉千里"的精妙构思和高超的艺术技巧,字字珠玑的对联诗词也为这部伟大的著作锦上添花。弱水三千,暂取一瓢饮。今天我们怀着对这部巨著的无限崇敬之情,撷取《红楼梦》百花园中对联艺术的芬芳,细细品味、赏析,管中窥豹,领略一下《红楼梦》精湛的语言和作者寄寓的情感。

二、温故知新

复习有关对联的基础知识。

（1）要字数相等，断句一致。上下联字数必须相同，不多不少。

（2）要平仄相和，音调和谐。传统习惯是"仄起平落"，即上联末句尾字用仄声，下联末句尾字用平声。

（3）要词性相对，位置相同。一般称为"虚对虚，实对实"，就是名词对名词，动词对动词，形容词对形容词，数量词对数量词，副词对副词，而且相对的词必须在相同的位置上。

（4）要内容相关，上下衔接。上下联的含义必须相互照应、衔接，但又不能重复。

三、分门别类

将收集的《红楼梦》的对联按内容进行分类。

明确：《红楼梦》中的对联按照内容来分类，大体分为哲理联、言志联、写景联等三类。

四、合作探究

小组自主合作，从以上三类中选出自己认为最好的对联进行赏析。赏析要求：赏析对联的意思、修辞手法、传神之字、作用，写成赏析文段进行分享交流。

五、学生分享交流

（一）哲理联——读出"世情理趣"

《红楼梦》中的哲理联不多，但字字泣血，句句入心，像清醒智者的一声沉重叹息，又像方外人士的当头棒喝。在指导赏析时，教师要引导学生辩证地看待对联中的理趣。

一组分享

假作真时真亦假，无为有处有还无。

这副对联在《红楼梦》中曾两度出现：第一回是甄士隐在梦幻中所见，第五回是贾宝玉在游太虚幻境中所见。这副对联的意思是：把假当真，那么真的便成为假的了；把没有的视为有的，有的也就成为没有的了。假和真，有和无，看似对立，实则统一；看似无关系，实则在相互转化。贾府的假繁荣、真衰败，假和谐、真争斗，假道德、真糜烂，昭然若揭。综观《红楼梦》全书，"真假"相映成趣，"有无"相得益彰。有命无运者，有运无命者，有情无缘者，有缘无情者，比比皆是。都中的贾府和江南甄家相互照应，贾府有个贾宝玉，甄府有个甄宝玉，甄士隐和贾雨村的姓氏亦是"真假"的谐音。

作者在开篇第一回写道："忽念及当日所有之女子，一一细考校去，觉其行止见识，皆出于我之上。……我之罪固不免，然闺阁中本自历历有人……因有个空空道人访道求仙，忽从这大荒山无稽崖青埂峰下经过，忽见一大块石上字迹分明……诗后便是此石坠落之乡，投胎之处，亲自经历的一段陈迹故事……然朝代年纪，地舆邦国却反失落无考。"可以说，小说的内容真真假假，有生活原型，也有艺术加工。这副对联看似简明易懂，道理却相当深刻。

作用之一：暗示人物命运。从人物的遭际、命运来看，甄士隐前半生衣食无忧，后来家道变故，他看透世事，遁入空门，这是甄士隐的最终归宿。作者借贾宝玉和甄士隐见到同一副对联的情节，暗示着他最终和甄士隐一样的结局。无论是小说中以"金陵十二钗"为主体的一个个鲜活的生命，还是赫赫扬扬近百年的名门望族贾家，抑或是两千多年的封建社会，最终都走向了灭亡。

作用之二：暗示了主题。正如《红楼梦》曲子的收尾曲《飞鸟各投林》所说，最后"落了片白茫茫大地真干净"，正如鲁迅所言"悲凉之雾，遍被华林"。这副对联可谓总括了人生、人类社会乃至整个宇宙的某些规律，体现了曹雪芹清醒的悲剧观照意识，同时启迪人们认识和思考复杂的宇宙和人生。

二组分享

世事洞明皆学问，人情练达即文章。

第五回贾宝玉到秦可卿房里歇中觉，抬头看见一幅画贴在上面，画的人物固好，其故事乃是《燃藜图》，也不看是何人所画，心中便有些不快，又看到画的旁边有一副对联，就是这副对联。

这副对联的含义是，懂得人情世故就是一门大学问，应付人情世故的本领也就像写文章一样。画与对联相辅相成，实为劝学"仕途经济"的格言，个中哲理，颇值得玩味。贾府希望贾宝玉光宗耀祖，贾政采取种种手段强迫他读书，期待他在仕途上飞黄腾达。贾宝玉这个封建阶级的"逆子"，是最讨厌这一套的。他不愿读所谓"仕途经济"之书，无志去"修身齐家治国平天下"，所以一遇到这类说教，他就激烈反抗，怒形于色。第三十二回，史湘云曾劝他"会会这些为官做宰的人们，谈谈讲讲些仕途经济的学问，也好将来应酬世务，日后也有个朋友"，他当时就拿下脸来赶她走，并讥刺她："我这里仔细污了你知经济学问的。"薛宝钗用同类话劝他，他也立即给她以难堪。贾政教训他要好好读书时，他也同样反感，只是慑于封建社会的道德伦常，不敢和父亲当面顶撞而已。

以贾宝玉对这副对联的厌恶来反衬他的叛逆精神。第三回《西江月》中写贾宝玉"潦倒不通世务,愚顽怕读文章。行为偏僻性乖张,那(哪)管世人诽谤!"体现了他和世俗价值观的格格不入。所以他一见这样充满世俗色彩的对联,心中很是不快。这副对联形象地凸显了贾宝玉的价值追求,充分显示了这个封建叛逆者的性格特点。

体现作者对世情的深刻洞察。这副对联言简意赅,意味深长。虽然贾宝玉很厌恶,但它所讲的修身处世之法,细细加以品味,还是很有道理的。它将人情世故作为一门交际学问来研究,并指出其中大有深意,大有文章可做。这副对联不能不说是千百年来人们总结出的处世哲学,可见曹雪芹对世情的深刻洞察。

(二)言志联——读出"志在何处"

三组分享

贾雨村上京赶考,因经费紧张困于葫芦庙。中秋佳节,贾雨村思及平生抱负,苦未逢时,于是对天长叹,高吟一联:

玉在匮中求善价,钗于奁内待时飞。

这副对联的含义与人物的心理息息相关。贾雨村自比玉、钗,企图得到赏识。美玉装在盒子里,希望卖个好价钱;金钗放在镜盒里,等待时机腾飞。这道出了贾雨村追求飞黄腾达之心切。传说汉武帝元鼎元年,有神女留下一金钗,昭帝时,有人偷开了匣子,不见金钗,只见一只白燕从匣子里面飞出,升天而去。贾雨村吟成的这副对联恰被甄士隐走来听见,笑道:"雨村兄真抱负不浅也!"诗可以言志,联亦可言志。从贾雨村所思、甄士隐所道破以及对联的实际内容来看,这是一副生动形象的言志联。

该联比喻修辞手法和典故的运用,既充分展示了贾雨村的才华,又把贾雨村急于往上爬的内心世界一览无遗地展现在读者的眼前,给人们留下了深刻的印象。细读其联,如见其人,如闻其声。这又何尝不是对那些名利熏心、待价而沽之徒灵魂的形象刻画!对联的内容,实际上为后文中贾雨村思想的发展变化及其所作所为埋下了伏笔。

脂砚斋窥到曹雪芹的创作意图,在对联下面批云:"前用二玉合传,今用二宝合传,自是书中正眼。"所谓"二玉合传",系指神瑛侍者和绛珠仙子的故事;所谓"二宝合传",则云贾宝玉、薛宝钗命运的结局。结局如何,研究者们众说纷纭,有人说"玉在匮中"隐指贾宝玉被囚于狱神庙,而"钗在奁内"则臆猜薛宝钗等待时机而飞。又因贾雨村字时飞,竟有人推断薛宝钗最后嫁给了贾雨村。对于这副对联隐含意义的分析,我们需要辨析采用。

（三）写景联——读出"景中深意"

四组分享

沁芳亭的题联

> 绕堤柳借三篙翠，隔岸花分一脉香。

上联写的是水面碧绿，似是借来了岸边柳树的翠绿之色；下联写的是水质芬芳，似乎是隔岸的花香浸润其中。这副对联描写的主体是水，但妙在不着一个"水"字，采用侧面描写，用"绕堤柳""隔岸花"去映衬溪水的颜色和环境；"三篙"代指水的深度，"一脉"写溪水形态曲折细长，本联视觉和嗅觉结合，实写和虚写兼具，把水的颜色、水的气味、周围环境的氛围融合在一起，构成一幅美妙的画面，读到此处，亦可领略沁芳亭上的诗情画意。其中"脉"既是量词，又写出了小溪的细长形状，还写出了水的潺潺之态，和"香"联用，让人联想到花香的淡雅悠长，又含有脉脉深情，丝丝缕缕沁人心脾，与"沁芳"呼应，可谓"一字占尽风流"。

五组分享

潇湘馆的对联

> 宝鼎茶闲烟尚绿，幽窗棋罢指犹凉。

这副题联是描绘潇湘馆的，这是贾政和贾宝玉都喜欢的地方。《红楼梦》第十七回中写道："忽抬头看见前面一带粉垣，里面数楹修舍，有千百竿翠竹遮映。"对于这样一个"好个所在"，作者紧扣"翠竹"的特点，和沁芳亭的对联一样，不着一"竹"字而把竹写得神态毕现。上联言宝鼎不煮茶了，屋里还飘散着绿色的蒸汽；下联说在幽静的窗下棋局已经结束，手指还觉得有凉意。这绿色的蒸汽，显然是翠竹的掩映所致；这凉意，也是因翠竹浓荫而生发出来：可谓视觉形象与触觉感知相互融合，相得益彰。

此联虚实结合，由景及情，由物及人，竹象征着林黛玉的高洁情操，也暗示其像娥皇、女英泪染青竹的爱情悲剧。这副对联表现出贵族家庭中那种高雅闲适的生活状态，笼罩着一丝淡淡的寂寞和惆怅。

六组分享

藕香榭的对联

> 芙蓉影破归兰桨，菱藕香深写竹桥。

这是大观园中比较精彩的风景联佳作。《红楼梦》第三十八回写道："原来这藕香榭盖在池中，四面有窗，左右有曲廊可通，亦是跨水接岸，后面又有曲折竹桥暗接。"藕香榭的柱子上挂的是黑漆嵌蚌的对子，就是上面这副对联。

这副对联的含义和妙处值得细细品味。上联遣词造句令人赞叹,把"水中倒映的荷花影子破碎,方知小船归来"这一景致极形象生动地表现出来,颇具动感神韵,一个"破"字尤其传神,让人想起了张先的"云破月来花弄影"和辛弃疾的"陌上柔桑破嫩芽"。上联极富动感和冲击力,先写影动再写到行船,较之先写行船再写影动,既有悬念,又有情趣,和《山居秋暝》中的"竹喧归浣女,莲动下渔舟"有异曲同工之妙。下联在炼字上别具匠心,尤以"香""深""写"三字深得其妙,一般人都只是说荷花香,这里言"菱藕生香",意境更加优美淡远,思绪更见开阔;"深"暗示清香之气来自淤泥之下,是一种出淤泥而不染的香;"写"即"画"之意,如我们常说的"写生"。此联灵动活泼,富于诗情画意,动静结合,虚实结合,遣词意境极妙,意象优美,字字句句都蕴含着无限美感,令人心旷神怡。

七组分享

秋爽斋内悬挂的对联

烟霞闲骨格,泉石野生涯。

　　此联悬于贾探春秋爽斋中米襄阳《烟雨图》的左右,也可算作装饰性的题画联。上下联的意思是:烟云舒卷自如,使人感受到悠闲自得的风骨格调;生活在泉水山石之间,尽情享受田野之趣。

　　这副对联不仅符合贾探春闺阁环境的需要,点缀贾探春的闺阁,更是人物性格的写照,反映贾探春高雅、阔朗的思想情趣,彰显贾探春追求"风雅清高"的情趣和大观园其他姐妹难以企及的男儿志向。贾探春虽是庶出,但自强不息,才华横溢,擅长书法,颇工诗文,精明强干,果断爽利。这副对联和秦可卿房中的对联格调完全不同,这副对联清逸淡远,超凡脱俗,有一种闲适之气和硬朗之风。

教后反思

　　不少学生在读《红楼梦》时,对书中的诗词歌赋一掠而过,而更多地关注小说的情节。这堂课通过交流对对联的赏析,引领学生深入品味语言之美,领会作者浓厚的文学素养和炉火纯青的写作技巧,挖掘了学生容易忽略的对联之美,使学生对《红楼梦》的语言之美有了更深刻更全面的认识,对传统对联的美也有了切身的体验。因内容所限,这节课的形式不够新颖多样,期待在今后的教学中能有所突破。

课例四　千红一哭金钗泪　万艳同悲女儿心
——初识"金陵十二钗"（上）

设计背景

"女儿是水作的骨肉。""金陵十二钗"是《红楼梦》的主要人物，小说中有她们的画册、判词、曲子、花签、题词、花语。作者不吝笔墨，写她们的一颦一笑，写她们的喜怒哀乐、悲欢离合，为她们洒下一掬辛酸泪。了解了"金陵十二钗"，就等于明白了《红楼梦》的大部分内容和主旨。

导读目标

通过画册、判词、曲子、花签、居所、人物的主要事迹了解林黛玉、薛宝钗、贾元春、贾探春的性格和命运。

导读内容和步骤

一、导入新课

在《红楼梦》中，"金陵十二钗"是作者不惜笔墨塑造的一组人物形象。无论是贵为皇妃，还是贱为奴隶；无论是愤世嫉俗，还是恪守礼教；无论是蹈身槛外，还是囿于闺房；无论是温和静淑，还是旷达不羁：最终的命运都令人嗟叹不已。今天我们走进"金陵十二钗"的世界，了解她们跌宕起伏的悲剧人生。

二、第五回中直接提及了"金陵十二钗"中的哪些人？

"金陵十二钗"正册：林黛玉、薛宝钗、贾元春、贾探春、史湘云、妙玉、贾迎春、贾惜春、王熙凤、贾巧姐、李纨、秦可卿。

"金陵十二钗"副册：香菱。

"金陵十二钗"又副册：晴雯、袭人。

（一）林黛玉和薛宝钗

1. 以貌识人：阅读书中对林黛玉和薛宝钗二人的外貌描写，看二人的性格有何不同

……宝玉早已看见多了一个姊妹，便料定是林姑妈之女，忙来作揖。厮见毕归坐，细看形容，与众各别：

> 两弯似蹙非蹙罥烟眉，一双似泣非泣含露目。态生两靥之愁，娇袭一身之病。泪光点点，娇喘微微。闲静时如姣花照水，行动处似弱柳扶风。心较比干多一窍，病如西子胜三分。

——第三回《贾雨村夤缘复旧职　林黛玉抛父进京都》

……先就看见薛宝钗坐在炕上作(做)针线,头上挽着漆黑油光的髻儿,蜜合色棉袄,玫瑰紫二色金银鼠比肩褂,葱黄绫棉裙,一色半新不旧,看去不觉奢华。唇不点而红,眉不画而翠,脸若银盆,眼如水杏。罕言寡语,人谓藏愚;安分随时,自云守拙……

——第八回《比通灵金莺微露意 探宝钗黛玉半含酸》

作者对林黛玉的外貌描写是遗形写神,没有写她的穿着打扮,重在写她的神态气质,突出了"情""病""愁""才"等特点,使林黛玉多情、多才、多愁、多病的形象深入人心,这种气质正是吸引贾宝玉的地方。

作者对薛宝钗的外貌描写使用了传统的手法,突出她的简朴淡雅、天生丽质、沉稳低调,用现在的话说,就是长着一张"国泰民安"脸,一个封建淑女的形象跃然纸上。

2. 读出画册和判词的意蕴

……再去取"正册"看,只见头一页上便画着两株枯木,木上悬着一围玉带;又有一堆雪,雪下一股金簪。也有四句言词,道是:

可叹停机德,堪怜咏絮才。

玉带林中挂,金簪雪里埋。

——第五回《游幻境指迷十二钗 饮仙醪曲演红楼梦》

画册预示二人的结局,有人说林黛玉可能自缢而死,薛宝钗婚后生活凄苦。判词中运用谐音、拆字、用典的方法,强调二人的不同,薛宝钗有着封建妇女的传统美德,相夫教子,是贤妻良母;林黛玉才华出众,是诗词才女。

3. 通过曲子来看林黛玉和薛宝钗二人的情感走向

【枉凝眉】一个是阆苑仙葩,一个是美玉无瑕。若说没奇缘,今生偏又遇着他;若说有奇缘,如何心事终虚化?一个枉自嗟呀,一个空劳牵挂。一个是水中月,一个是镜中花。想眼中能有多少泪珠儿,怎经得秋流到冬尽,春流到夏!

【终身误】都道是金玉良姻,俺只念木石前盟。空对着,山中高士晶莹雪;终不忘,世外仙姝寂寞林。叹人间,美中不足今方信。纵然是齐眉举案,到底意难平。

《枉凝眉》写的是贾宝玉和林黛玉的爱情悲剧,"阆苑仙葩"是指林黛玉的前身——灵河岸边的绛珠仙草;而"美玉无瑕"是指贾宝玉,他的前身是赤瑕宫神瑛侍者,且衔玉而生。最终有情人没成眷属,一个泪尽而亡,一个出家修行。

《终身误》是以贾宝玉的口吻评价薛宝钗的,从曲子中可以看出,贾宝玉自始至终心都不在薛宝钗身上。

两首曲子写出了宝、黛、钗三人的情感纠葛,其中"美中不足今方信"是点睛之笔,这与一僧一道教导"通灵宝玉"的话"美中不足,好事多磨"如出一辙。林黛玉和贾宝玉有"木石前盟"的旷世爱情,最终却没能结成良缘;薛宝钗拥有了"金玉良缘",却没有爱情。而贾宝玉,在经历了悲欢离合、兴衰荣辱之后,看破红尘,毅然出家。

4. 梳理林黛玉和薛宝钗的相关内容,总结人物形象特点

风露清愁林黛玉

项目	内容
人物身份	出身书香门第,贾母的外甥女,贾母之女贾敏和林如海的女儿,父亲林如海是探花出身
别名	前身:绛珠仙草、绛珠仙子 笔名:潇湘妃子 贾宝玉送她的字:颦颦
居所	潇湘馆:只见入门便是曲折游廊,阶下石子漫成甬路。上面小小两三间房舍,一明两暗,里面都是合着地步打就的床几椅案。从里间房内又得一小门,出去则是后院,有大株梨花兼着芭蕉。又有两间小小退步。后院墙下忽开一隙,得泉一派,开沟仅尺许,灌入墙内,绕阶缘屋至前院,盘旋竹下而出
花语	芙蓉 题字:风露清愁 题诗:莫怨东风当自嗟
情节	1. 林黛玉进贾府 2. 探薛宝钗林黛玉含酸 3. 林黛玉葬花 4. 怒剪香囊 5. 宝黛共读西厢 6. 探望被打的贾宝玉 7. 夺魁菊花诗 8. 教香菱学诗 9. 悲题五美吟 10. 凹晶馆联诗 11. 重建桃花社 12. 惊闻宝黛无缘 13. 焚稿断痴情
一字定评	痴
人物形象	林黛玉是一个冰雪聪明、才华过人、细腻敏感、孤高自许、目无下尘、痴情专一、富有叛逆精神的贵族少女

艳压群芳薛宝钗

项目	内容
人物身份	出身皇商家庭,王夫人之妹薛姨妈之女,哥哥薛蟠
别名	笔名:蘅芜君
居所	蘅芜苑:及进了房屋,雪洞一般,一色玩器全无,案上只有一个土定瓶中供着数枝菊花,并两部书,茶奁茶杯而已。床上只吊着青纱帐幔,衾褥也十分朴素
花语	牡丹花 题字:艳冠群芳 题诗:任是无情也动人

续表

项目	内容
情节	1. 薛宝钗扑蝶　2. 羞笼红麝串　3. 探望挨打的贾宝玉　4. 借扇机带双敲　5. 海棠社夺冠　6. 夜拟菊花题　7. 替史湘云准备螃蟹宴　8. 劝诫林黛玉不要看杂书　9. 和李纨、贾探春一起管理大观园　10. 填柳絮词　11. 和贾宝玉成婚　12. 贾宝玉出家后独守空房
一字定评	时
人物形象	薛宝钗是一个容貌美丽、沉稳低调、学识渊博、富有心机、成熟圆滑、善于逢迎、恪守礼教的封建淑女

（二）梳理贾元春的相关内容，总结人物形象特点

贤孝才德贾元春

项目	内容	评点
人物身份	贾母的孙女，贾政和王夫人之长女，贾宝玉的姐姐	自小跟贾母长大，长姐如母，在家时教导贾宝玉学习。十几岁入宫做女史
画册	遂又往后看时，只见画着一张弓，弓上挂着香橼	用谐音，"弓"象征着"皇宫"，"橼"和"元"谐音。"弓"为兵器，预示争斗残杀
判词	二十年来辨是非， 榴花开处照宫闱。 三春争及初春景， 虎兕相逢大梦归。	这首判词写了贾元春一生的遭遇，入宫二十年，练就了高度的政治敏感和权衡是非利弊的能力，曾经在宫中得宠，盛极一时。贾元春省亲时称皇宫为"不得见人的去处"，石榴寓意"多子多福"，判词中只写榴花未写果，暗示其悲剧结局。她是贾家的政治靠山，亦是姊妹们的榜样，后不幸暴卒。"虎兕相逢"可解释为政治斗争，有版本为"虎兔相逢"，意指贾元春死于虎年和兔年更迭之时
曲子	【恨无常】喜荣华正好，恨无常又到。眼睁睁，把万事全抛。荡悠悠，把芳魂消耗。望家乡，路远山高。故向爹娘梦里相寻告：儿命已入黄泉，天伦呵，须要退步抽身早！	这首曲子的题目已经点明主旨——感叹人生无常。她担负家族振兴的使命，在宫中度日如年，如履薄冰，最终香消玉殒。她告诉父母及早抽身退步才是上策
封号	原为宫中女史，后晋封为凤藻宫尚书，加封贤德妃	晋封的背后是政治力量的博弈
居所	皇宫	
花语	榴花	
情节	1. 元春省亲，游幸大观园　2. 下诏众姐妹进住大观园　3. 端午节赐礼　4. 亲制灯谜　5. 染病暴卒	贾元春在小说中正面出场只有省亲一次，但她的作用和地位不容小觑，她是贾府的政治靠山和代言人
人物形象	贾元春是一个身份高贵、崇尚节俭、贤孝才德、雍容大度、重视亲情、勇于担当家族使命的贵族女子	

（三）梳理贾探春的相关情节，总结人物形象特点

聪敏志高贾探春

项目	内容	评点
别名	外号：玫瑰花 笔名：蕉下客	外号充分显示其个性，长得很美，但也很有锋芒，不受人欺负
画册	后面又画着两人放风筝，一片大海，一只大船，船中有一女子掩面泣涕之状	暗示贾探春远嫁海疆的结局，如风筝一般飘零远方，但心系故乡
判词	才自精明志自高， 生于末世运偏消。 清明涕送江边望， 千里东风一梦遥。	贾探春有才华，有志向，有远见，有魄力，可惜生在贾府衰败之时，且是庶出，最后在清明节那天启程远嫁
曲子	【分骨肉】一帆风雨路三千，把骨肉家园齐来抛闪。恐哭损残年，告爹娘，休把儿悬念。自古穷通皆有定，离合岂无缘？从今分两地，各自保平安。奴去也，莫牵连	贾探春远嫁之时的真情倾诉，既有恋恋不舍之情，也有理性的认识——穷通皆有定，离合岂无缘？符合贾探春聪敏通透的特点
花语	杏花 题字：瑶池仙品 题诗：日边红杏倚云栽	花签说必得贵婿，是贾探春命运的预言
情节	1. 提议成立海棠社　2. 和李纨、薛宝钗共同治理荣国府，进行改革　3. 帮贾迎春治理屋里欺主的刁奴　4. 贾赦想要娶鸳鸯惹怒贾母，贾母怪罪王夫人，贾探春在贾母面前帮王夫人解释开脱　5. 抄检大观园时怒扇王善保家的　6. 林黛玉去世时守在其身边　7. 远嫁海疆	贾探春是一个聪明干练、精通书法、自立自强、勇于担当、富有魄力、见识深远、抱负远大的贵族女子
居所	秋爽斋：贾探春素喜阔朗，这三间屋子并不曾隔断。当地放着一张花梨大理石大案，案上磊（垒）着各种名人法帖，并数十方宝砚，各色笔筒，笔海内插的笔如树林一般。那一边设着斗大的一个汝窑花囊，插着满满的一囊水晶球儿的白菊。西墙上当中挂着一大幅米襄阳《烟雨图》，左右挂着一副对联，乃是颜鲁公墨迹，其词云： 　　烟霞闲骨格，泉石野生涯。 案上设着大鼎。左边紫檀架上放着一个大观窑的大盘，盘内盛着数十个娇黄玲珑大佛手。右边洋漆架上悬着一个白玉比目磬，旁边挂着小锤	从居所可看出贾探春胸襟开阔、爱好书法、品位高雅的特点
一字定评	敏	贾探春敏于思、敏于言、敏于行、敏于识
人物形象	贾探春是一个聪明干练、精通书法、自立自强、勇于担当、富有魄力、见识深远、抱负远大的贵族女子	

教后反思

"金陵十二钗"的前四位——林黛玉、薛宝钗、贾元春、贾探春是《红楼梦》中的重量级人物,其中贾元春出场次数最少,为什么能排在第三位?因为她是贾府在朝廷中的代言人,是整个家族的政治靠山,她的喜好、举动、地位直接影响着贾府。贾元春端午节赐的礼物,薛宝钗和贾宝玉的一样,林黛玉和其他人的一样,就能看出深意。另外,其他政治势力如忠顺王府对贾府的态度,夏太监、周太监到贾府勒索银子,就可以看出贾元春在宫中逐渐失宠的趋势,这不是她个人的原因,是各方政治势力博弈的结果。

课例五 千红一哭金钗泪 万艳同悲女儿心
——初识"金陵十二钗"(中)

导读目标

通过画册、判词、曲子、花签、居所、主要事迹,了解史湘云、妙玉、贾迎春、贾惜春的性格和命运。

导读内容和步骤

一、导入新课

前面我们介绍了"金陵十二钗"的四位女子,相信在同学们心目中已经留下了深刻的印象。今天我们就来认识"金陵十二钗"的另外四位女子——史湘云、妙玉、贾迎春、贾惜春。

二、走近史湘云:梳理史湘云的相关内容,总结人物形象特点

光风霁月史湘云

项目	内容	评点
身份	贾母的侄孙女,贾宝玉的表妹,自幼父母双亡,跟随叔婶生活,小时候曾在贾府居住	之前贾母对她很是疼爱。林黛玉到贾府后,史湘云屡次讽刺林黛玉,推崇薛宝钗,所以贾母对她逐渐疏远
外貌	蜂腰猿背,鹤势螂形	身材高挑。四肢修长,宽肩细腰,颇具时装模特的风采
画册	后面又画几缕飞云,一湾逝水	画册预示着史湘云的悲惨命运——漂泊江湖,无所依靠

续表

项目	内容	评点
判词	富贵又何为,襁褓之间父母违。展眼吊斜晖,湘江水逝楚云飞。	判词写出了史湘云的不幸命运:虽然出身富贵的公侯之家,但很小父母双亡;虽嫁得如意郎君,但很快丈夫去世,转眼间夫妻离散;家族败落后,漂泊流落,不知所终
曲子	【乐中悲】襁褓中,父母叹双亡。纵居那绮罗丛,谁知娇养?幸生来,英豪阔大宽宏量,从未将儿女私情略萦心上。好一似,霁月光风耀玉堂。厮配得才貌仙郎,博得个地久天长,准折得幼年时坎坷形状。终久是云散高唐,水涸湘江。这是尘寰中消长数应当,何必枉悲伤!	曲子既感慨史湘云的不幸——父母双亡、丈夫早逝,又赞颂了她的豪放性格,没有娇生惯养,宽宏大量、襟怀磊落
情节	1. 醉眠芍药裀 2. 向丫鬟翠缕大谈阴阳理论 3. 因戏子和林黛玉闹矛盾 4. 薛宝钗替她摆螃蟹宴 5. 积极参加诗社活动 6. 在芦雪广烤鹿肉 7. 凹晶馆与林黛玉联诗	醉眠芍药裀、赏雪时大啖鹿肉、穿男装,看出她不拘小节,不同于其他贵族小姐的沉静文雅,颇具魏晋名士风度。参加诗社活动,中秋夜和林黛玉联诗,表明她很有文采。说林黛玉像小戏子惹林黛玉不快,说明她口无遮拦,心直口快。虽出身公侯之家,但跟随叔父生活,需整日做针线活,经济拮据。薛宝钗深知内情,替她摆螃蟹宴宴请贾府众人
花语	海棠花 题字:香梦沉酣 题诗:只恐夜深花睡去	暗示其醉眠芍药裀的经典唯美画面
一字定评	憨	胸无城府,心直口快
人物形象	史湘云是一个命运坎坷、活泼旷达、胸襟磊落、心直口快、不拘小节、爱好诗词的贵族女子	

三、走近妙玉:梳理妙玉的相关内容,总结人物形象特点

气质如兰妙玉

项目	内容	评点
身份	苏州人氏,是一位带发修行的居士。她原是仕宦人家的小姐,自小在玄墓蟠香寺出家为尼。贾府建造大观园,妙玉入住栊翠庵	高贵的出身可以解释她的一些不同于一般出家人的行为:孤高自傲,有价值连城的茶具

续表

项目	内容	评点
画册	后面又画着一块美玉,落在泥垢之中	预示妙玉被强盗迷倒后劫走
判词	欲洁何曾洁,云空未必空。可怜金玉质,终陷淖泥中。	妙玉追求冰清玉洁,想了断尘缘,但最后还是被强盗劫走,身不由己,令人嗟叹
曲子	【世难容】 气质美如兰,才华阜比仙。天生成孤僻人皆罕。你道是啖肉食腥膻,视绮罗俗厌;却不知太高人愈妒,过洁世同嫌。可叹这,青灯古殿人将老;辜负了,红粉朱楼春色阑。到头来,依旧是风尘肮脏违心愿。好一似,无瑕白玉遭泥陷;又何须,王孙公子叹无缘	开篇赞颂了妙玉的气质才华,几乎无人能比。她的高洁过犹不及,遭到了世人的嫌弃厌恶。她曾对贾宝玉怦然心动,最终身陷强盗之手,据传被杀害
情节	1. 栊翠庵品茶,请宝、黛、钗喝私房茶 2. 中秋夜听林黛玉、史湘云联诗 3. 贾宝玉丢了"通灵宝玉",邢岫烟请妙玉扶乩寻找 4. 贾母病危,妙玉前来探望 5. 贾母出殡次日,被贼人掳走,传闻在海边遇害	贾母率领刘姥姥等人到栊翠庵品茶,妙玉接待时知道贾母不喝六安茶,沏上老君眉;因为刘姥姥用了一个成窑杯,妙玉就想扔掉,被贾宝玉劝止,最后送给了刘姥姥。她的不同流俗可见一斑
居所	栊翠庵:一股寒香拂鼻。回头一看,恰是妙玉门前栊翠庵中有十数株红梅如胭脂一般,映着雪色,分外显得精神,好不有趣	梅花象征着妙玉的高洁和傲骨
人物形象	妙玉是一位出身高贵、才貌双全、心性高洁、孤芳自赏、遭人嫉恨、举世难容、崇尚庄子、尘缘未断、结局悲惨的少女	

四、走近贾迎春:梳理贾迎春的相关内容,总结人物形象特点

温柔懦弱贾迎春

项目	内容	评点
人物身份	贾母孙女,贾赦之女,贾琏之妹	贾赦一味沉湎于酒色,对女儿并不关心。贾琏夫妇对这个妹妹也很冷漠。贾迎春在贾府的存在感很低
别名	外号"二木头"	外号很能反映出人的特征,贾迎春的木讷从外号中可以看出
外貌	肌肤微丰,合中身材,腮凝新荔,鼻腻鹅脂,温柔沉默,观之可亲	从外貌看,贾迎春长相端庄,很温柔和善

续表

项目	内容	评点
画册	忽见画着个恶狼,追扑一美女,欲啖之意	预示着贾迎春的不幸结局
判词	子系中山狼, 得志便猖狂。 金闺花柳质, 一载赴黄粱。	判词首句采用拆字法,"子""系"为"孙"。当年贾赦欠了孙家五千两银子,应允了贾迎春的婚事。孙绍祖本性暴虐荒淫,在娶了贾迎春以后,露出了本来面目,对贾迎春百般虐待。可怜身为侯门小姐的贾迎春,出嫁一年后,被虐待致死
曲子	【喜冤家】中山狼,无情兽,全不念当日根由。一味地骄奢淫荡贪欢构。觑着那,侯门艳质同蒲柳;作践的,公府千金似下流。叹芳魂艳魄,一载荡悠悠	喜冤家,喜是指婚嫁之事,冤家指她的丈夫就像冤家对头一样,侮辱她、虐待她
居所	紫菱洲或缀锦楼:(贾宝玉)因此天天到紫菱洲一带地方徘徊瞻顾,见其轩窗寂寞,屏帐翛然,不过有几个该班上夜的老妪。再看那岸上的蓼花苇叶,池内的翠荇香菱,也都觉摇摇落落,似有追忆故人之态,迥非素常逗妍斗色之可比。既领略得如此寥落凄惨之景…… 这是贾迎春出嫁后贾宝玉看到其居所的凄凉景象	
情节	1. 螃蟹宴独自穿茉莉花 2. 累金凤被婆子当掉,不管不问,自顾读《太上感应篇》 3. 绣春囊事发拒绝为司棋求情 4. 误嫁中山狼孙绍祖,回贾府省亲诉苦,一年后被虐待致死	贾迎春独自穿花,看出她在贾府没有存在感,但这个沉默的少女,内心也有对美的向往和追求。累金凤被婆子当掉,贾迎春不管不问,贾探春为她做主,她却在读《太上感应篇》,令人哀其不幸,怒其不争。司棋和表弟潘又安有私情,事发后司棋苦求贾迎春为其说情,贾迎春拒绝。贾迎春嫁给孙绍祖后回家省亲,向王夫人诉说自己的遭遇,王夫人说是她的命数。贾迎春说:"我不信自己的命这么不好!"贾迎春命运悲剧的原因:一是性格懦弱;二是贾赦不负责任,贾母不作为;三是遇人不淑
一字定评	懦	
人物形象	贾迎春是一个美丽善良、性格懦弱、老实木讷、因遇人不淑而结局悲惨的贵族少女	

五、走近贾惜春：梳理贾惜春的相关内容，总结人物形象特点

孤介冷漠贾惜春

项目	内容	评点
身份	宁国府贾敬之女,贾珍之妹	父亲贾敬和道士鬼混炼丹,贾珍身为族长,并不关心妹妹,致使贾惜春性格孤僻
别名	无	无
外貌	身量未足,形容尚小	
画册	一所古庙,里面有一美人在内看经独坐	预示着贾惜春出家的结局
判词	勘破三春景不长, 缁衣顿改昔年妆。 可怜绣户侯门女, 独卧青灯古佛旁。	"三春景不长"一语三关。既指暮春季节,春天即将逝去;又指三位姐姐的遭际悲苦;还指贾府已经衰败,盛景不再。"顿改昔年妆",一个"顿"字,表现贾惜春出家决心之坚定,决定之迅速。"独卧青灯古佛旁",一个"独"字,再加上青灯古佛,清冷孤寂之感令人唏嘘感叹
曲子	【虚花悟】将那三春看破,桃红柳绿待如何?把这韶华打灭,觅那清淡天和。说什么,天上夭桃盛,云中杏蕊多。到头来,谁把秋捱过?则看那,白杨村里人呜咽,青枫林下鬼吟哦。更兼着,连天衰草遮坟墓。这的是,昨贫今富人劳碌,春荣秋谢花折磨。似这般,生关死劫谁能躲?闻说道,西方宝树唤婆娑,上结着长生果	《虚花悟》曲子果然是大彻大悟之语,用了比喻、对比的修辞手法,将红尘看破说破
情节	1. 和智能儿下棋,有出家的想法 2. 奉贾母之命画大观园 3. 抄检大观园时,在丫鬟入画处发现了违禁品,入画苦求贾惜春,贾惜春不管 4. 贾惜春出家	惜春和智能儿玩耍、下棋及所说的出家的话,为日后出家埋下了伏笔。她可能知道宁国府贾珍的龌龊行径,所以断然和宁国府的亲人划清界限
一字定评	冷	
人物形象	贾惜春是一个冷漠孤僻、冷静理性、看破红尘的贵族少女	

 教后反思

　　史湘云、妙玉、贾迎春、贾惜春是"金陵十二钗"中第二梯队的人物,这几个人物各具特色,性格鲜明。史湘云和妙玉结局不明,妙玉遇害也只是传闻,贾迎春是其中最懦弱的一个人,这个贵族少女最终的结局令人唏嘘。我们不仅要了解这些人物的性格,还要了解其性格的成因。

课例六　千红一哭金钗泪　万艳同悲女儿心
——初识"金陵十二钗"(下)

导读目标

从画册、判词、曲子、外貌、情节、一字定评等方面了解王熙凤、贾巧姐、李纨、秦可卿的相关情节及人物形象。

导读内容和步骤

一、导入新课

"金陵十二钗"的人物我们已经了解了大半,今天我们了解"金陵十二钗"中最后四位女子。

二、梳理王熙凤的相关内容,总结人物形象特点

五辣俱全王熙凤

项目	内容	评点
人物身份	王夫人、薛姨妈、王子腾的侄女,贾琏之妻,贾巧姐之母	王熙凤出身于四大家族中的王家,祖上专管各国进贡朝贺的事,这是她极力炫耀的一点,其叔父王子腾在朝廷中很有权势,是王家地位最显赫的人物
别名	自幼假充男儿教养,学名王熙凤。小说中多称凤姐,长辈们称之为"凤丫头",贾母称之为"凤辣子",贾琏称之为"母夜叉"	其中绰号"凤辣子"最能体现她的性格特点
画册	后面便是一片冰山,上面有一只雌凤	冰山易化,暗示贾府已经衰败,不可依靠
判词	凡鸟偏从末世来, 都知爱慕此生才。 一从二令三人木, 哭向金陵事更哀。	判词首句运用"拆字法",点明了王熙凤处于贾府衰败的时期,但她很有治家的才能。第三句有争议,一般认为说的是贾琏对她的态度,"人木"合在一起是"休"字,贾琏先是顺从她,接着开始命令她,最后休掉她,她只好哭着回到金陵
曲子	【聪明累】机关算尽太聪明,反算了卿卿性命。生前心已碎,死后性空灵。家富人宁,终有个家亡人散各奔腾。枉费了,意悬悬半世心;好一似,荡悠悠三更梦。忽喇喇似大厦倾,昏惨惨似灯将尽。呀!一场欢喜忽悲辛。叹人世,终难定!	这是对王熙凤命运的感叹,贾府走向衰败已是定局,纵使王熙凤万般本领,也无法力挽狂澜

续表

项目	内容	评点
外貌	这个人打扮与众姑娘不同:彩绣辉煌,恍若神妃仙子。头上戴着金丝八宝攒珠髻,绾着朝阳五凤挂珠钗;项上带(戴)着赤金盘螭璎珞圈;裙边系着豆绿宫绦,双衡比目玫瑰佩;身上穿着缕金百蝶穿花大红洋缎窄裉袄,外罩五彩刻丝石青银鼠褂;下着翡翠撒花洋绉裙。一双丹凤三角眼,两弯柳叶吊梢眉,身量苗条,体格风骚。粉面含春威不露,丹唇未启笑先闻	王熙凤的打扮色彩繁复、艳丽异常,以此显示了她在贾府的当家少奶奶地位,也反映出她的审美品位并不高,因为清代妇女的衣饰"贵雅贵洁"。对她五官的描写凝练传神,丹凤眼本来很美丽,加上"三角"二字,显示出她的狡诈、阴险。粉面含春威不露,满面春风,威在其中,令人不寒而栗
情节	1. 林黛玉进贾府时,王熙凤出场 2. 接见刘姥姥并给她二十两银子 3. 协理宁国府 4. 毒设相思局 5. 弄权铁槛寺 6. 正言弹妒意 7. 被赵姨娘、马道婆下蛊而疯癫 8. 生日宴撞破贾琏偷情,大闹荣国府 9. 外出看戏,掌掴乱闯的小道士 10. 请刘姥姥给贾巧姐取名 11. 让刘姥姥陪贾母游大观园并逗乐 12. 发现贾琏偷娶尤二姐,将尤二姐骗到大观园,大闹宁国府,设计害死尤二姐 13. 给贾母办丧事力不从心 14. 因放高利贷导致贾府被查抄 15. 托孤刘姥姥	王熙凤是《红楼梦》中塑造得最成功、最接地气的人物。红学家王昆仑说:"恨凤姐,骂凤姐,不见凤姐想凤姐。"表达了人们对王熙凤又爱又恨的复杂情感
侧面描写	周瑞家的:这位凤姑娘年纪虽小,行事却比世人都大呢。如今出挑的美人一样的模样儿,少说些有一万个心眼子。再要赌口齿,十个会说话的男人也说他(她)不过。……待下人未免太严些个 宁国府中都总管来升:那是个有名的烈货,脸酸心硬,一时恼了,不认人的 贾琏的小厮兴儿:嘴甜心苦,两面三刀;上头一脸笑,脚下使绊子;明是一盆火,暗是一把刀:都占全了	别人的评价可以帮助我们更好地认识王熙凤,这些不同的评价源于人物不同的身份
一字定评	辣、酸 红学家周思源概括凤姐五辣俱全——麻辣、香辣、酸辣、泼辣、毒辣	
人物形象	王熙凤性格复杂。她容貌出众、伶牙俐齿、八面玲珑、聪明能干、杀伐决断、机智多才的同时自私自利、贪权好财、阴险狠毒、专横好妒	

三、梳理贾巧姐的相关内容,总结人物形象特点

机缘巧合贾巧姐

项目	内容	评点
人物身份	贾琏和王熙凤之女	王熙凤一直为没有生儿子而自卑
名字	贾巧姐	因生日是七夕,不太吉祥,王熙凤请刘姥姥起名,她的命运确实应在这个"巧"字上
画册	后面又是一座荒村野店,有一美人在那里纺绩	预示贾巧姐下嫁农村做村妇的结局
判词	事败休云贵, 家亡莫论亲。 偶因济刘氏, 巧得遇恩人。	前两句直击世俗。贾家被抄家,不要再说什么地位显贵了;家破人亡,哪里有什么亲戚可以依靠?只因为王熙凤生前帮助了刘姥姥,才有刘姥姥仗义救出贾巧姐,使她能够平安度日
曲子	【留余庆】留余庆,留余庆,忽遇恩人;幸娘亲,幸娘亲,积得阴功。劝人生,济困扶穷,休似俺那爱银钱忘骨肉的狠舅奸兄!正是乘除加减,上有苍穹	曲子运用对比的修辞手法,赞颂了刘姥姥知恩图报、仗义相助,痛斥了见利忘义的舅舅王仁和兄长
情节	1. 幼时和板儿互换玩物 2. 见到贾芸就哭 3. 仰慕古代的贤良女子 4. 险些被舅舅卖给外藩王爷,危急时刻刘姥姥、平儿、王夫人合力搭救 5. 经刘姥姥说媒,下嫁农村乡绅	贾巧姐在小说中出场不多,她和父母的性格不同,是一位稳重正统、知书达理的贵族小姐
人物形象	贾巧姐是一个幼时娇弱多病、聪明稳重、知书达理、仰慕贤女烈女的贵族女子	

四、梳理李纨的相关内容,总结人物形象特点

淡泊守节李纨

项目	内容	评点
人物身份	荣国公长孙贾珠之妻。贾珠夭亡,幸有一子贾兰。父亲李守忠,曾任国子监祭酒	李纨出生书香门第,又嫁与荣国府长孙为妻,人生起点很高。不料贾珠早亡,李纨青春守寡
名字	字宫裁,笔名稻香老农,人称"菩萨奶奶"	小说中唯一一个有字的女子
画册	后面又画着一盆茂兰,旁有一位凤冠霞帔的美人	预示着贾兰考取功名,李纨晚年守得云开见月明,享受过短暂的荣华富贵

项目	内容	评点
判词	桃李春风结子完, 到头谁似一盆兰。 如冰水好空相妒, 枉与他人作笑谈。	李纨青春丧偶,儿子贾兰是贾府最勤奋、最有出息的子弟,李纨也因此诰命加身,只可惜好景不长,就离开人世
曲子	【晚韶华】镜里恩情,更那堪梦里功名!那美韶华去之何迅!再休提绣帐鸳衾。只这带(戴)珠冠,披凤袄,也抵不了无常性命。虽说是,人生莫受老来贫,也须要阴骘积儿孙。气昂昂头戴簪缨,气昂昂头戴簪缨;光灿灿胸悬金印,威赫赫爵禄高登,威赫赫爵禄高登;昏惨惨黄泉路近。问古来将相可还存?也只是虚名儿与后人钦敬	曲子慨叹李纨新婚不久丈夫病亡,从此和儿子相依为命。虽说因子得贵,只可惜命运无常,苦尽甘来之后,却无缘长久享受荣华富贵
居所	稻香村:倏尔青山斜阻。转过山怀中,隐隐露出一带黄泥筑就矮墙,墙头皆用稻茎掩护。有几百株杏花,如喷火蒸霞一般。里面数楹茅屋。外面却是桑、榆、槿、柘,各色树稚新条,随其曲折,编就两溜青篱。篱外山坡之下,有一土井,旁有桔槔辘轳之属。下面分畦列亩,佳蔬菜花,漫然无际	杏花的艳丽热烈和李纨孤寂平淡的生活形成对比,而稻香村的田园风光又暗示了主人心性淡泊、与世无争的性格
情节	1. 负责带领姊妹们学习女红针黹 2. 议办诗社,自任社长 3. 贾宝玉挨打时王夫人提到贾珠,李纨痛哭 4. 在诗社活动中公道评诗 5. 螃蟹宴打趣平儿 6. 王熙凤生病,和贾探春、薛宝钗一起管理大观园 7. 参加贾宝玉生日宴,抽花签 8. 培养贾兰读书,贾兰考取功名	在诗社里,李纨焕发了青春,她写的诗可圈可点,她评的诗公道精准,对贾府的事务她敬而远之,一心课子读书
花语	花签:一枝老梅 题字:霜晓寒姿 题诗:竹篱茅舍自甘心	花语很恰当,老梅有傲骨,有气节。李纨人生不幸,但她淡然处之,低调处世,一心培养儿子,堪称良母
人物形象	李纨是一个贞静淡泊、清雅端庄、处世明达、超然物外、沉静从容的封建大家族的寡妇	

五、梳理秦可卿的相关内容,总结人物形象特点

悲情少妇秦可卿

项目	内容	评点
别名	贾蓉之妻,秦业的养女,有个无血缘关系的弟弟——秦钟。来自仙界清净女儿之境,是太虚幻境之主警幻仙子的妹妹,乳名兼美或可儿,字可卿	秦可卿是一个有神秘色彩的人物,贯通仙界和人间
外貌	贾母素知秦氏是个极妥当的人,生的(得)袅娜纤巧,行事又温柔和平,乃重孙媳中第一个得意之人	秦可卿深受贾母喜爱

续表

项目	内容	评点
画册	又画着高楼大厦,有一美人悬梁自缢	预示着秦可卿的结局
判词	情天情海幻情身, 情既相逢必主淫。 漫言不肖皆荣出, 造衅开端实在宁。	秦可卿谐音"情可轻",她是太虚幻境警幻仙子的妹妹。警幻仙子专管人间风情月债,掌尘世之女怨男痴。秦可卿毋庸置疑也是多情之人
曲子	【好事终】画梁春尽落香尘。擅风情,秉月貌,便是败家的根本。箕裘颓堕皆从敬,家事消亡首罪宁。宿孽总因情	曲子进一步说明,秦可卿的多情不仅害了自己,还害了宁国府
情节	1. 贾母携贾宝玉等人去宁国府赏梅,秦可卿安排贾宝玉到自己房里睡午觉。 2. 贾宝玉梦游太虚幻境,警幻仙子将她的妹妹许配给他 3. 焦大醉骂东府主子"爬灰" 4. 秦可卿患病,大夫没有定论,张太医前来诊断 5. 王熙凤和贾宝玉去探望病中的秦可卿 6. 秦可卿死前托梦给王熙凤,提醒王熙凤安排好贾府的退路 7. 秦可卿葬礼,场面盛大 8. 鸳鸯自缢时,恍惚看见秦可卿比画着让她上吊	秦可卿周到细致,深得贾母信任,贾母放心地将贾宝玉交给她照管。她和贾珍的不伦之恋是大丑闻,给她造成了沉重的心理负担,以致一病不起,魂归离恨天。她又是个很有远见的人,临死托梦给王熙凤,体现了她的远见卓识,为人称道
人物形象	秦可卿性格温和,贤惠孝顺,深谋远虑,行事稳妥,深得人心。因和公公贾珍的不伦之恋败露而早逝	体现了人物的复杂性
未解之谜	1. 身份之谜:刘心武认为她是废太子胤礽之女,还有红学爱好者认为她的原型是胤礽。 2. 死因之谜:① 在天香楼自缢而死(判词中有明显的指向);② 因和贾珍的私情泄露,抑郁而终;③ 死于宫中政治斗争;④ 贾元春害死了她 3. 婚姻之谜:出身低微,却嫁到贾府,且受到贾母的喜爱	秦可卿是"金陵十二钗"中最神秘的女子,身上有很多谜团,以至形成了"秦学"

教后反思

"金陵十二钗"是《红楼梦》中的重量级人物,读《红楼梦》,对"金陵十二钗"既要有宏观的了解,也要有微观的品味。我们选用表格的形式,条目清楚,再加上阅读者的评点,使解读更具个性化。因为每个人物都有自己独特的地方,表格条目的设置同中有异。一个表格不足以包含人物的全部内容,只是为了让学生有一个较为清晰的了解,搭起骨架之后,再充实细节,对人物的认识也会更加立体、丰满、深刻。

课例七　红楼一梦梦千古　金陵旧影影入心
——《红楼梦》中的金陵旧影

设计背景

"金陵"在《红楼梦》中出镜率很高。据统计,《红楼梦》中42次提到金陵,这是因为曹雪芹心中有着难以割舍的"金陵情结"。曹家世受皇恩,在江宁织造的位置上近60年,曹雪芹本人也出生在江宁织造府,并在此度过了自己的童年。金陵的繁华风流、风土人情、亲朋好友给他留下了深刻的印象。我们探究《红楼梦》中的金陵旧影可以帮助学生加深对文本内容的理解。

导读目标

自主合作探究《红楼梦》小说内容、作者与金陵的关系。

导读内容和步骤

一、导入新课

"江南佳丽地,金陵帝王州。"金陵是中国古典文化和风雅文化的代表城市,有"天下文枢"之称。朱偰先生在比较了金陵、长安、洛阳、燕京四大古都后,言:"此四都之中,文学之昌盛,人物之俊彦,山川之灵秀,气象之宏伟,以及与民族患难相共,休戚相关之密切,尤以金陵为最。"《红楼梦》作者、小说内容都和金陵有着密切的关系,这节课我们就来交流分享一下探究的成果。

二、引导学生以小组为单位交流探究的成果

一组分享

我们小组主要探究的是曹氏家族、曹雪芹和金陵的关系。语文老师在介绍《红楼梦》作者的时候有所涉及,我们再总结一下。

曹家从曹雪芹的曾祖父曹玺开始,祖孙三代四人担任江宁织造长达58年之久。曹雪芹含着金钥匙出生,自幼在这"秦淮风月"之地过着锦衣玉食的生活,并度过了"锦衣纨绔之时,饫甘餍肥之日"的童年。金陵的生活对于他来说,是曹家也是他本人最辉煌的时期。《红楼梦》中多数情节来自他在这里的亲身经历。他所写的《红楼梦》中,处处有着南京城的印记,例如"金陵十二钗",第一一四回回目中有"王熙凤历幻返金陵",王熙凤的判词中有"哭向金陵事更哀"的句子。曹雪芹在开篇写"曾历过一番梦幻之后",是说他曾经过由繁华到败落的家庭和世事的大变故,《红楼梦》中无疑有他经历过大富大贵到抄家败落的影子。

二组分享

我们组主要从语言方面看《红楼梦》与南京的密切关系。

南京学者金正谦、毛积源和颜文敬就曾在《〈红楼梦〉南京方言考辨》一文中摘录出了《红楼梦》前80回中出现的1 200多条南京方言。他们认为，尽管曹雪芹在13岁时（红学家对此说法不一）家族被抄，返回北京，但在曹雪芹周围，说南京方言的人应该还有很多，有部分家奴随主北迁，因此南京话可算得上是曹雪芹的"母语"。

《红楼梦》的主要人物贾母的南京话大概算是说得最"溜"的了，贾母是金陵世家史侯的小姐，算是土生土长的南京人。第三回里贾母向林黛玉介绍王熙凤时便说："你不认得他（她），他（她）是我们这里有名的一个泼皮破落户儿，南省俗谓作'辣子'，你只叫他（她）'凤辣子'就是了。"南京人对凶狠的女人就俗称为"泼货""泼辣货"。更典型的是第四十四回贾母骂贾琏的一段话，贾母啐道："下流东西，灌了黄汤，不说安分守己的（地）挺尸去，倒打起老婆来了！"南京人常把喝酒戏称为"灌黄汤"，骂人时把睡觉说成"挺尸"。此时的贾母活脱脱一个南京老太太骂晚辈的腔调。

南京话里嫌人话多，不说"唠叨"，说"韶"。"韶"现在已是最有代表性的南京话之一，"韶老太"就是指唠叨的老太太。而在《红楼梦》第二十四回里便出现了这一典型南京话，"贾芸听他韶刀（叨）得不堪，便起身告辞"。南京方言中把"不服气"说成"气不忿"。《红楼梦》第三十一回，贾宝玉说"你们气不忿，我明儿偏抬举"，第六十一回中管厨房的柳嫂子说赵姨娘爱占便宜"没的赵姨奶奶听了又气不忿，又说太便宜了我……"南京话中的"道三不着两"，指考虑不周，说话不着边际。第四十八回中薛姨妈说："文杏又小，道三不着两，莺儿一个人不够服侍的……""安生"一词在南京话里就是指"安静、安定"。如第十八回中林黛玉被贾宝玉缠不过，只得起来道："你的意思不叫我安生，我就离了你。"

南京方言中名词儿化可以说是一个突出的特点，这跟北京官话是明显不同的。《红楼梦》中把两个女说书人称为两个"女先儿"，其实就是南京方言中"女先生"的儿化。第四十四回中，王熙凤的生日宴上，尤氏对王熙凤说："好容易今儿这一遭，过了后儿，知道还得像今儿这样不得了？"

我们认为，《红楼梦》中语言的金陵味是很足的。

三组分享

我们组认为，贾府的老家是金陵，金陵是他们念念不忘的"根"。原著中还多次提到"金陵""金陵老家"等词语。如第二回中冷子兴和贾雨村谈起贾府,说:"去岁我到金陵地界,因欲游览六朝遗迹,那日进了石头城,从他老宅门前经过……"还说:"去岁我在金陵,也曾有人荐我到甄府处馆……"第四回贾雨村审"薛蟠命案",门子拿出护官符,也提到金陵:"贾不假,白玉为堂金作马。阿房宫,三百里,住不下金陵一个史。东海缺少白玉床,龙王来请金陵王。丰年好大雪,珍珠如土金如铁。"第三十三回,贾宝玉挨打,贾母非常生气,对贾政说:"我和你太太宝玉立刻回南京去!"这些内容都说明《红楼梦》的内容与南京关系密切,小说中贾府的原籍就是南京。

四组分享

我们组研究了曹家在南京的遗迹,都是来自网上的史料。我们在网上找到了南京"江宁织造府"的相关资料。

就曹雪芹来说,最深刻的是童年时期对南京的印象,南京的一草一木总关情,可谓亭台楼阁皆是画,景色历历入梦来。据考证,曹家在南京的住房有13处,共483间,田地8处,共19万顷零67亩,仅外面欠曹家的银两就多达32 000多两,可见曹家当年在南京的显赫地位。

据红学家考证,曹府在南京的遗迹主要有五处:一是大行宫一带,二是汉府街一带,三是丹凤街一带,四是雨花台一带,五是金星桥一带。紧邻大行宫的汉府街就是江南织造局的旧址,亦是曹玺的办公所在地。洪秀全为建天京王朝的天王府,于1853年入城后拆毁了大行宫一带的许多旧建筑,曹府当然亦在劫难逃,这给后来的《红楼梦》研究者们带来了许多困惑。

《红楼梦》中的一些地名在南京可以找到。曾有学者用一年多时间来考证《红楼梦》和南京的关系,他们在南京一共找到了40多处与《红楼梦》相关的遗迹。唐人刘禹锡的诗《石头城》写道:"山围故国周遭在,潮打空城寂寞回。淮水东边旧时月,夜深还过女墙来。""石头城"就是南京,第二回"冷子兴演说荣国府"时提到过。第五十一回薛宝琴写的"怀古诗",其中有《钟山怀古》《桃叶渡怀古》,钟山和桃叶渡都是南京的古迹。栊翠庵是大观园中的一处庵堂,为妙玉在园中的修行之所,栊翠庵中的红梅给读者留下了深刻的印象。而红梅,恰是南京独有的景致。上海红学界泰斗邓云乡先生曾就此认定栊翠庵就在南京——因为当年北京是没有户外的梅花的。栊翠庵原型即是万寿禅寺,亦为曹雪芹家庙。史书有记载:"前织造部堂曹大人买施秣陵关田二百七十余亩,杭州田地一百五十余亩。"这里所称"织造部堂曹大人",据吴新雷先生考证乃曹雪芹祖父、时任江宁织造的曹寅。他一次施舍420亩香火田给香林寺,让曹家成为香林寺的最大施主,从而使香林寺再度振兴。香林寺是《红楼梦》铁槛寺的原型。1699年,康熙第三次南巡时见寺院内鸟语花香,遂御笔题写匾额"香林寺"。曹家败落之后,香林寺亦香火冷落。

综上所述,我们认为从遗迹和地名上看,《红楼梦》与南京关系密切。

五组分享

我们注意到,曹家三代四人担任江宁织造,就是管着纺织之类的,《红楼梦》中关于衣服、纺织品之类的描写也有很多。

东晋义熙十三年(417年)东晋在建康设立专门管理织锦的官署——锦署,被看作南京云锦正式诞生的标志。元代开始,云锦一直为皇家服饰专用品。明朝时织锦工艺日臻成熟和完善,并形成南京丝织提花锦缎的地方特色,被称为"东方瑰宝"。清代在南京设有"江宁织造署",曹雪芹的祖父曹寅,就曾任江宁织造20余年。这一时期南京的云锦品种繁多,图案庄重,色彩绚丽,代表了历史上南京云锦织造工艺的最高成就。

曹雪芹在创作《红楼梦》时,有许许多多的人和事就是以江宁织造署中的人和事为蓝本的,其中不乏以南京云锦为服饰或实用物。如第三回中,王熙凤前往贾母处会见林黛玉时,"身上穿着缕金百蝶穿花大红洋缎窄裉袄",此服饰是纹饰为百蝶穿花的大红织金缎窄裉袄。织金又名库金,因织成后输入宫廷的缎匹库而得名。同回写到贾宝玉会见林黛玉时,"穿一件二色金百蝶穿花大红箭袖"。"二色金"全称"二色金库锦",花纹全部用金、银两种线织出,一般以金线为主,少部分花纹用银线装饰。这些充分说明曹家任江宁织造的背景,曹雪芹耳濡目染,才会对织物如数家珍。还有贾母提到的"软烟罗"等,美轮美奂,令人大开眼界。

六组分享

我们研究的是大观园的原型。如今有红学家考证,南京城西的"随园"就是"大观园"的原型。乾隆十三年(1748年)秋,袁枚以"三百金"购得清凉山附近的小仓山,在此悠闲地度过了半个世纪,他一口咬定,《红楼梦》中"有所谓大观园者,即余之'随园'也"。其中许多景观乃与《红楼梦》中的大观园相仿。就是这么一个极佳去处,却在太平天国后期被夷为梯田,想必是天王洪秀全为解天京被困的粮草危机而不得已为之。

《红楼梦》第十七回写道:"说着,进入石洞来。只见佳木茏葱,奇花炳灼,一带清流,从花木深处曲折泻于石隙之下。再进数步,渐向北边,平坦宽豁,两边飞楼插空,雕甍绣槛,皆隐于山坳树杪之间。俯而视之,则清溪泻雪,石磴穿云,白石为栏,环抱池沿,石桥三港,兽面衔吐。桥上有亭。"这就是沁芳亭,贾宝玉为此亭题了一副对联:"绕堤柳借三篙翠,隔岸花分一脉香。"

《红楼梦》中对最大的人工瀑布的描写如下:"至一大桥前,见水如晶帘一般奔入。原来这桥便是通外河之闸，引泉而入者。"贾政因问："此闸何名？"贾宝玉道："此乃沁芳泉之正源，就名'沁芳闸'。"不是人工所为，园林中哪有"见水如晶帘一般奔入"的壮观美景？随园的"回波闸"在《红楼梦》中易名为"沁芳闸"。贾宝玉把李纨的居所先题名曰"杏帘在望"，林黛玉替贾宝玉所写的应制诗《杏帘在望》，元妃认为是众姊妹中最好的，因这首诗中的"一畦春韭绿，十里稻花香"方改为"稻香村"。稻香村为李纨的居所，贾探春组织海棠诗社，定了稻香村做社，李纨也因其住处自号"稻香老农"，还做了诗社社长。所谓"稻香老农"即是袁枚归农写照。他于南京小仓山撰写了一部烹饪专著《随园食单》，于清乾隆五十七年（1792年）出版，均以京苏大菜为原型，如王熙凤让刘姥姥品尝的"茄鲞"、芦雪广众钗烤的鹿肉以及各种点心，在《随园食单》中都有类似的菜肴。曹雪芹更以《红楼梦》巨著中名菜佳宴的实录为京苏大菜名扬全国提供了雄辩的依据。

七组分享

我们从诗词的角度看《红楼梦》与南京的关系。大家都耳熟能详的林黛玉的《题帕三绝》诗，第一首是："眼空蓄泪泪空垂，暗洒闲抛却为谁？尺幅鲛绡劳解赠，叫人焉得不伤悲！"这首诗明显是套用南明时期秦淮名妓李香君的《诀别口占》诗："眼空蓄泪泪空流，苦苦相思却为谁？自诩豪情今变节，转眼无目更添悲"。李香君与侯方域悲欢离合的故事，被孔尚任写成了《桃花扇》传奇。李香君的诗，是表达国破家亡时的兴亡感慨的，歌颂的是民族大义、民族气节，《红楼梦》套用这样的诗，暗示了作者的思想倾向。

南明时期还有董小宛与冒辟疆的爱情故事。有一年秋天，冒辟疆不知从哪里弄来一丛菊花，与董小宛一起种在地里，晚上下了一场小雨，菊花不仅成活，而且还顶着霜花开放了。夫妻二人十分高兴，于是各自作了一首咏菊诗，他们的朋友杨龙友也凑趣和了一首。这三首诗都被借用在了《红楼梦》中。如林黛玉的"孤标傲世偕谁隐，一样花开为底迟"化用的是杨龙友的"孤标傲世偕卿隐，一样花开故故迟"。虽然《红楼梦》中的"菊花诗"每首都从七言四句改造成了七言八句，增加了一些新的内容，但其从董、冒、杨的"菊花诗"幻化而来这一点，是毫无疑义的。有些红学家认为，《红楼梦》的思想倾向，也许与《桃花扇》《长生殿》一样，抒发了江南知识分子的兴亡感叹。

三、教师总结

"江雨霏霏江草齐，六朝如梦鸟空啼。"红楼遗韵在这个飞速发展的时代被渐渐淡漠。毋庸置疑，金陵是曹雪芹至死不能忘怀的精神故乡。虽然他最后穷愁潦倒于北京西郊,过着食不果腹、衣不遮体的生活,但是金鼎玉馔、美女如云、笙歌达旦、穷奢极欲的金陵豪华生活景象却永远定格在他的脑海之中,那种永远挥之不去的怀旧情绪和金陵情结久久萦绕在他的生命之中,并诉诸笔端。

四、教后反思

南京作为六朝古都,是一个很有文化内涵的城市。《红楼梦》与南京关系密切,了解二者的关系,对理解小说的内容、主旨大有裨益。

课例八 玉在匮中求善价 一曲判词话雨村
——为贾雨村写判词

设计背景

《红楼梦》第二回在全书中有着重要的地位,通过古董商人冷子兴和被革职的贾雨村之间的对话,交代了《红楼梦》中贾府的社会地位以及主要的人物关系,并对一些主要人物进行评价,看似闲谈,实则大有深意。通过二人的对话,我们对贾府的家族背景、人物关系有了一个大体的了解。

"金陵十二钗"的判词是《红楼梦》的特色,作者对书中的女子情有独钟,为她们写下判词和曲子,揭示她们的遭际和命运。仿照"金陵十二钗"的判词,为贾雨村写一个判词,既可以促使学生深入了解判词的写法和作用,又能加深学生对人物的了解,还能锻炼学生的提炼概括和写作能力,是一次比较新颖的尝试。

导读目标

(1)分析贾雨村的人物形象。
(2)了解贾府的概况及主要人物。
(3)在了解人物生平、思想性格的基础上尝试写人物判词。

导读内容和步骤

一、导入新课:联系情节,赏析标题诗

> 一局输赢料不真,香销茶尽尚逡巡。
> 欲知目下兴衰兆,须问旁观冷眼人。

明确:此诗以下棋来作比喻。"一局输赢"云云,每一个封建官僚地主大家族的兴衰都与它作为靠山的某派政治势力相关联。"香销茶尽"是说历时

已久，棋盘上已是残局，喻绵延百年的大家族已到末世。"逡巡"作"迟疑不进"解。"料不真""尚逡巡"，即所谓"百足之虫，死而不僵"，贾府从外面的架子看来，不像个衰败之家。末句即俗谓"当局者迷，旁观者清"，冷子兴就是冷眼人，他比较了解贾府的兴衰。

二、联系文本内容分析贾雨村的内心世界

这士隐正痴想，忽见隔壁葫芦庙内寄居的一个穷儒——姓贾名化、字表时飞、别号雨村者走了出来。这贾雨村原系湖州人氏……

明确：《红楼梦》中的名字有丰富的寓意，贾雨村的名字亦如此。贾雨村谐音"假语存"，贾化谐音"假话"，湖州谐音"胡诌"，作者以谐音修辞手法揭示他徇私枉法、罔顾事实、忘恩负义、攀附权贵的本质。

……他（封肃）乃说道："……那太爷倒伤感叹息了一回；又问外孙女儿，我说看灯丢了。太爷说：'不妨，我自使番役务必探访回来。'说了一回话，临走倒送了我二两银子。"……

明确：在甄士隐岳父封肃的口中，贾雨村是一个非常念旧情、有人情味的官吏。

至次日，早有雨村遣人送了两封银子、四匹锦缎，答谢甄家娘子；又寄一封密书与封肃，转托问甄家娘子要那娇杏作二房……

明确："两封银子、四匹锦缎"算是厚礼，两封银子数量不少，锦缎当时也是贵重物品，贾雨村以此来酬谢当初甄士隐资助他上京赶考的五十两银子和两套冬衣，回报也算是优厚，似乎并非忘恩负义之人。"密书"说明他是一个做事很谨慎缜密的人，娶娇杏虽然在当时不是伤风败俗之事，但贾雨村也不想大张旗鼓。

……虽才干优长，未免有些贪酷之弊；且又恃才侮上，那些官员皆侧目而视……

……龙颜大怒，即批革职。该部文书一到，本府官员无不喜悦……

明确：贾雨村为官贪婪严酷，恃才傲物，也有些书生意气，因此在官场上很吃不开，为他后面徇私枉法做铺垫。

……那雨村心中虽十分惭恨，却面上全无一点怨色，仍是嬉笑自若；交代过公事，将历年做官积的些资本并家小人属送至原籍，安排妥协，却是自己担风袖月，游览天下胜迹。

明确：贾雨村不愧是有雄才大略的人，被革职后并没有消极颓废，表面从容，内心不甘，很有气度。

……因闻得醴政（林如海）欲聘一西宾（家庭教师），雨村便相托友力，谋

了进去,且作安身之计……

明确:贾雨村积极为自己寻找一个东山再起的平台。

……隐隐的有座庙宇,门巷倾颓,墙垣朽败,门前有额,题着"智通寺"三字,门旁又有一副旧破的对联,曰:

身后有馀(余)忘缩手,眼前无路想回头。

明确:身后有退路的时候,就忘记了缩回贪婪的手;当眼前无路的时候,才想起回头。这副对联是对名利场中贪求不已之人的一声棒喝和讥讽,暗指贾雨村恰好是这一类人,他来此之前正是因为贪酷等罪名被革职。

……雨村看了,因想道:"这两句话,文虽浅近,其意则深。我也曾游过些名山大刹,倒不曾见过这话头,其中想必有个翻过筋斗来的亦未可知,何不进去试试。"想着走入,看时只有一个龙钟老僧在那里煮粥。雨村见了,便不在意。及至问他两句话,那老僧既聋且昏,齿落舌钝,所答非所问。

明确:翻过筋斗来的,指经历过困境之后彻悟上述对联所蕴含的道理。此时的贾雨村,名利心炽烈,根本不想退路。认为意思浅近,说明贾雨村只理解表面意思,对于其中的警示意义并没有切身的体会。

雨村因问:"近日都中可有新闻没有?"……

明确:贾雨村对京城官场还是十分关心,想伺机而起。

小结:本回中的贾雨村,尚有知恩图报之心,有宠辱不惊的气度;名利心炽烈,想在官场上东山再起。

三、结合书中有关贾雨村的内容,梳理贾雨村的人生经历

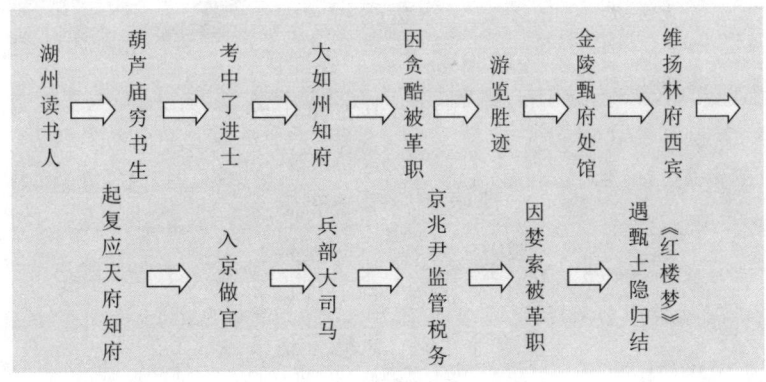

四、思考:作者选择冷子兴来演说荣国府的原因

明确:① 冷子兴是王夫人陪房周瑞家的女婿,他对贾府了解比较多。② 冷子兴古董商的身份对权贵之家的兴衰有职业的敏感和判断力。

五、通过冷子兴和贾雨村的对话,为贾府的人物关系画一个思维导图

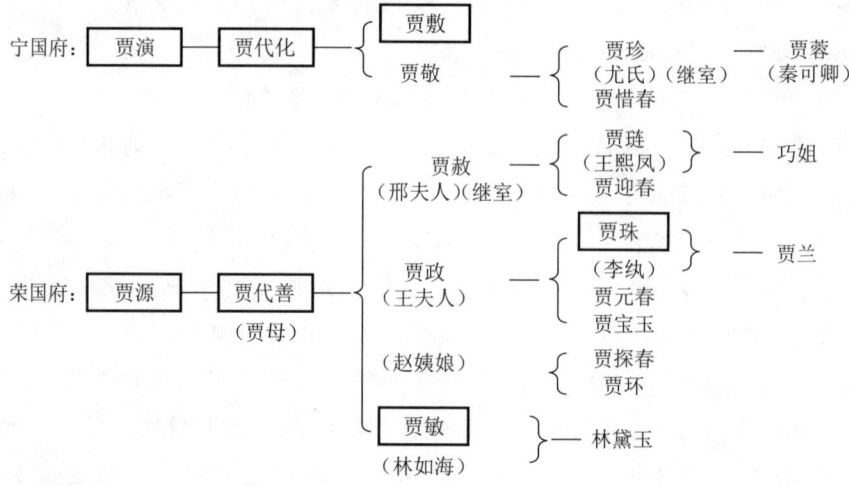

贾府人物关系图

六、根据你对贾雨村的了解,仿照"金陵十二钗"判词的形式,为他写一首判词

提示:细读第五回的判词,总结写判词的方法。

(1)采用古诗的形式。

(2)体现人物的生平、个性、结局。

(3)可以镶嵌或暗示人物的名字。

【师生判词展示】

咏贾雨村

2019 级 8 班　曾瑜涵

夹竹逢雨存,假意难求真。
醉梦方将醒,忽然逢故人。

读贾雨村事迹有感

2019 级 8 班　费封钧

大奸貌似忠,大伪似如真。
空有才名满,贪婪为祸根。

题贾雨村

2019 级 8 班　程紫涵

饱读圣贤训,却成狡诈人。
谁知仁善相,竟藏蛇蝎心。

题贾雨村

2019 级 8 班　于顺开

玉在匣中求善价,欲逢明主济苍生。
葫芦庙内忘恩义,名利熏心终未成。

题贾雨村

2019 级 8 班　张星月

身具才学志自高,仕途无奈尽篷蒿。
一时得意腾云雾,终陷污泥无处逃。

叹贾雨村

2019 级 8 班　王新辉

小巷庙里寄此身,一朝中第长精神。
高官玉椅未安稳,败落皆因假语存。

题贾雨村

2019 级 8 班　崔丽群

假善假仁假语存,忘恩负义泯人伦。
糊涂胡断胡结案,天地何能容此身?

贾雨村判词

2019 级 8 班　王晓宁

儒士荒唐迷乱象,一朝得助忘归途。
他年漫漫无眠夜,可悔当时贪欲无?

叹贾雨村

2019 级 8 班　要文豪

生于仕宦根基尽,起落无凭一路辛。
假语连篇人不齿,贪婪终引火烧身。

题贾雨村

2019 级 8 班　黄林

昔日书生雄志在,乌烟瘴气玷其心。
伪真难辨入歧途,有果从来必有因。

题贾雨村

2019 级 8 班　孙青钰

势利场中趋势利,仁清巷里说人情。
几多荒谬世间事,古寺荒村看自明。

题贾雨村
2019级8班　程功弘业
一朝葫芦庙外辞,春风得意马蹄疾。
徇私枉法错结案,假语存焉亦叹奇。
题贾雨村
曲永辉
举杯邀月志凌云,沐雨杏花无限春。
算尽机关秋忽至,荒村一梦已忘身。

教后反思

在导读过程中,学生的认识几乎是一边倒,虽然肯定了贾雨村的真才实学,但对他的人品是不屑一顾。贾雨村的形象是复杂的,我们不能单纯地把他看作一个小人、一个贪官。贾雨村作为封建时代读书人的代表,一个没落的世家子弟,他也有很多的无奈。基于这一点,笔者又写了一篇文章(详见本书上篇)来分析贾雨村形象的多面性和复杂性,以期抛砖引玉。

课例九　字斟句酌悟深意　评点赏析求真章

——《林黛玉进贾府》导读

设计背景

《林黛玉进贾府》是一篇经典课文,常教常新,备课过程中看《脂砚斋重评〈石头记〉》,茅塞顿开,为什么不让学生也学着评点呢?于是设计了这堂课,跟着名家学评点。评点法是红学研究的重要方法,对学生阅读其他书籍也是大有裨益的。笔者也经常使用评点法阅读《红楼梦》,简洁实用。

导读目标

(1)学习用评点法品味语言之美,培养自主探究能力。
(2)学习人物出场的写法。

导读内容和步骤

一、导入新课

《红楼梦》是我国古典小说的巅峰之作,其思想性、文学性无人出其右,其文学价值得到了后世的高度评价,《林黛玉进贾府》是其中的经典情节。今天我们一起来学习用评点法细读《林黛玉进贾府》,品味其中的语言之美。

二、了解四大名著著名的批注人

明确：神秘批书人脂砚斋评点《红楼梦》、清初文学批评家金圣叹评点《水浒传》、清初文学批评家毛宗岗评点《三国演义》、明末大学者李卓吾评点《西游记》。

教师展示《红楼梦》脂砚斋的评点影印本。

三、介绍评点法

（一）什么是评点法？

评点法是一种研究性的学习方法。在阅读过程中，圈圈点点，心有所感，笔墨追录，三言两语，生动传神。可以评点字词，也可评点句段；可以评点人物，也可评点情节、环境；等等。

（二）仔细体会下列评点方式，跟随名家学评点方法

（1）黛玉忙赔笑见礼。【王蒙评点：忙赔笑，不敢造次。】

（2）又行了半日，忽见街北蹲着两个大石狮子，三间兽头大门，门前列坐着十来个华冠丽服之人。正门却不开，只有东西两角门有人出入。正门之上有一匾，匾上大书"敕造宁国府"五个大字。【蒙府侧批：以下写荣国府第，总借黛玉一双俊眼中传来。非黛玉之眼，也不得如此周密详细。】

（3）第二个削肩细腰。【甲戌侧批：《洛神赋》中云"肩若削成"是也。——脂砚斋评探春外貌描写】

（4）茶未吃了，只见一个穿红绫袄青缎掐牙背心的丫鬟。【甲戌侧批：金乎？玉乎？】

（5）两弯似蹙（cù）非蹙胃（juǎn）烟眉，一双似喜非喜含情目。态生两靥（yè）之愁，娇袭一身之病。泪光点点，娇喘微微。（选自高中语文课本人教版必修三）【黛玉的气韵神情与众各别："胃烟眉"，清、淡、秀；"含情目"，性灵之光；"愁、娇、泪"，使人顿生爱怜，并暗示其悲剧命运。——王蒙评点林黛玉外貌描写】

四、通过学习，总结评点的方法

评生动传神处。

评给人启发处。

评写作手法精彩处。

评存疑矛盾处。

评价的整体性。

五、实践应用

引导学生自选精彩处评点，写好后交流。

评点举例：

（1）正门之上有一匾，匾上大书"敕造宁国府"五个大字。

【学生评点："敕造"两字点明了贾府崇高的政治地位，这是贾府荣华富贵的象征。】

（2）他（她）近日所见的这几个三等仆妇，吃穿用度，已是不凡了，何况今至其家。因此步步留心，时时在意，不肯轻易多说一句话，多行一步路，惟（唯）恐被人耻笑了他（她）去。

【学生评点：林黛玉小小年纪特别聪慧，善于观察揣摩，也为自己在贾府的言谈举止定下了基调，懂事得令人心疼。】

（3）黛玉方进入房时，只见两个人搀着一位鬓发如银的老母迎上来，黛玉便知是他（她）外祖母。方欲拜见时，早被他（她）外祖母一把搂入怀中，心肝儿肉叫着大哭起来。

【学生评点：贾母一个"迎"、一个"搂"字，写出了外祖母对林黛玉这个外甥女的疼爱和失去爱女的悲痛。】

六、以声传情

学生分角色朗诵王熙凤出场的部分，其他学生评价。

七、学以致用

评点文中王熙凤出场的部分。

教后反思

教了多次《林黛玉进贾府》，不想重复一种方法。看《脂砚斋重评〈石头记〉》，评点的精妙处令人叫绝，受此启发，这次将评点法引入课堂，效果不错，起码没有重复老路。但在具体实践中，教师预设过多，学生评点语言不够简练准确，最后的拓展"学以致用"缺乏新意。我们毕竟第一次采用这种方法，以后会再接再厉。

课例十　浓墨重彩画熙凤　哭向金陵事更哀

——第十三回《秦可卿死封龙禁尉　王熙凤协理宁国府》导读

设计背景

"王熙凤协理宁国府"是《红楼梦》中最精彩的章节之一,其中的写法出神入化,妙趣横生,是细读评点的绝佳材料。《林黛玉进贾府》导读中我们学习了评点法,在这一章节中再学以致用,体会语言的精妙之处。

导读目标

(1)运用评点法,赏析作者塑造人物形象的精彩之处。
(2)培养敢于质疑、自主探究的能力。

导读内容和步骤

一、导入新课

出示红学家对王熙凤的评价:

这个人,无论在《红楼梦》书里,或者是书外,都是受到议论、受到评论最多的一个,遭人褒贬,亦赞亦咒。

——吕启祥

恨凤姐,骂凤姐,不见凤姐想凤姐。

——王昆仑

二、赏析精彩笔墨

复习《林黛玉进贾府》的评点细读法,运用评点法赏析精彩片段。

三、引导学生自主赏析并交流,展示优秀赏析成果

片段一:

可巧这日非正经日期,亲友来的(得)少,里面不过几位近亲堂客,邢夫人、王夫人、凤姐并合族中的内眷陪坐。闻人报:"大爷进来了。"唬得众婆娘唿的一声,往后藏之不迭,独凤姐款款站了起来。

【学生甲:用对比的修辞手法,"款款"表现出王熙凤的落落大方。学生乙:王熙凤的表现鹤立鸡群,为以后协理宁国府的精彩表现张本。学生丙:王熙凤此时人如其名,堪称百鸟之王,与众不同,站出了气度,站出了风采。几天后学生甲又有了新想法,说众婆娘本能地远离贾珍,除男女授受不亲的原因外,也许对贾珍与秦可卿之私情有所耳闻;王熙凤自幼和贾珍玩耍,不怕贾

珍,贾珍也了解王熙凤的杀伐决断,不敢轻举妄动。】

……那凤姐素日最喜揽事办,好卖弄才干,虽然当家妥当,也因未办过婚丧大事,恐人还不服,巴不得遇见这事。今见贾珍如此一来,他(她)心中早已欢喜。先见王夫人不允,后见贾珍说的(得)情真,王夫人有活动之意,便向王夫人道:"大哥哥说的(得)这么恳切,太太就依了罢。"……

【学生甲:不说自己愿意总揽秦可卿的丧事,却说贾珍说得恳切,似乎是很善解人意,不愿意让贾珍为难。学生乙:体现了王熙凤的说话艺术,让人舒服,又达到了自己的目的。学生丙:体现了王熙凤的性格,好大喜功,心思深细。】

……王夫人悄悄的(地)道:"你可能么?"凤姐道:"有什么不能的。外面的大事已经大哥哥料理清了,不过是里头照管照管,便是我有不知道的,问问太太就是了。"……

【学生甲:王熙凤的意思已经很明显,对自己很有信心。学生乙:举重若轻,不愧是当家少奶奶。】

……王夫人见说的(得)有理,便不作声。贾珍见凤姐允了,又陪(赔)笑道:"也管不得许多了,横竖要求大妹妹辛苦辛苦。我这里先与妹妹行礼,等事完了,我再到那府里去谢。"说着就作揖下去,凤姐儿还礼不迭。

贾珍便忙向袖中取了宁国府对牌出来,命宝玉送与凤姐,又说:"妹妹爱怎样就怎样,要什么只管拿这个取去,也不必问我。只求别存心替我省钱,只要好看为上;二则也要同那府里一样待人才好,不要存心怕人抱怨。只这两件外,我再没不放心的了。"凤姐不敢就接牌,只看着王夫人……

【学生甲:王熙凤虽然急于接管,但她还是懂得礼节,尊重王夫人的权威地位。】

……王夫人道:"你哥哥既这么说,你就照看照看罢了。只是别自作主意,有了事,打发人问你哥哥、嫂子要紧。"宝玉早向贾珍手里接过对牌来,强递与凤姐了……

【学生乙:原先就是贾宝玉向贾珍推荐的王熙凤。】

片段二:

……那人已张惶(皇)愧惧。凤姐冷笑【神态毕现】道:"我说是谁误了,原来是你!你原比他们有体面,所以才不听我的话。"【正话反说】那人道:"小的天天都来的(得)早,只有今儿,醒了觉得早些,因又睡迷了,来迟了一步,求奶奶饶过这次。"正说着,只见荣国府中的王兴媳妇来了,在前探头。

…………

凤姐因见张材家的在旁,因问:"你有什么事?"……

【学生甲:王熙凤先把这个迟到的人晾在一边,让她在众目睽睽之下不知自己将如何被处罚而惴惴不安。学生乙:这是杀鸡骇猴。学生丙:先去和张

材家的说话,表现对迟到者的蔑视。】

片段三:

贾琏遂问别后家中的诸事,又谢凤姐的操持劳碌。凤姐道:"我那(哪)里照管得这些事!见识又浅,口角又笨,心肠又直率,人家给个棒槌,我就认作'针'。脸又软,搁不住人给两句好话,心里就慈悲了。况且又没经历过大事,胆子又小,太太略有些不自在,就吓的(得)我连觉也睡不着了。我苦辞了几回,太太又不容辞,倒反说我图受用,不肯习学了。殊不知我是捏着一把汗儿呢。一句也不敢多说,一步也不敢多走。你是知道的,咱们家所有的这些管家奶奶们,那(哪)一位是好缠的?错一点儿他(她)们就笑话打趣,偏一点儿他(她)们就指桑说槐的抱怨,'坐山看虎斗'、'借剑杀人'、'引风吹火'、'站干岸儿'、'推倒油瓶不扶',都是全挂子的武艺。况且我年纪轻,头等不压众,怨不得不把放我在眼里。【极力渲染贾府仆妇们的刁钻恶毒,实则衬托自己的精明强干】更可笑【实际上不可笑,是自己实至名归】,那府里忽然蓉儿媳妇死了,珍大哥又再三再四的(地)在太太跟前跪着讨情,只要请我帮他几日;我是再四推辞,太太断不依,只得从命。依旧被我闹了个马仰人翻,更不成个体统,至今珍大哥还抱怨后悔呢。你这一来了,明儿你见了他,好歹描补描补,就说我年纪小,原没见过世面,谁叫大爷错委了他(她)的。"【看似是自我检讨、自我贬低,实际上是自我炫耀】

四、引导学生总结王熙凤的管理艺术

造声势,打造品牌　抓机遇,有礼有节
理头绪,对症下药　说丑话,敲山震虎
定规矩,责任分明　肯吃苦,率先垂范
重细节,以情感人　辨公私,赏罚有度

五、引导学生结合前人评价,理解本回内容

单是命意,就因读者的眼光而有种种:经学家看见《易》,道学家看见淫,才子看见缠绵,革命家看见排满,流言家看见宫闱秘事……

——鲁迅

写凤姐之珍贵,写凤姐之英气,写凤姐之声势,写凤姐之心机,写凤姐之骄大。

——脂砚斋回评

秦氏死后,不写贾蓉悼亡,单写贾珍痛媳,又必觅好棺木,必欲封诰,僧道荐忏,开丧送柩,盛无以加,皆是作者深文。

——王希廉回评

教后反思

本课是在评点《林黛玉进贾府》基础之上的又一次评点实践。本回精彩笔墨处处皆是,有利于学生自主赏析。实践证明,学生抓得很准,赏析很到位。本课美中不足的是,教师讲得过多,削弱了学生的主体地位。

课例十一　姹紫嫣红撷春色　半片花上看人情
——第三回《贾雨村夤缘复旧职　林黛玉抛父进京都》导读

设计背景

《林黛玉进贾府》曾是高中语文课本的经典篇目,笔者每次教这篇课文,既感到亲切,又有压力,不想再重复以前的教法。第一遍教的时候,采用了典型的讲读教学;第二遍采用读写结合的方法,选取王熙凤出场的那一段重点赏析,并让学生尝试写一个人物的出场;第三遍采用评点法,效果也很不错。此次在烟台四中首届北大班中进行了大胆的尝试,完全采用学生自主赏析的方法,让全班的五个小组从不同角度赏析,自己查找资料,然后分享展示。当时来校指导的北京名师刘德水老师听了这节课,对这种导读方法很是赞赏,他认为真正地发挥了学生的主动性,教师虽然不是主角,但功夫在诗外,放手给学生,教师对学生的培养、指导需要付出更多的努力。

导读目标

(1)通过微课题式自主赏析,培养学生深度阅读的能力。
(2)培养学生质疑精神,发展学生创新思维。

导读内容和步骤

一、引导学生在前期小组合作阅读赏析的基础上进行分享交流和展示

(一)总体要求

(1)每个小组派一位学生展示,小组其他学生补充。
(2)其他小组评价、质疑。
(3)其他学生边听边记录要点。

(二)展示要求

(1)仪态大方,声音洪亮,表达流利。
(2)展示内容主题集中,层次清楚,内容深刻,有独到的见解和发现。
(3)能清楚准确地回答同学的提问,提问者表示满意。

（4）恰当使用 ppt，画面有美感。

（三）评价要求

（1）仪态大方，态度诚恳。
（2）一分为二，语言简洁。
（3）着重评价"深"和"新"之处。

二、引导学生分小组展示示例

（一）国公府的第一餐

1. 座位安排见真章

【原文】贾母正面榻上独坐，两边四张空椅，熙凤忙拉了黛玉在左边第一张椅上坐了，黛玉十分推让。贾母笑道："你舅母你嫂子们不在这里吃饭。你是客，原应如此坐的。"黛玉方告了座，坐了。贾母命王夫人坐了。迎春姊妹三个告了座方上来。迎春便坐右手第一，探春坐左第二，惜春坐右第二。

【学生点评】首先要弄清楚东、西两个方位哪个为尊、哪个为卑的问题。顾炎武在《日知录》里讲得清清楚楚："古人之座以东向为尊，故宗庙之际，太祖之位东向。即交际之礼，亦宾东向，而主人西向。"也就是说，从有了礼法规矩后，座次的分配基本上遵守一个"东向为尊，西向为卑"的基本原则。

在《史记·项羽本纪》中有这样的描写："项王、项伯东向坐，亚父南向坐……沛公北向坐，张良西向侍。"一个"侍"字很明显地写出了宴席中地位最卑的张良座次也最卑，而项王和他叔父项伯的座次最为尊贵。

至于南北两个方向的尊卑反而比较容易分辨。因为自古以来，帝王的座位都是设在北方，面朝南边，因此"北"在中国座次排序中至高无上的地位也一直都没有动摇过。

但是左右谁为尊、谁为卑的问题比较复杂，这个争论从夏朝就开始了。夏、商、西周、春秋时期，左与右谁尊要视场合而定。周朝就规定，诸侯朝天子宴饮时，以左为尊；用兵打仗则以右边为尊。到了战国时期，右似乎成了尊位，比如《廉颇蔺相如列传》中就有"以相如功大，拜为上卿，位在廉颇之右"的记载。秦、西汉沿袭了右尊左卑。孝文帝时，右丞相陈平为了安抚太尉周勃，提议将右丞相之位让给有战功的周勃，文帝于是命周勃为右丞相，位第一；平为左丞相，位第二。所以古代的世家大族有的被称为"右姓""右族"，以此象征着其家族崇高的地位。然而需要注意的是，乘车的时候，尊卑位次刚好相反，是左为尊，右为卑。

东汉、魏、晋、南北朝,由于左右的位次排序有了新的变化,所以,官职也是以左为大。这种情况直到元朝才再次有了新的变化,又恢复了"右"尊。明朝建立以后,再次恢复了"左"尊,自此以后一直延续到今天。

现在京戏等传统戏剧,在戏剧舞台上,仍然是安排地位尊贵的人坐在左边,而晚辈、主人总是在右侧陪坐,于是也就出现了林黛玉作为远道而来的客人,被请到左边席面上,位次高于"三春"的描写了。

2. 伺候之中显规矩

【原文】旁边丫鬟执着拂尘、漱盂、巾帕。李、凤二人立于案旁布让。外间伺候之媳妇丫鬟虽多,却连一声咳嗽不闻。

【学生点评】伺候的丫鬟、媳妇人数多,足以显出贾府用饭的排场。更重要的是,这么多人在吃饭的时间内可以做到一点儿声音都不发出,足见贾府规矩之严。拂尘,古代用以掸拭尘埃和驱赶蚊蝇的器具,封建时代皇室卤簿仪仗之一,用来掸除尘埃。

3. 饭后仍有规矩在

【原文】寂然饭毕,各有丫鬟用小茶盘捧上茶来。当日林如海教女以惜福养身,云饭后务待饭粒咽尽,过一时再吃茶,方不伤脾胃。今黛玉见了这里许多事情不合家中之式,不得不随的,少不得一一改过来,因而接了茶。早见人又捧过漱盂来,黛玉也照样漱了口。盥手毕,又捧上茶来,这方是吃的茶。

【学生点评】林黛玉本以为这茶是用来喝的,其实有两道茶:第一道是用来漱口的,第二道才是用来喝的。从饭后漱口、喝茶来看,这贾府的规矩也是极其烦琐的。(注:绿茶里含有氟,不仅能坚固牙齿,还能防治虫牙,消灭菌斑。)通过"家中之茶"和"贾府之茶"的对比,体现出林黛玉寄人篱下的辛酸。

4. 对林黛玉的冲击

【原文】贾母正面榻上独坐,两边四张空椅,熙凤忙拉了黛玉在左边第一张椅上坐了,黛玉十分推让。贾母笑道:"你舅母你嫂子们不在这里吃饭。你是客,原应如此坐的。"黛玉方告了座,坐了。贾母命王夫人坐了。迎春姊妹三个告了座方上来。迎春便坐右手第一,探春左第二,惜春右第二。

【学生点评】这句简单的"你是客",贾母可能是无心的,可"说者无心,听者有意",这句话,在林黛玉那如一汪碧水的心中,不知又泛起了怎样的波澜。

【原文】寂然饭毕,各有丫鬟用小茶盘捧上茶来。当日林如海教女以惜福养身,云饭后务待饭粒咽尽,过一时再吃茶,方不伤脾胃。今黛玉见了这里许多事情不合家中之式,不得不随的,少不得一一改过来,因而接了茶。早见人又捧过漱盂来,黛玉也照样漱了口。盥手毕,又捧上茶来,这方是吃的茶。

【学生点评】这些饭后的规矩对林黛玉的心理冲击也不小。本来到京中外祖母家,心中已十分悲伤、想家,如今又见得这么多与家中不合的规矩,却又要照做,心中寄人篱下之感倍增。

从林黛玉仔细观察他人的行为上,又不难看出她心思缜密,有强烈的自尊心。

(二)透过摆设看贾府

【原文】忽见街北蹲着两个大石狮子,三间兽头大门,门前列坐着十来个华冠丽服之人。正门却不开,只有东西两角门有人出入。正门之上有一匾,匾上大书"敕造宁国府"五个大字。

【学生点评】寥寥数语,豪门气派跃然纸上,给人一种气势煊赫、门禁森严的感觉,同时揭示了贾府荣华富贵的来源和社会地位。"敕造荣国府"显示出贾府所受的皇恩和对君王的忠诚。

【原文】想着,又往西行,不多远,照样也是三间大门,方是荣国府了。却不进正门,只进了西边角门。那轿夫抬进去,走了一射之地……进了垂花门,两边是抄手游廊,当中是穿堂,当地放着一个紫檀架子大理石的大插屏。转过插屏,小小的三间厅,厅后就是后面的正房大院。正面五间上房,皆雕梁画栋,两边穿山游廊厢房,挂着各色鹦鹉、画眉等鸟雀。

【原文】穿过一个东西的穿堂,向南大厅之后,仪门内大院落,上面五间大正房,两边厢房鹿顶耳房钻山,四通八达,轩昂壮丽……进入堂屋中,抬头迎面先看见一个赤金九龙青地大匾,匾上写着斗大的三个大字,是"荣禧堂",后有一行小字:"某年月日,书赐荣国公贾源",又有"万几宸翰之宝"。……又有一副对联,乃乌木联牌,镶着錾银的字迹,道是:

座上珠玑昭日月,堂前黼黻焕烟霞。

【学生点评】描述的景象都是富丽奢华的环境,显示封建大官僚之豪门贵族的不凡气势、显赫高贵的社会地位、与众不同的豪华气派。

【原文】于是老嬷嬷引黛玉进东房门来。临窗大炕上铺着猩红洋罽,正面设着大红金钱蟒靠背,石青金钱蟒引枕,秋香色金钱蟒大条褥。两边设一对梅花式洋漆小几。左边几上文王鼎匙箸香盒;右边几上汝窑美人觚——觚内插着时鲜花卉,并茗碗痰盒等物。地下面西一溜四张椅上,都搭着银红撒花椅搭,底下四副脚踏。椅之两边,也有一对高几,几上茗碗瓶花俱(具)备。其馀(余)陈设,自不必细说。

【学生点评】由堂屋进入东耳房,这里是起居室,另有一番布置;再到东廊三间小正房王夫人的住室,又别有摆设,真所谓"贾不假,白玉为堂金作马"。

【原文】(贾政的书房梦坡斋)正房炕上横设一张炕桌,桌上磊(垒)着书籍茶具,靠东壁面西设着半旧的青缎靠背引枕。王夫人却坐在西边下首,亦是半旧的青缎靠背坐褥……因见挨炕一溜三张椅子上,也搭着半旧的弹墨椅袱……

【学生点评】几个"半旧"显示出一种衰败的气息,和冷子兴的演说相符,"半旧"也显示出主人贾政秉持儒家思想,践行"温良恭俭让",并非奢靡无度之人。

贾政,字存周,荣国府二老爷,贾母和贾代善所生的次子,贾宝玉的父亲,林黛玉的舅舅,薛宝钗的姨父。

他是除贾母外荣国府的最高掌权者,但同贾母一样不常管理府中大小俗务,每日只看书下棋,同一众清客闲聊,是名副其实的"甩手掌柜"。他不喜好繁华奢侈的生活,在游览大观园时亦有过归农隐逸之意。

他自幼好读书,但并不是天生的方正呆板。出仕前,他"也是个诗酒放诞之人",但"一切为的是光宗耀祖",因此重视读书上进,归于正途。

贾政为人端方正直,谦恭厚道,风声清肃,礼贤下士,济弱扶危,大有祖风,惟失之于迂腐。他一心孝顺贾母,亦想严厉管教子女,"宝玉挨打"是《红楼梦》的精彩片段;他想做好官,可是不谙世情,只解打躬作揖,终日静坐,形同泥塑,遭人蒙骗,弄得声名狼藉。政,谐音"正",作者描写他的为人,亦注重一个"正"字。他是深受儒家思想熏陶的正统人物,既是封建正统思想的维护者,也是受害者。

(三)林黛玉的眉眼心病

【原文】两弯似蹙非蹙胃烟眉,一双似泣非泣含露目。态生两靥之愁,娇袭一身之病。泪光点点,娇喘微微。闲静时如姣花照水,行动处似弱柳扶风。心较比干多一窍,病如西子胜三分。

【学生点评】请不要小看这双眉眼,正是这双眉眼总览贾府,又是这双眉眼还泪几多。眼睛是心灵的窗户,从上面两句可以看出前世绛珠仙子的风韵,也看出今生林黛玉的善感多愁。

红学家周汝昌先生说过,《石头记》十来个抄本的异文之多,之"麻烦",是一般人难以想象的,仅仅是描写林黛玉的眉、眼的这两句话,就有以下几种不同的文本。

甲戌本:两弯似蹙非蹙笼烟眉,一双似喜非喜含情目。
乙卯本:两弯似蹙非蹙胃烟眉,一双似笑非笑含情目。
庚辰本:两弯半蹙峨眉,一双多情杏眼。

蒙古王府本：两弯似蹙非蹙罥烟眉，一双俊目。
杨藏本：两弯似蹙非蹙胃烟眉，一双似目。
舒序本：眉弯似蹙而非蹙，目彩欲动而仍留。
卞藏本：两弯似蹙非蹙胃烟眉，一双似飘非飘含露目。
彼得格勒藏本：两弯似蹙非蹙胃烟眉，一双似泣非泣含露目。

——摘自《马瑞芳说红楼》

1984年隆冬，周汝昌先生受国家古籍整理小组负责人李一氓的重托，亲赴彼得格勒去验看彼得格勒的古钞本，终于发现了迄今为止最合适的一句"两弯似蹙非蹙胃烟眉，一双似泣非泣含露目"，周先生又惊又喜。

"两弯似蹙非蹙胃烟眉，一双似泣非泣含露目"，正应前因后果。眉目暗示林黛玉的"心"与"病"。林黛玉是病由心生。她现世情真意切，情贾宝玉之情；天定报恩宿命，还神瑛侍者以泪。

必修三课本中采用的是"一双似喜非喜含情目"，到底哪一个更好？林黛玉曾经说过："我自来是如此，从会吃饮食时便吃药，到今日未断，请了多少名医修方配药，皆不见效。那一年我三岁时，听得说来了一个癞头和尚，说要化我去出家，我父母固是不从。他又说：'既舍不得他（她），只怕他（她）的病一生也不能好的了。若要好时，除非从此以后总不许见哭声；除父母之外，凡有外姓亲友之人，一概不见，方可平安了此一世。'"

可是既然宝黛相见了，命运的齿轮便开始转动，由不得她不病。贾宝玉的眼中，重神不重形。自小在绮罗丛中，看惯了繁复贵重的装饰、花红柳绿的衣着，吸引他的，是林黛玉眉眼间流露的精神气质。

（四）舅母们的"陷阱"

1. 陷阱一——扑了个空

【原文】邢夫人让黛玉坐了，一面命人到外面书房去请贾赦。一时人来回话说："老爷说了：'连日身上不好，见了姑娘彼此倒伤心，暂且不忍相见。劝姑娘不要伤心想家，跟着老太太和舅母，即同家里一样。姊妹们虽拙，大家一处伴着，亦可以解些烦闷。或有委屈之处，只管说得，不要外道才是。'"黛玉忙站起来，一一听了。再坐一刻，便告辞。

2. 陷阱二——邢夫人的苦留

【原文】邢夫人苦留吃过晚饭去，黛玉笑回道："舅母爱惜赐饭，原不应辞，只是还要过去拜见二舅舅，恐领了赐迟去不恭，异日再领，未为不可。望舅母容谅。"邢夫人听说，笑道："这倒是了。"

3. 陷阱三——老嬷嬷的客气

【原文】老嬷嬷们让黛玉炕上坐,炕沿上却有两个锦褥对设,黛玉度其位次,便不上炕,只向东边椅子上坐了。本房内的丫鬟忙捧上茶来。黛玉一面吃茶,一面打谅(量)这些丫鬟们,妆饰衣裙,举止行动,果亦与别家不同。

4. 陷阱四——王夫人让座

【原文】正面炕上横设一张炕桌,桌上磊(垒)着书籍茶具,靠东壁面西设着半旧的青缎背引枕。王夫人却坐在西边下首,亦是半旧的青缎靠背坐褥。见黛玉来了,便往东让。黛玉心中料定这是贾政之位。因见挨炕一溜三张椅子上,也搭着半旧的弹墨椅袱,黛玉便向椅上坐了。王夫人再四携他(她)上炕,他(她)方挨王夫人坐了。

【学生点评】"一年三百六十日,风刀霜剑严相逼。"在曹雪芹不露声色的笔墨中,我们看到了林黛玉的生活环境,更感叹林黛玉的不易,为命途多舛的林妹妹叹息,流泪。

三、总结:细读读出深度,研究才有收获

研:形声。从石,开(jiān)声。本义:细磨。

究:形声。从穴,九声。本义:穷,尽。

教后反思

这是一次大胆的尝试,学生的见解和鉴赏角度给了笔者很多惊喜,他们真正读出了深意和滋味。正所谓功夫在诗外,笔者和各组学生都进行了交流,启发他们深入思考,并为他们提供一些有价值的资料。这一回的赏析是真正的深度阅读和分享交流。

课例十二　曲径通幽寻梦处　天上人间写沧桑
——第一回《甄士隐梦幻识通灵　贾雨村风尘怀闺秀》赏析

设计背景

综观一部《红楼梦》,"梦"贯穿始终。在第一回回目中,也出现了"梦"字,第一回正文中的"梦"比较多。读懂了第一回的"梦",对理解全书很有帮助。鉴于第一回内容较多,我们爬罗剔块,以"梦"为主线,读懂第一回的"梦"之深意。

导读目标

(1) 在了解本回主要内容的基础上理解文中所涉及的"梦"的含义。
(2) 体会浪漫主义和现实主义相结合的写作手法。

导读内容和步骤

一、引导学生按顺序概述本回的内容要点

明确：
(1) 作者的意向和书的要旨。
(2) 顽石遇见了一僧一道。
(3) 甄士隐白日做梦。
(4) 甄士隐遇见僧道，僧道要让甄英莲出家，甄士隐不舍。
(5) 贾雨村偶遇娇杏，得甄士隐资助赴京赶考。
(6) 甄家失爱女遭火灾。
(7) 甄士隐出家。

二、引导学生品味"梦"之滋味

作者在开篇诗中写道："满纸荒唐言，一把辛酸泪！都云作者痴，谁解其中味！"今天我们就来品味一下"梦"的滋味。

（一）列举相关情节并概括这些"梦"的内容

片段一：

一日，正当嗟悼之际，俄见一僧一道远远而来，生得骨格不凡，丰神迥异，说说笑笑来至峰下，坐于石边高谈快论。先是说些云山雾海神仙玄幻之事，后便说到红尘中荣华富贵。此石听了，不觉打动凡心，也想要到人间去享一享这荣华富贵；但自恨粗蠢，不得已，便口吐人言，向那僧道说道："大师，弟子蠢物，不能见礼了。适闻二位谈那人世间荣耀繁华，心切慕之。弟子质虽粗蠢，性却稍通；况见二师仙形道体，定非凡品，必有补天济世之材，利物济人之德。如蒙发一点慈心，携带弟子得入红尘，在那富贵场中、温柔乡里受享几年，自当永佩洪恩，万劫不忘也。"……

这石凡心已炽，那(哪)里听得进这话去，乃复苦求再四。……那僧又道："若说你性灵，却又如此质蠢，并更无奇贵之处。如此也只好踮脚而已。也罢，我如今大施佛法助你助，待劫终之日，复还本质，以了此案。你道好否？"石头听了，感谢不尽。那僧便念咒书符，大展幻术，将一块大石登时变成一块鲜明莹洁的美玉，且又缩成扇坠大小的可佩可拿。那僧托于掌上，笑道："形体

倒也是个宝物了!还只没有实在的好处,须得再镌上数字,使人一见便知是奇物方妙。然后携你到那昌明隆盛之邦,诗礼簪缨之族,花柳繁华地,温柔富贵乡去安身乐业。"……

　　后来,又不知过了几世几劫,因有个空空道人访道求仙,忽从这大荒山无稽崖青埂峰下经过,忽见一大块石上字迹分明,编述历历。空空道人乃从头一看,原来就是无材补天,幻形入世,蒙茫茫大士、渺渺真人携入红尘,历尽离合悲欢炎凉世态的一段故事。后面又有一首偈云:
　　　　无材可去补苍天,枉入红尘若许年。
　　　　此系身前身后事,倩谁记去作奇传?
　　明确:此文段揭示了石头的"红尘梦"——向往人世间的荣华富贵,化作"通灵宝玉",来世间历劫。

片段二:
　　一日,炎夏永昼,士隐于书房闲坐,至手倦抛书,伏几少憩,不觉朦胧(蒙眬)睡去。梦至一处,不辨是何地方。忽见那厢来了一僧一道,且行且谈。
　　只听道人问道:"你携了这蠢物,意欲何往?"那僧笑道:"你放心,如今现有一段风流公案正该了结,这一干风流冤家,尚未投胎入世。趁此机会,就将此蠢物夹带于中,使他去经历经历。"那道人道:"原来近日风流冤孽又将造劫历世去不成?但不知落于何方何处?"那僧笑道:"此事说来好笑,竟是千古未闻的罕事。只因西方灵河岸上三生石畔,有绛珠草一株,时有赤瑕宫神瑛侍者,日以甘露灌溉,这绛珠草始得久延岁月。后来既受天地精华,复得雨露滋养,遂得脱却草胎木质,得换人形,仅修成个女体,终日游于离恨天外,饥则食蜜青果为膳,渴则饮灌愁海水为汤。只因尚未酬报灌溉之德,故其五内便郁结着一段缠绵不尽之意。恰近日这神瑛侍者凡心偶炽,乘此昌明太平朝世,意欲下凡造历幻缘,已在警幻仙子案前挂了号。警幻亦曾问及,灌溉之情未偿,趁此倒可了结的。那绛珠仙子道:'他是甘露之惠,我并无此水可还。他既下世为人,我也去下世为人,但把我一生所有的眼泪还他,也偿还得过他了。'因此一事,就勾(钩)出多少风流冤家来,陪他们去了结此案。"
　　那道人道:"果是罕闻。实未闻有还泪之说。想来这一段故事,比历来风月事故更加琐碎细腻了。"……
　　……那僧道:"若问此物,倒有一面之缘。"说着,取出递与士隐。

片段三:
　　士隐接了看时,原来是块鲜明美玉,上面字迹分明,镌着"通灵宝玉"四字,后面还有几行小字。正欲细看时,那僧便说已到幻境,便强从手中夺了去,与道人竟过一大石牌坊,上书四个大字,乃是"太虚幻境"。两边又有一副对

联,道是:

　　　　假作真时真亦假,无为有处有还无。

　　明确:甄士隐的"白日梦",梦中听见"木石前盟"的故事(还泪说),一睹"通灵宝玉"的真容。

　　片段四:

　　士隐意欲也跟了过去,方举步时,忽听一声霹雳,有若山崩地陷。士隐大叫一声,定睛一看,只见烈日炎炎,芭蕉冉冉,所梦之事便忘了大半。又见奶母正抱了英莲走来。士隐见女儿越发生得粉妆玉琢,乖觉可喜,便伸手接来,抱在怀内,斗他(她)顽(玩)耍一回,又带至街前,看那过会的热闹。

　　方欲进来时,只见从那边来了一僧一道:那僧则癞头跣脚,那道则跛足蓬头,疯疯癫癫,挥霍谈笑而至。及至到了他门前,看见士隐抱着英莲,那僧便大哭起来,又向士隐道:"施主,你把这有命无运、累及爹娘之物,抱在怀内作甚?"士隐听了,知是疯话,也不去睬他。那僧还说:"舍我罢,舍我罢!"士隐不耐烦,便抱女儿撤身要进去,那僧乃指着他大笑,口内念了四句言词道:

　　　　惯养娇生笑你痴,菱花空对雪澌澌。

　　　　好防佳节元宵后,便是烟消火灭时。

　　明确:甄士隐的"天伦梦",视女儿为掌上明珠,不舍得女儿出家。

　　片段五:

　　……这贾雨村原系湖州人氏,也是诗书仕宦之族,因他生于末世,父母祖宗根基已尽,人口衰丧,只剩得他一身一口,在家乡无益,因进京求取功名,再整基业。自前岁来此,又淹蹇住了,暂寄庙中安身,每日卖字作文为生,故士隐常与他交接。

　　…………

　　雨村见他(她)回了头,便自为这女子心中有意于他,便狂喜不尽,自为此女子必是个巨眼英雄,风尘中之知己也。一时小童进来,雨村打听得前面留饭,不可久待,遂从夹道中自便出门去了。士隐待客既散,知雨村自便,也不去再邀。

　　一日,早又中秋佳节。士隐家宴已毕,乃又另具一席于书房,却自己步月至庙中来邀雨村。原来雨村自那日见了甄家之婢曾回顾他两次,自为是个知己,便时刻放在心上。今又正值中秋,不免对月有怀,因而口占五言一律云:

　　　　未卜三生愿,频添一段愁。

　　　　闷来时敛额,行去几回头。

　　　　自顾风前影,谁堪月下俦?

　　　　蟾光如有意,先上玉人楼。

221

雨村吟罢，因又思及平生抱负，苦未逢时，乃又搔首对天长叹，复高吟一联曰：

  玉在匵中求善价，钗于奁内待时飞。

恰值士隐走来听见，笑道："雨村兄真抱负不浅也！"雨村忙笑道："不过偶吟前人之句，何敢狂诞至此。"……

明确：贾雨村的"权色梦"，落魄之中对丫鬟娇杏一见倾心，想要在仕途上一展抱负。

片段六：

可巧这日拄了拐杖挣挫到街前散散心时，忽见那边来了一个跛足道人，疯癫落脱，麻屣鹑衣，口内念着几句言词，道是：

  世人都晓神仙好，惟有功名忘不了！
  古今将相在何方？荒冢一堆草没了。
  世人都晓神仙好，只有金银忘不了！
  终朝只恨聚无多，及到多时眼闭了。
  世人都晓神仙好，只有姣妻忘不了！
  君生日日说恩情，君死又随人去了。
  世人都晓神仙好，只有儿孙忘不了！
  痴心父母古来多，孝顺儿孙谁见了？

士隐听了，便迎上来道："你满口说些什么？只听见些'好''了''好''了'。"那道人笑道："你若果听见'好''了'二字，还算你明白。可知世上万般，好便是了，了便是好。若不了，便不好；若要好，须是了。我这歌儿，便名《好了歌》。"士隐本是有宿慧的，一闻此言，心中早已彻悟。因笑道："且住！待我将你这《好了歌》解注出来何如？"道人笑道："你解，你解。"士隐乃说道：

  陋室空堂，当年笏满床；衰草枯杨，曾为歌舞场。蛛丝儿结满雕梁，绿纱今又糊在蓬窗上。说什么脂正浓、粉正香，如何两鬓又成霜？昨日黄土陇头送白骨，今宵红灯帐底卧鸳鸯。金满箱，银满箱，展眼乞丐人皆谤。正叹他人命不长，那（哪）知自己归来丧！训有方，保不定日后作强梁。择膏粱，谁承望流落在烟花巷！因嫌纱帽小，致使锁枷杠；昨怜破袄寒，今嫌紫蟒长：乱烘烘（哄哄）你方唱罢我登场，反认他乡是故乡。甚荒唐，到头来都是为他人作嫁衣裳！

那疯跛道人听了，拍掌笑道："解得切，解得切！"士隐便说一声"走罢！"将道人肩上褡裢抢了过来背着，竟不回家，同了疯道人飘飘而去。当下烘（哄）动街坊，众人当作一件新闻传说……

明确：甄士隐的"天伦梦"破灭，碰见一僧一道，看破红尘，出家修行。

（二）赏析最凄美的梦——"还泪梦"

阅读贾宝玉和林黛玉三世情缘的相关内容，梳理二人的三世情缘。

……那僧笑道："此事说来好笑，竟是千古未闻的罕事。只因西方灵河岸上三生石畔，有绛珠草一株，时有赤瑕宫神瑛侍者，日以甘露灌溉，这绛珠草始得久延岁月。后来既受天地精华，复得雨露滋养，遂得脱却草胎木质，得换人形，仅修成个女体，终日游于离恨天外，饥则食蜜青果为膳，渴则饮灌愁海水为汤。只因尚未酬报灌溉之德，故其五内便郁结着一段缠绵不尽之意。恰近日这神瑛侍者凡心偶炽，乘此昌明太平朝世，意欲下凡造历幻缘，已在警幻仙子案前挂了号。警幻亦曾问及，灌溉之情未偿，趁此倒可了结的。那绛珠仙子道：'他是甘露之惠，我并无此水可还。他既下世为人，我也去下世为人，但把我一生所有的眼泪还他，也偿还得过他了。'因此一事，就勾（钩）出多少风流冤家来，陪他们去了结此案。"

一世情缘：绛珠仙草—神瑛侍者。

两世情缘：绛珠仙子—神瑛侍者。

三世情缘：林黛玉—贾宝玉。

宝黛之间坚贞不渝、缠绵悱恻的感情感人至深；以泪水来报答灌溉之恩，凄美动人。

（三）"梦"之匠心

试将这些梦分类，并体会作者这样安排的匠心。

明确：顽石的红尘梦、绛珠仙子的还泪梦、甄士隐的神仙梦属于神仙世界的梦想，运用的是浪漫主义的写法。

甄士隐的天伦梦、贾雨村的权色梦是现实生活中的世俗梦想，具有浓郁的尘世气息。

浪漫主义写法和现实主义写法交叉融合，给人一种似梦似幻、瑰丽浪漫的艺术享受。文中出现的一僧一道很有隐喻色彩，佛家普度众生，怀有悲悯之心；道家超脱世俗，及时行乐，极具现实意义。这些梦幻也是现实与理想的融合、碰撞。

（四）体会"梦"之感悟——赏析《好了歌》

好了歌

世人都晓神仙好，惟有功名忘不了！
古今将相在何方？荒冢一堆草没了。
世人都晓神仙好，只有金银忘不了！

终朝只恨聚无多,及到多时眼闭了。
世人都晓神仙好,只有姣妻忘不了!
君生日日说恩情,君死又随人去了。
世人都晓神仙好,只有儿孙忘不了!
痴心父母古来多,孝顺儿孙谁见了?

甄士隐的解说

陋室空堂,当年笏满床;衰草枯杨,曾为歌舞场。蛛丝儿结满雕梁,绿纱今又糊在蓬窗上。说什么脂正浓、粉正香,如何两鬓又成霜?昨日黄土陇头送白骨,今宵红灯帐底卧鸳鸯。金满箱,银满箱,展眼乞丐人皆谤。正叹他人命不长,那(哪)知自己归来丧!训有方,保不定日后作强梁。择膏粱,谁承望流落在烟花巷!因嫌纱帽小,致使锁枷杠;昨怜破袄寒,今嫌紫蟒长:乱烘烘(哄哄)你方唱罢我登场,反认他乡是故乡。甚荒唐,到头来都是为他人作嫁衣裳!

那疯跛道人听了,拍掌笑道:"解得切,解得切!"士隐便说一声"走罢!"将道人肩上褡裢抢了过来背着,竟不回家,同了疯道人飘飘而去。当下烘(哄)动街坊,众人当作一件新闻传说。

明确:揭示了人世间命运无常、恩爱成空、生命短暂、富贵易逝、名利不长的残酷真相,揭示了梦想和现实的巨大反差,一针见血,警醒世人。

(五)"梦"之启示

美梦破碎,转眼成空,人生真的是过眼云烟、充满悲凉吗?第一回看似冰凉冷漠的文字,给了我们怎样的启示?

明确:蒋勋把《红楼梦》当佛经,读懂里面处处充满慈悲,看到一个个红楼小人物的艰难和生命的不忍。生命的鄙俗粗鲁与生命的忧愁不忍,往往是并列的。一个个如萤烛之光的人物,却串起一部不朽巨著的荒凉百态与叙事细节,而《红楼梦》的迷人之处往往就在这些细节中。大事为"假",小事中才处处显"真"。

教后反思

《红楼梦》第一回中的几个"梦"可以说涵盖了整本书的内容。本节课的内容只是整体感知,没有对字词句进行细致赏析,旨在让学生对内容有一个大体的了解,训练学生的宏观概括能力。最后的《好了歌》看破红尘,消极虚无,应该引导学生辩证地去看待。

课例十三　顽石遇仙通灵性　前世今生不了情

——玉的前世今生

设计背景

"通灵宝玉"的前身是大荒山青埂峰下的一块顽石,因为无材补天日夜悲号。后得一僧一道点化,成为扇坠大小晶莹剔透的美玉,随贾宝玉降生,从此这块"通灵宝玉"阅尽荣华富贵、悲欢离合。作者对它着墨不多,但它在书中的作用非同小可。它是本文的线索之一,具有象征意义和文化内涵。

导读目标

（1）体会《红楼梦》中玉和主要人物的关系。
（2）了解玉在传统文化中的寓意。

导读内容和步骤

一、导入新课

鲁迅先生在《绛花洞主·小引》中说过,"（《红楼梦》）单是命意,就因读者的眼光而有种种:经学家看见《易》,道学家看见淫,才子看见缠绵,革命家看见排满,流言家看见宫闱秘事"。我们从中能读到什么呢? 今天我们以"玉"为切入点,读出其中的滋味。

二、研读《红楼梦》第一回、第八回、第十七回、第十八回、第二十五回、第九十四回、第九十五回、第一二〇回,找出相关情节,概括"通灵宝玉"在书中的作用

片段一:

原来女娲氏炼石补天之时,于大荒山无稽崖炼成高经十二丈、方经二十四丈顽石三万六千五百零一块。娲皇氏只用了三万六千五百块,只单单剩了一块未用,便弃在此山青埂峰下。谁知此石自经煅炼之后,灵性已通,因见众石俱得补天,独自己无材不堪入选,遂自怨自叹,日夜悲号惭愧。

——第一回《甄士隐梦幻识通灵　贾雨村风尘怀闺秀》

这石凡心已炽,那（哪）里听得进这话去,乃复苦求再四。二仙知不可强制,乃叹道:"此亦静极思动,无中生有之数也。既如此,我们便携你去受享受享,只是到不得意时,切莫后悔。"石道:"自然,自然。"那僧又道:"若说你性灵,却又如此质蠢,并更无奇贵之处。如此也只好踮脚而已。也罢,我如今大施佛法助你助,待劫终之日,复还本质,以了此案。你道好否?"石头听了,

感谢不尽。那僧便念咒书符,大展幻术,将一块大石登时变成一块鲜明莹洁的美玉,且又缩成扇坠大小的可佩可拿。那僧托于掌上,笑道:"形体倒也是个宝物了!还只没有实在的好处,须得再镌上数字,使人一见便知是奇物方妙。然后携你到那昌明隆盛之邦,诗礼簪缨之族,花柳繁华地,温柔富贵乡去安身乐业。"……

....

　　士隐接了看时,原来是块鲜明美玉,上面字迹分明,镌着"通灵宝玉"四字,后面还有几行小字……

——第一回《甄士隐梦幻识通灵　贾雨村风尘怀闺秀》

　　明确:"通灵宝玉"喻贾宝玉的身世,本为被弃用的顽石,由一僧一道点化为"通灵宝玉",来到世间。贾宝玉衔玉而生,此玉暗示主人虽身世不凡,但为世俗不容。

　　片段二:

　　……那僧笑道:"此事说来好笑,竟是千古未闻的罕事。只因西方灵河岸上三生石畔,有绛珠草一株,时有赤瑕宫神瑛侍者,日以甘露灌溉,这绛珠草始得久延岁月。后来既受天地精华,复得雨露滋养,遂得脱却草胎木质,得换人形,仅修成个女体,终日游于离恨天外,饥则食蜜青果为膳,渴则饮灌愁海水为汤。只因尚未酬报灌溉之德,故其五内便郁结着一段缠绵不尽之意。恰近日这神瑛侍者凡心偶炽,乘此昌明太平朝世,意欲下凡造历幻缘,已在警幻仙子案前挂了号。警幻亦曾问及,灌溉之情未偿,趁此倒可了结的。那绛珠仙子道:'他是甘露之惠,我并无此水可还。他既下世为人,我也去下世为人,但把我一生所有的眼泪还他,也偿还得过他了。'因此一事,就勾(钩)出多少风流冤家来,陪他们去了结此案。"

——第一回《甄士隐梦幻识通灵　贾雨村风尘怀闺秀》

　　明确:"通灵宝玉"喻情感——"木石前盟",浪漫凄美,林黛玉以泪濯"通灵宝玉"之尘埃。

　　片段三:

　　宝钗因笑说道:"成日家说你的这玉,究竟未曾细细的(地)赏鉴,我今儿倒要瞧瞧。"说着便挪近前来。宝玉亦凑了上去,从项上摘了下来,递在宝钗手内。宝钗托于掌上,只见大如雀卵,灿若明霞,莹润如酥,五色花纹缠护。这就是大荒山中青埂峰下的那块顽石的幻相。后人曾有诗嘲云:

　　　　女娲炼石已荒唐,又向荒唐演大荒。
　　　　失去幽灵真境界,幻来亲就臭皮囊。

好知运败金无彩，堪叹时乖玉不光。

白骨如山忘姓氏，无非公子与红妆。

那顽石亦曾记下他这幻相并癞僧所镌的篆文，今亦按图画于后。但其真体最小，方能从胎中小儿口内衔下。今若按其体画，恐字迹过于微细，使观者大废（费）眼光，亦非畅事。故今只按其形式，无非略展些规矩，使观者便于灯下醉中可阅。今注明此故，方无胎中之儿口有多大，怎得衔此狼犺蠢大之物等语之谤。

宝钗看毕，又从（重）新翻过正面来细看，口内念道："莫失莫忘，仙寿恒昌。"……

——第八回《比通灵金莺微露意　探宝钗黛玉半含酸》

片段四：

……那道人笑道："你家现有希（稀）世奇珍，如何还问我们要符水？"贾政听这话有意思，心中便动了，因说道："小儿落草时虽带了一块宝玉下来，上面说能除邪祟，谁知竟不灵验。"那僧道："长官你那（哪）里知道那物的妙用。只因他如今被声色货利所迷，故不灵验了。你今且取他出来，待我们持诵持诵，只怕就好了。"

贾政听说，便向宝玉项上取下那玉来递与他二人。那和尚接了过来，擎在掌上，长叹一声道："青埂峰一别，展眼已过十三载矣！人世光阴，如此迅速，尘缘满日，若似弹指！可羡你当时的那段好处：

天不拘兮地不羁，心头无喜亦无悲；

却因锻（煅）炼通灵后，便向人间觅是非。

可叹你今日这番经历：

粉渍脂痕污宝光，绮栊昼夜困鸳鸯。

沉酣一梦终须醒，冤孽偿清好散场！

念毕，又摩弄一回，说了些疯话，递与贾政道："此物已灵，不可亵渎，悬于卧室上槛，将他二人安在一室之内，除亲身妻母外，不可使阴人冲犯。三十三日之后,包管身安病退,复旧如初。"说着回头便走了。

——第二十五回《魇魔法姊弟逢五鬼　红楼梦通灵遇双真》

片段五：

袭人心里着忙,便捕风捉影的(地)混找,没一块石底下不找到,只是没有。回到院中,宝玉也不问有无,只管傻笑。麝月着急道："小祖宗！你到底是那(哪)里丢的,说明了,我们就是受罪也在明处啊。"宝玉笑道："我说外头丢的,你们又不依。你如今问我,我知道么！"李纨探春道："今儿从早起闹起,已到三更来的天了。你瞧林妹妹已经撑不住,各自去了。我们也该歇歇儿了,明儿再闹罢。"说着,大家散去。宝玉即便睡下。可怜袭人等哭一回,想一回,一夜无眠。暂且不提。

…………

……黛玉虽躺下,又想到海棠花上,说"这块玉原是胎里带来的,非比寻常之物,来去自有关系。若是这花主好事呢,不该失了这玉呀？看来此花开的不祥,莫非他有不吉之事？"不觉又伤起心来。又转想到喜事上头,此花又似应开,此玉又似应失,如此一悲一喜,直想到五更,方睡着。

——第九十五回《因讹成实元妃薨逝　以假混真宝玉疯癫》

明确："通灵宝玉"喻命运——护佑贾宝玉,贾宝玉的命运随之神秘沉浮。

片段六：

——此时自己回想当初在大荒山中,青埂峰下,那等凄凉寂寞；若不亏癞僧、跛道二人携来到此,又安能得见这般世面……

——第十七回至第十八回《大观园试才题对额　荣国府归省庆元宵》

片段七：

……士隐道："宝玉,即宝玉也。那年荣宁查抄之前,钗黛分离之日,此玉早已离世。一为避祸,二为撮合,从此夙缘一了,形质归一。又复稍示神灵,高魁贵子,方显得此玉那天奇地灵煅炼之宝,非凡间可比。前经茫茫大士渺渺真人携带下凡,如今尘缘已满,仍是此二人携归本处,这便是宝玉的下落。"

——第一二〇回《甄士隐详说太虚情　贾雨村归结红楼梦》

明确："通灵宝玉"是线索,见证了贾府的兴衰,最终回归青埂峰,情节圆合,完成了宿命轮回。

三、林黛玉与玉的联系

（一）名字中见深意

黛,青黑色的颜料,古代女子用来画眉,常用来代指女子,如粉黛。贾宝玉和林黛玉名字中都有一个"玉"字,暗示二人的情感纠葛。

（二）玉和林黛玉个性方面的联系

明确：二者皆生命脆弱，孤傲纯洁，富有灵气。

四、探究玉和传统文化的情缘

（一）玉之象征

儒家认为，玉有五德——仁、义、智、勇、洁。

《诗经》：言念君子，温其如玉。

有匪君子，如切如磋，如琢如磨。

《礼记》：古之君子必佩玉。

明确：在传统文化中，玉是君子美好、高洁人格的象征。

（二）引导学生接力背诵与玉有关的古诗词

沧海月明珠有泪，蓝田日暖玉生烟。

玉露凋伤枫树林，巫山巫峡气萧森。

罗浮山下梅花村，玉雪为骨冰为魂。

陌上人如玉，公子世无双。

我欲乘风归去，又恐琼楼玉宇，高处不胜寒。

钟鼓馔玉不足贵，但愿长醉不愿醒。

玉容寂寞泪阑干，梨花一枝春带雨。

花钿委地无人收，翠翘金雀玉搔头。

玉户帘中卷不去，捣衣砧上拂还来。

雕栏玉砌应犹在，只是朱颜改。

凤箫声动，玉壶光转，一夜鱼龙舞。

红藕香残玉簟秋。轻解罗裳，独上兰舟。

羌笛何须怨杨柳，春风不度玉门关。

报君黄金台上意，提携玉龙为君死。

金风玉露一相逢，便胜却人间无数。

佳节又重阳，玉枕纱厨，半夜凉初透。

谁家玉笛暗飞声，散入春风满洛城。

玉勒雕鞍游冶处，楼高不见章台路。

霾两轮兮絷四马，援玉枹兮击鸣鼓。

教后反思

《红楼梦》中的"通灵宝玉"既具有神话色彩,又颇具现实意义。它是小说的线索,串起了贾宝玉的经历,目睹了《红楼梦》中的大事件,见证了贾府的兴衰,既有儒家的"五德",又有道家的无为、佛家的悲悯,蕴含着丰富的文化内涵。

课例十四 一处花开白海棠 两样情怀看钗黛
——薛宝钗、林黛玉《咏白海棠》诗赏析

设计背景

《红楼梦》是一部充满诗情画意的小说,其中的诗词不仅应景,展现人物的才华,还很好地展现了人物的性格特点。我们以薛宝钗、林黛玉的同题诗《咏白海棠》为例,体会《红楼梦》中诗词的魅力。

导读目标

(1)多角度比较阅读、赏析诗歌。
(2)透过诗歌体会人物不同的性格特点。

导读内容和步骤

一、导入新课

《红楼梦》是一部诗意小说,书中的诗词脍炙人口。大观园的姐妹们才华横溢,在贾探春的提议下,成立了海棠诗社;后来由史湘云做东,成立了菊花诗社;不久由林黛玉重建,取名桃花社。第三十七回,海棠诗社成立,姐妹们在秋爽斋各展才情,写下了各具风采的《咏白海棠》诗。薛宝钗和林黛玉的诗难分伯仲,社长李纨如此评价:"若论风流别致,自是这首(林黛玉的诗);若论含蓄浑厚,终让蘅稿(薛宝钗的诗)。"最终,薛宝钗艳压群芳,获得冠军,林黛玉屈居第二。下面我们一起来欣赏薛宝钗、林黛玉二人的《咏白海棠》。

二、引导学生自读这两首诗,谈谈读后的整体感受

咏白海棠
薛宝钗
珍重芳姿昼掩门,自携手瓮灌苔盆。
胭脂洗出秋阶影,冰雪招来露砌魂。

淡极始知花更艳，愁多焉得玉无痕。
欲偿白帝凭清洁，不语婷婷日又昏。

咏白海棠
林黛玉

半卷湘帘半掩门，碾冰为土玉为盆。
偷来梨蕊三分白，借得梅花一缕魂。
月窟仙人缝缟袂，秋闺怨女拭啼痕。
娇羞默默同谁诉，倦倚西风夜已昏。

明确：薛宝钗的诗四平八稳，体现其封建淑女的形象；林黛玉的诗妙趣横生，想象力丰富，富有才情，有叛逆精神。

三、引导学生以诗解人

小组自主合作讨论，确定对比的角度，再联系诗句逐联进行对比，体会二人的性格特点。

四、引导学生进行交流

首联对比："珍重芳姿昼掩门，自携手瓮灌苔盆。"薛宝钗的诗起笔就有一种端庄稳重的气质。珍重自己的美丽，白天重门紧闭，自己亲自去浇灌，说明对花的喜爱，一幅仕女浇花图跃然纸上。

"半卷湘帘半掩门，碾冰为土玉为盆。"林黛玉的诗起笔写看花人"半卷""半掩"，体现一种娇羞、好奇之态；接着写白海棠生活的环境，冰为土、玉做盆，以高雅的环境来衬托白海棠的冰清玉洁，她笔下的白海棠如一株仙葩，可望而不可即，林黛玉的灵动、叛逆、高洁的精神追求初见端倪。

颔联对比："胭脂洗出秋阶影，冰雪招来露砌魂。"薛宝钗笔下的白海棠如同洗尽铅华的美人一般，倩影婆娑，白海棠的精魂如同冰雪、白露一般高洁。这一联体现薛宝钗崇尚淡雅，联想到她的衣着和房间的陈设，可以看出她藏愚守拙、低调内敛的个性。

"偷来梨蕊三分白，借得梅花一缕魂。"这一联被赞为佳句，林黛玉巧妙地化用宋代诗人卢梅坡的《雪梅》"梅须逊雪三分白，雪却输梅一段香"，写出了白海棠既兼有梨花的洁白和梅花的精神。

此联中两人都写白海棠的色彩，薛宝钗写得低调含蓄，林黛玉写得形神兼备，文采斐然。

颈联对比："淡极始知花更艳，愁多焉得玉无痕。"薛诗承接上文的"胭脂洗出秋阶影"，直接点出自己的审美观——淡极始艳，颇具辩证色彩。白海棠没有色彩，却别具风姿，胜过所有的姹紫嫣红。薛宝钗颇为自许，并暗讽贾宝玉、林黛玉每日斗气拌嘴，哭哭啼啼的小儿女之态，是一派小家子气。

"月窟仙人缝缟袂，秋闺怨女拭啼痕。"林黛玉的诗句更具想象力和浪漫色彩，白海棠像月中仙子的翩翩衣袂，又像闺中少女在擦拭泪痕。林黛玉的才情和忧郁洋溢在字里行间。

尾联对比："欲偿白帝凭清洁，不语婷婷日又昏。"薛宝钗以花喻人，愿意以自己的清洁精神回报位于西方、掌管秋令的天神白帝，默默无语，孑然独立，很符合她恬淡自守、温柔持重的个性。

"娇羞默默同谁诉，倦倚西风夜已昏。"林黛玉的白海棠似有千言万语无从诉说，无限的心事欲说还休，只能在秋风中度过一个又一个黄昏。一位美丽多情、细腻忧郁的少女形象跃然纸上。

五、总结板书

（1）品读花·语（语言）。

（2）感悟花·情（情感）。

（3）读懂花·人（形象）。

六、引导学生自命一道诗歌鉴赏，赋分4分，自拟答案和赋分说明

学生出题，同位互换做题，互相批改。

七、我来评卷

学生展示评卷过程以及评卷依据。

教后反思

用诗歌来展现人物形象，这是《红楼梦》的特色。以诗识人，可以说是一举两得：一来可以培养诗歌鉴赏能力，二来可以更加细致全面地把握人物的形象。

课例十五　赋到沧桑文千古　似曾相识燕归来
——《红楼梦》《百年孤独》对比阅读

设计背景

《红楼梦》是中国封建社会的百科全书，《百年孤独》反映了拉丁美洲一个世纪以来的风云变化，二者有很多相似之处。通过对比阅读，学生对中外文学巨著有更宏观的把握，在以开放的心态接受外来文化的同时，提高民族文化自信。

导读目标

通过这两本名著的对比阅读,更深刻地了解这两本书在诸多方面的相似之处,体会二者对后世文学的影响。

导读内容和步骤

一、导入新课

《红楼梦》是中国封建社会的百科全书,梁启超先生评价它:"以言夫小说,《红楼梦》隻立千古,余皆无足齿数。"《百年孤独》问世半个多世纪以来,被誉为"再现拉丁美洲历史社会图景的鸿篇巨制"。《红楼梦》创作于18世纪中叶,而《百年孤独》问世于1967年,两本书的创作时间相距200多年。我们阅读这两部巨著,不难发现这两部伟大的著作尽管产生于不同的时代和国度,却有着很多相似之处。这节课我们就来交流和探讨它们的相似之处。

二、引导学生分组进行讨论,交流自己的见解

学生1:两部作品都是以一个家族作为写作对象,以小见大,反映时代的风云变幻。《红楼梦》以贾府为主要写作对象,以贾府的兴衰为切入点,反映封建社会由盛转衰的时代趋势。《百年孤独》以马孔多小镇的布恩迪亚家族七代人的故事,再现了拉丁美洲一个世纪的历史社会图景。

学生2:两部作品都采用了预言的形式,来揭示小说的结局。《红楼梦》第五回贾宝玉梦游太虚幻境,看到了"金陵十二钗"的判词,听了《红楼梦》曲子,这些内容向读者展示了"金陵十二钗"和贾府的命运结局。《百年孤独》中的梅尔基吉亚德斯留下了羊皮卷预言,最后一代奥雷亚诺翻译出了羊皮卷的预言:家族的第一个人被绑在树上,最后一个人正在被蚂蚁吃掉。

学生3:两部书都采用了浪漫主义的写法,有着魔幻的色彩。《红楼梦》中的太虚幻境、"木石前盟"、"通灵宝玉"历劫归位都有神话色彩,《百年孤独》中的怪诞、象征、轮回的有关情节极具魔幻色彩。二者还都涉及宗教、巫术等。

学生4:两部作品都体现了对女性的赞美:贾府的女性家长贾母、《百年孤独》中的老祖母乌尔苏拉,都是大家族的见证者和掌舵人。女性代表了作者的理想,如《红楼梦》中的林黛玉、《百年孤独》中的雷梅黛丝都是作者极力讴歌赞美的女性人物。

学生5:两部作品对后世都有很大的影响。《红楼梦》深受后来人的推崇,

清朝有"开谈不说《红楼梦》,读尽诗书也枉然"的说法,很多著名作家都受它的影响,像王国维、鲁迅、胡适、俞平伯,既是作家,也是对《红楼梦》颇有研究的学者。张爱玲、白先勇的小说都有《红楼梦》的烙印。《百年孤独》对莫言、陈忠实、余华都有很大的影响,在他们的作品中也有《百年孤独》的影子,如陈忠实《白鹿原》开头第一句话:"白嘉轩后来引以为豪壮的是一生里娶过七房女人。"莫言笔下的《红高粱》开篇有这样一句话:"一九三九年古历八月初九,我父亲这个土匪种十四岁多一点。他跟着后来名满天下的传奇英雄余占鳌司令的队伍去胶平公路伏击日本人的汽车队。"这些开头都受《百年孤独》开头的影响。

学生6:两部书都表现了"孤独"的主题。《百年孤独》布恩迪亚家族每个人都生活在孤独中,最有作为的"上校"奥雷里亚诺·布恩迪亚戎马半生,风光无限,晚年在小作坊里制作小金鱼,做好了,又熔化,最终孤独地死去。丽贝卡以吃土、吮吸手指来对抗人生的孤独。第二代小女儿阿玛兰妲因为自己喜欢的意大利琴师爱上了前来投靠的丽贝卡,心生妒火,意外毒死了二哥奥雷里亚诺·布恩迪亚上校的妻子。这个执拗而痛苦的女人,用一生来赎罪。她终日织自己的寿衣,白天织,晚上拆,直到孤独地死去。第三代奥雷里亚诺·何塞则恋上了抚养自己长大的姑妈,违背人伦,爱而不得,陷入无尽的孤独,最后战死。被捧在手心、受到良好教育的第五代梅梅爱上了一个机车修理工,因偷吃禁果产下一子,被送进修道院,终生一言不发。

《红楼梦》中的主人公贾宝玉也是一个孤独者,第三回中两首《西江月》,已经看出他和世俗格格不入,他怜悯一切生命尤其是水一样的女儿,结果被世人诽谤唾弃,父母亲、薛宝钗、史湘云都希望他留意仕途经济,唯一的知音林黛玉又泪尽而亡,小说结尾他尘缘已尽,毅然出家。正如《红楼梦》收尾曲所言,"落得白茫茫大地一片真干净"。

三、品味两部书中富有震撼力的"孤独"细节

宝玉进得园来,只见满目凄凉,那些花木枯萎,更有几处亭馆,彩色久经剥落,远远望见一丛修竹,倒还茂盛。宝玉一想,说:"我自病时出园住在后边,一连几个月不准我到这里,瞬息荒凉。你看独有那几杆翠竹菁葱,这不是潇湘馆么!"

——第一〇八回《强欢笑蘅芜庆生辰　死缠绵潇湘闻鬼哭》

那天下午赫里内勒多·马尔克斯上校收到了奥雷里亚诺·布恩迪亚上校的电报。那是一次例行公事的谈话,没有为胶着的战局带来任何突破。谈话即将结束时,赫里内勒多·马尔克斯上校望着荒凉的街道、巴旦杏树上凝结的

水珠,感觉自己在孤独中迷失了。

"奥雷里亚诺,"他悲伤地敲下发报键,"马孔多在下雨。"

线路上一阵长久的沉默。忽然,机器上跳出奥雷里亚诺·布恩迪亚上校冷漠的电码。

"别犯傻了,赫里内勒多,"电码如是说道,"八月下雨很正常。"

——选自《百年孤独》

提示:这是两部书中很有震撼力的细节,此时无声胜有声,通过景物、心理、动作、语言描写,细致入微地表现出一种深入骨髓的孤独。这种孤独,只可意会不可言传。渗透在字里行间的孤独感透过文字,拨动了无数读者的心弦。

教后反思

毋庸置疑,《红楼梦》和《百年孤独》都是世界文学史上伟大的作品。作品开阔的视野、人世沧桑的变化、深邃的思想、触及灵魂的文字,深深地震撼着读者。贾府五代人,布恩迪亚家族七代人,从兴盛走向衰落,蕴含着深刻的社会内涵和思想内涵。本课在两部书的对比阅读中,强调了两部书的相似点,对于不同点没有涉及,今后可以引领学生再深入思考探究。

朝圣黄叶村
（代后记）

黄叶村是一个充满诗意又有些凄凉的名字，让人想起了杜甫的名句："雨中黄叶树，灯下白头人。"曹雪芹的朋友敦诚曾经寄诗曹雪芹："残羹冷炙有德色，不如著书黄叶村。""黄叶"二字，是在此栖身的文学大师曹雪芹落魄飘零的后半生的写照，又很契合《红楼梦》的悲凉意境。

总是怀着朝圣的虔敬心态去拜谒黄叶村。国家植物园的深处，掩映着历经沧桑的黄叶村。周围很安静，苍翠的古树，一两声鸟鸣，三三两两的游人，我沿着幽深的曲径，轻轻地走近，唯恐惊醒沉睡的大师，惊醒那个伟大瑰丽的梦。

一

循着指示牌，快步走向曹雪芹故居，一块引路石如同一位向导，静静地卧在路边，石上刻着曹雪芹的好友、爱新觉罗·敦诚《寄怀曹雪芹》诗的后四句："劝君莫弹食客铗，劝君莫扣富儿门。残羹冷炙有德色，不如著书黄叶村。"同是天涯沦落人，作为努尔哈赤第十二子英亲王爱新觉罗·阿济格的五世孙，敦敏、敦诚兄弟和曹雪芹交好，常有诗歌唱和。据史料记载，敦敏、敦诚兄弟可能在右翼宗学中和曹雪芹就有交集，兄弟二人仰慕曹雪芹的才华，敦敏曾这样抒发对曹雪芹的仰慕之情："爱君诗笔有才气，直追昌谷破篱樊。"盛赞曹雪芹的才华不逊于李商隐。君子之交淡如水，曹雪芹和友人们的交往不是以名利为意，而是真正的惺惺相惜，是精神世界的相通和共鸣。

覆盖着茅草的黄叶村的原木匾额还在，矮矮的栅栏式柴门还在。凝望了半晌，想起自己初次见到这个匾额的欣喜激动，乃瞻衡宇，载欣载奔，迫不及待地奔向自己心中的圣地，轻轻走进那扇柴门。

从地图上看，从我所居的海滨小城，到京城西郊香山脚下的黄叶村，直线距离仅七百多公里，在交通发达的今天并不遥远。而我，直到不惑之年，才第一次走进黄叶村。之前我曾数次到过京城，和一般进京旅游的人一样，穿梭于各大热门景点：爬长城，游故宫，观天安门，去恭王府，随着熙熙攘攘的人流走马观花，打卡留影，回来和亲友们高谈阔论一番。

母亲告诉我，植物园里面有曹雪芹故居，喜欢《红楼梦》的人，应该去看看。2011年,趁着去北京学习的机会,我去了心心念念的曹雪芹纪念馆。

进得柴门,迎面是一块汉白玉的碑刻,正面是启功先生的题字——曹雪芹纪念馆。石头的背面,是红学家胡文彬先生撰写的长文《曹雪芹纪念馆记》,胡老先生以古雅的文字记述了建馆经过及重大意义,结尾处以"旷古奇才,风骨犹在;传神文笔,光耀千秋"表达后人对曹公的敬仰。石头的形状很不规则,边缘处嶙峋的棱角,使这块石头有了与众不同的个性。曹雪芹一生对石头情有独钟,多才多艺的他喜欢画石头,画技炉火纯青,好友敦敏在《题芹圃画石诗》中有这样的句子:"傲骨如君世已奇,嶙峋更见此支离。醉余奋扫如椽笔,写出胸中块垒时。"

周敦颐在《爱莲说》中提到,晋陶渊明独爱菊,自李唐以来,世人甚爱牡丹,而他自己"独爱莲之出淤泥而不染";至南宋林逋"梅妻鹤子",写下了"疏影横斜水清浅,暗香浮动月黄昏"的千古佳句;对曹雪芹来说,质朴而坚硬的石头就是他的"心头爱"了。他在宣纸上画石头的形与神,在《红楼梦》中书写石头的前世今生。想起了大荒山无稽崖青埂峰下的那块顽石,无材补天,只能在荒郊野外日夜悲号,被茫茫大士、渺渺真人点化,变成了一块扇坠大小晶莹剔透的美玉,随贾宝玉来到昌明隆盛之邦、诗书簪缨之族、花柳繁华地、温柔富贵乡中,历尽悲欢离合,惯看世态炎凉,最后又回到了原地,将幻形入世的前尘往事刻于石上,名曰《石头记》,书名几经改动,后人定为《红楼梦》。

这块石头神秘浪漫而孤独,它已具灵性,凡心偶炽,渴望人世间的烟火气息。它随着主人贾宝玉一起经历了刻骨铭心的爱情,从一见钟情、似曾相识,到猜疑含酸、赌气闹心,从静玉生香、共读西厢,到蜂腰桥表白心迹,赠旧手帕传情,从宝黛两情相悦到林黛玉焚稿断痴情,从走进科场了却心愿,到大彻大悟了断尘缘,"通灵宝玉"看到了"木石前盟"的缠绵悱恻、荡气回肠。它随贾宝玉经历了兴衰荣辱,世态炎凉,从烈火烹油鲜花着锦的鼎盛时期到元妃省亲的中兴奢华,从秦可卿冠盖如云的盛大葬礼到中秋佳节的门庭凋零,从海棠花期异常到贾宝玉神秘失玉,从贾府被抄家到沐皇恩延世泽,"通灵宝玉"虽口不能言,却见证了名门望族的宿命轮回。青埂峰下,它迫不及待地跳入滚滚红尘,体验人世间的欢乐浮华,对二位仙师的忠告置若罔闻;而今亲身经历了一番沧桑,才终于领悟了茫茫大士、渺渺真人的一番箴言:美中不足,好事多磨,乐极悲生,人非物换,万境归空。

貌不惊人的一块顽石,从仙界来到人世间,从最初的执念到最终的了悟,它的身上闪耀着浪漫、哲思和慈悲的色彩。这块石头,是曹公思想和灵魂的结晶,斯人已逝,顽石不朽。曹公有着顽石的傲骨和坚韧,幼年锦衣玉食,十三岁家道中落,从富贵荣华的顶端跌入穷困潦倒的谷底,曹公没有卑躬屈膝,不屑曲意逢迎,即使是在黄叶村里过着"满径蓬蒿老不华,举家食粥酒常赊"的落魄日子,风骨也从未改变,尊严也从未失去。敦城曾在《佩刀质酒歌》中这样赞颂曹公的气节:"知君诗胆昔如铁,堪与刀颖交寒光。"生不逢时,曹公凭一身诗胆,与贫穷交锋,与苦难交锋,与权势交锋,与世俗交锋,用酒和诗来对抗现实的雨雪风霜。儿子因瘟疫在万家团圆的中秋之夜夭折,他的精神世界轰然倒塌。除夕夜,在这个除旧迎新的日子里,四十八岁的曹公溘然而逝。朋友敦城悲叹:"四十萧然太瘦生,晓风昨日拂旌铭。"所幸"开箧犹存冰雪文",曹公冰雪一样真情纯粹的文字,源于冰清玉洁的人格情操!

忘不了"木石前盟",忘不了西方灵河岸边的三生石畔,是这块神秘浪漫的三生石,见证了宝黛二人的"三世情缘"。柔弱的绛珠仙草,受益于神瑛侍者的甘露之惠,得以延续生命,后来修行成绛珠仙子,决心随神瑛侍者下凡,以自己的眼泪报答神瑛侍者的灌溉之恩,二人投胎于世间,开启了宝黛二人凄美的爱情之旅。前世的记忆早已模糊,今生相见时的怦然心动,可是前世情缘的延续?柔弱多情的绛珠仙子,毅然决然来到这个"风刀霜剑严相逼"的世界,只为追随一份坚贞不渝的承诺,一份纯洁无瑕的痴情。从扬州乘舟而来,一苇飘零,寄人篱下,所幸辛酸中遇见爱情,可是爱情中又暗含着无数的苦涩,正如《牡丹亭》中杜丽娘的唱词:"这般花花草草由人恋,生生死死遂人愿,便酸酸楚楚无人怨。"

《红楼梦》与石头有着不解之缘,源于曹公对石头的痴爱,他爱石,画石,写石,知石,悟石,赋予它情感,灵性,浪漫,悲悯,永恒,历经沧桑不改本色,闲看风云默然无言,所有的经历沉淀成坚硬的躯体,所有的情感蜿蜒成细腻的纹理。曹公以他的如椽大笔、坎坷经历、绝世才华,淬炼出这块亘古流芳的石头。

二

黄叶村最大的看点是"题壁诗",这是在此地建"曹雪芹纪念馆"的关键性因素。世间总有那么多偶然和巧合,让许多苦苦寻觅的问题有了答案,"题壁诗"的横空出世亦是如此。1971年4月的一天,居住在北京香山西郊正白旗39号院的退休教师舒成勋的夫人在打扫屋子时,不小心碰破了一块墙皮,令她惊讶的是,墙皮脱落的地方居然有字。舒夫人试着揭开墙皮,越来越多的字呈现出来,有排成扇形的,有排成菱形的,长短不一,形状各异。此事引起了轰动,经过文物专家、笔迹专家、红学家和清代旗人后代的鉴定互证,专家初步认定这里就是曹雪芹晚年写作《红楼梦》的地方。

2011年和2014年我去参观时,写有"题壁诗"的屋子还对外开放。斑驳的墙面上,排列着诗词对联,居于中间位置的是一副菱形对联:远富近贫以礼相交天下少,疏亲慢友因财而散世间多。尽管有人对"题壁诗"是曹雪芹及友人所作的结论持怀疑态度,但读到这副对联的时候,我还是觉得它很契合《红楼梦》中作者的深切感悟。《红楼梦》是一部世情小说,关于世态炎凉的描述和感悟,在小说中比比皆是。如贾巧姐的判词中这样写:"势败休云贵,家亡莫论亲。"贾府被抄,人人自危,王熙凤病亡,女儿贾巧姐被狠舅奸兄卖到青楼,多亏刘姥姥仗义相救,贾巧姐才幸免于难。想当年,王熙凤当权荣国府,呼风唤雨,权倾一时,亲友下人争相阿谀攀附;及至势败,亲生女儿差点儿流落青楼,世事无常,令人唏嘘嗟叹!《红楼梦》开篇甄士隐所解的《好了歌》更是一针见血:陋室空巷,当年笏满床;衰草枯杨,曾为歌舞场。蛛丝儿结满雕梁,绿纱今又糊在蓬窗上……

这面墙壁,犹如一面镜子,照出了世态炎凉,照出了曹公高贵的人格。在世态炎凉和贫穷落魄中,曹公依然怀瑾握瑜,放诞诗酒,傲骨铮铮,呕心沥血,批阅十载,增删五次,字字泣血,哭成此书,泪尽而逝。纪念馆内曹雪芹的雕像有两处,一处是在院子里的一丛竹子前面,曹公坐于凳上,矫首远观,身体前倾,须髯飘洒,桀骜中有悲愤,悲愤中蕴藏着读书人的浩然之气。另一处是在故居的屋内,半身的铜雕像,曹公若有所思,目光深邃,神态安详悲悯。我第一次看见这尊雕像的时候,心潮起伏,热泪盈眶。这份感动跨越了时空,五味杂陈:是终于见到文学巨匠的激动,是对他卓越文学成就的敬仰,是为他坎坷一生英年早逝而痛心,是对他在沦落中依然关心百姓疾苦的古道热肠的钦佩,是为命运待他如此不公而不平……杜甫曾在《天末怀李白》写道:文章憎命达,魑魅喜人过。看来杜老所言不虚,那些杰出人物,大多经历了非常之事,才成就了非凡人生。

曹公故居的墙壁上诗联生辉,曹公的《红楼梦》里何尝不是一个诗意的理想世界?前八十回中,诗意盎然,处处是诗一样的语言,诗一样的意境,诗一样的生活。太虚幻境,警幻仙子惊艳亮相,一首《警幻仙子赋》堪比《洛神赋》,纤腰之楚楚兮,回风舞雪;珠翠之辉辉兮,满额鹅黄。出没花间兮,宜嗔宜喜;徘徊池上兮,若飞若扬;薄命司中,春恨秋悲皆自惹,花容月貌为谁妍?"金陵十二钗"的判词曲子,预示着宿命轮回,千红一哭,万艳同悲;元妃省亲,众姊妹奉旨写诗,"一畦春韭绿,十里稻花香",以清新之笔,描绘了大观园稻香村的田园风光;沁芳闸桥边,落红阵阵,一曲《葬花词》,缠绵悱恻,哀婉凄美,花谢花飞飞满天,红消香断有谁怜?贾探春发起海棠诗社,《咏白海棠》诗句精彩纷呈,"偷来梨蕊三分白,借得梅花一缕魂""淡极始知花更艳,愁多焉得玉无痕";蘅芜苑夜拟菊花题,林黛玉力压群芳,在菊花社夺魁,"孤标傲世偕谁隐,一样花开为底迟";即使是吃个螃蟹,薛宝钗也写出了"眼前道路无经纬,皮里春秋空黑黄"的食蟹绝唱,更不必说大观园试才题对额,逢年过节行酒令,听戏曲,品笛声,赏雪联诗,中秋联句,元宵节制灯谜,重建桃花社,偶填柳絮词,闲征姽婳词,杜撰芙蓉诔……诗词曲赋,洋洋洒洒,信手拈来,连缀起跌宕起伏的情节,书写着红楼世界的悲欢离合……

三

每次去黄叶村,都是怀着一颗朝圣者的虔诚之心,走向心中的圣地——曹雪芹纪念馆,那是精神的故乡。茅草覆盖的匾额,似乎在翘首眺望风尘仆仆的参观者,以朴实包容的姿态迎接着来来往往的过客。纪念馆门口的三棵古槐,茂密苍劲,据说树龄有三四百年。历史上对曹雪芹的记载极少,正因如此,围绕着曹雪芹和《红楼梦》,出现了那么多争议和未解之谜。这三棵古槐是沉默的智者,一直默默地守护着这座院落,它们应该知道很多真相吧。夕阳下,一阵风吹过,槐树叶子轻吟浅唱,如同一首轻柔而忧伤的曲子。

小时候,从出门在外的舅舅嘴里得知"红楼梦"三个字,莫名喜欢,比起大人们挂在嘴边的《三国演义》《水浒传》《西游记》,这三个字别具韵味。细细咀嚼,朦胧中笼罩着一种古典、富贵、梦幻的气息,没有刀光剑影,没有鼓角争鸣,就像一朵轻云倏然飘过,像一缕花香悄然袭来,像水面一圈涟漪无声荡起,这三个字,就轻轻地栖息在心头,再也没有离开。

那时我对《红楼梦》中的卿卿我我并不感兴趣,吸引我的是一种高雅、精致、富有诗意的生活。民以食为天,光是精美的饮食已让我叹为观止、垂涎三尺了。当我们顿顿吃着大碗大盆的白菜萝卜炖粉条的时候,贾府那里有用了好几只鸡、无数的佐料和繁杂工序烹制成的"茄鲞";贾宝玉挨打以后,王熙凤命令厨房做了繁复精致的荷叶羹;还有盐炒枸杞芽、糖蒸酥酪、豆腐皮的包子,用白色缠丝玛瑙盘子盛着的荔枝……这些美食无一不刺激着我的味蕾,令人心向往之。当我们玩泥巴、堆雪人、捉迷藏、丢手绢的时候,和我们年龄相仿的贾府众姊妹在赏花,赏雪,赏月,作诗,品茶,听戏;我们的房子没有特别的名字,就是一个热闹杂乱的家,而她们的居所都有一个诗情画意的名字,潇湘馆、蘅芜苑、秋爽斋、稻香村,陈设雅致,各具特色……再一次打开《红楼梦》已是考入鲁东大学(原烟台师范学院)中文系之后了,那时老师要求认真阅读《红楼梦》且要写赏析,我如同听仙乐如饮甘醴般喜不自禁,终于可以名正言顺地看了!粗略一算,时间已过去了六年,从初中到大学,阔别数载,情缘未断,兜兜转转还是又遇见了它。

我特地去新华书店买了一套崭新的《红楼梦》,包上书皮,买了一个配得上它的精美的笔记本,工工整整地摘抄,认认真真地赏析,一个学期写满厚厚一大本。大学时的班主任贺雪飞教授,师承红学泰斗蔡义江先生,经常在课堂上给我们讲蔡先生的学术成就,激励我们潜心求学;我的古代文学老师的督促,圆了我多年的梦,又开启了我的另一个梦;大学老师于冬云教授,讲授外国文学,我当时是她的课代表,她的博学和敬业令我钦佩,她的真知灼见令我至今受益。

参加工作,先教初中语文,业余时间自己又细读《红楼梦》,自我感觉比大学时领悟又深了些。后来教高中,发现课本中有《林黛玉进贾府》一文,眼前一亮,有种他乡遇故知的惊喜。高一讲记叙文写作,学生一筹莫展,我到处找范文,但那些范文,总觉得有些矫揉造作:人物形象模式化,没有个性,缺少触动人心的力量。

周二下午的作文连堂课,我站在讲台上,脑子里展开了激烈的思想斗争:是讲解那些俗烂的范文让学生照葫芦画瓢,还是选取新材料激发学生写出清新真实的文章?我蓦然想起了《红楼梦》,这部伟大的小说,不就是写作的极好范本?那些性格鲜明独一无二的人物,波澜不惊丝丝入扣的情节,典型细致的环境描写,就是学习写作的宝库。那节课,我凭着记忆,讲《林黛玉进贾府》的人物塑造,学生听得如痴如醉,练笔的文章中佳作迭出。课后,学生意犹未尽,我答应学生每周阅读课赏析《红楼梦》。

应该是从那时算起吧,我和学生开始了朝圣之路。没有原著,我就打印校对经典章节,拜读周汝昌先生、蔡义江先生、冯其庸先生、李希凡先生、吕启祥先生、马瑞芳教授、詹丹教授、欧丽娟教授、张传芳教授等红学大家的著作,博采各家之长,学习语文界同行的经验,提升自己的水平。每周的阅读课,成了学生们最期盼的一节课。有一次,我忘了拿办公室钥匙,备课本拿不出来,我想临时改变计划,学生一再恳求,我只好临场发挥。下课铃响,学生的掌声经久不息。看着学生真诚的笑脸和敬佩的目光,我真切地感受到了这份平凡琐碎的职业带来的幸福。

也有不和谐的声音,特别是几个男生,痴迷三国和水浒,对《红楼梦》的儿女情长不屑一顾。我就将四大名著中的人物描写、情节设计、艺术手法进行对照。在对照赏析中,开阔了学生的视野,个别不屑一顾的男生也开始转变了看法。

烟台四中的领导和同事们的鼓励和支持给了我巨大的动力。烟台市高中语文教研员杨振贤老师和原芝罘区高中语文教研员林春龙老师多年来给予我很多卓有成效的指导。我们成立了教师和学生红学社,在学校领导的支持下,李海峰主任组织我们开展各种活动,在校刊开辟"红楼心语"专栏,邀请名家来校进行红学讲座,《红楼梦》导读成了我们学校的靓丽名片。

四

"女同志写书不容易,你是不是经常夜里写?"在写作学会年会间隙,德高望重的王景科教授得知我写了一本关于《红楼梦》导读的书,轻轻地问我。我一时不知该怎么回答,使劲点了点头。我蓦然想起自己在那台老态龙钟的电脑前一边思考、一边打字的无数个深夜,那是真正属于自己的宝贵时间。偶尔抬头,喧嚣落幕,灯火阑珊。唯愿时光驻足,可以在红楼世界里尽情徜徉流连。

"板凳一坐十年冷,文章不写半句空。在胶东,有这样一群人,他们几十年如一日,解衣磅礴,在文学的苑囿中耕种,细数发现,也会多收了三五斗。像这样的写家:青岛有楚成东、孙秉伟诸先生;烟台有吴亮汝、北芳、牟民等民间创作者;威海有赛自泉、石志新、张华荣、徐承彬、王茂忠等文友;潍坊有王振国、张兆新、冯矶法等写家……。中国散文学会会员、胶东作家曲永辉,站立讲台三十年,初心不改,芳心依旧,深研红楼的义理、文辞和典章,足不履闹市,身不界俗尘,以一己之力,终于育成了《〈红楼梦〉导读序列化实践探索》一书,在本年度的山东省写作学会第二十三次学术年会上荣获'优秀研究成果一等奖'。""冰心散文奖"获得者、山东省写作学会副会长焦红军先生在我的书获奖后如是评价。惭愧之余,深为感动。

写《〈红楼梦〉导读序列化实践探索》一书,是为了传达《红楼梦》中的诗意。书中的诗词歌赋灿若星辰,琳琅满目,如同散落的珍珠。犹记元妃省亲,元宵之夜众姊妹各展诗才,林黛玉一首《杏帘在望》脱颖而出,"一畦春韭绿,十里稻花香",清新安谧的田园风光令人心生向往;海棠触发雅兴,偶结诗社,"偷得梨蕊三分白,借得梅花一缕魂",别出心裁,尽显玲珑心意;丹桂飘香,果香菊黄,"孤标傲世偕谁隐,一样花开为底迟",如一声慷慨徵响,字字撞击着心灵,"寒塘渡鹤影,冷月葬花魂",中秋之夜,史湘云、林黛玉联诗,明月朗照,诗情勃发,佳句迭出。书中的诗词歌赋,正如林黛玉《咏菊》诗中所言:笔端蕴秀临霜写,口齿噙香对月吟。

《红楼梦》中诗意的场景同样令人难以忘怀,宝黛共读《西厢记》,懵懂小儿女真真假假的试探,跃然纸上;史湘云醉眠,卧于芍药裀憨态可掬,让人心生怜爱;林黛玉葬花,红消香断,且歌且泣,悲情绝唱,流传至今。身处男尊女卑的封建社会,作者诗意的理想令人动容,"女儿是水作的骨肉",却也受尽命运的搓磨,唯有大观园是青春自由的世界,唯有贾宝玉是惜花解语之人。"悲凉之雾,遍被华林,然呼吸而领会者,独宝玉而已。"集万千宠爱于一身的怡红公子,为林黛玉解忧,请香菱换裙,助平儿理妆,任晴雯撕扇,为贾迎春悲吟，赞娓婳将军，祭刚烈金钏，悼芙蓉仙子，被脂砚斋称之为"情不情"，他的博爱，为挣扎在悲剧漩涡的女儿们带来一丝光亮和温暖。

写《〈红楼梦〉导读序列化实践探索》一书，是为了观照当下的人生，感悟生活的智慧。《红楼梦》是一出大悲剧，它既是封建社会的百科全书，亦是滚滚红尘的浮世缩影。生命的无常无奈，人生的失意失落，在字里行间表现得淋漓尽致。一曲《好了歌》，道尽人生的虚无；一副太虚幻境联，洞察了生存的智慧。赫赫扬扬的豪门贾府，从烈火烹油鲜花着锦到抄家治罪家业凋零，忽丽忽朽，兴亡一瞬，堪堪百年。锦衣玉食的公子小姐，转眼沦为阶下囚、青楼女、古庙尼。我们寄身尘世，凡夫俗子，偶遇沟壑，何足为奇？贾府史老太君，阅尽人世沧桑，经历过繁华，目睹了没落，贾府抄家之后，她散尽余资，处变不惊："大凡一个人，有也罢，没也罢，总要受得富贵耐得贫贱才好。"罗曼·罗兰说："世界上只有一种英雄主义，就是认清生活真相之后依然热爱生活。"当我们越过命运的惊涛骇浪、暗礁险滩，依然拿起笔，书写"千磨万击还坚劲"的昂扬旋律，书写"也无风雨也无晴"的从容心态，书写"行至水穷处，坐看云起时"的生命感悟，我们的人生，和我们的文章一样，在时光里沉淀成厚重，在文字里升华成永恒。

"她已经是专家了！"山东省写作学会会长韩品玉教授看到我的书后，热情地鼓励我。在我的心目中，"专家"是屹立于学术巅峰的大家，是我仰望的泰山北斗。他们是我从懂事起就一直佩服的人，是睥睨世间的"无冕之王"。他们在智慧的王国里开疆拓土，将文化的种子撒遍人间。他们是《诗经》里摇着木铎行走于田间的采诗官，是衣袂飘飘指点江山挥洒才情的文人墨客，是苦心孤诣、目不窥园、孤独前行的文化拓荒者……而我，只是一个仰望高山、仰望星辰的普通人，一入红楼，消磨半生。小时候，向往大观园少女们观花赏月、听曲作赋的诗酒年华，喜欢书中清雅隽永的文字；长大后，羡慕缠绵悱恻荡气回肠的美好情感；如今人到中年，耳闻目睹无数悲欢离合，安心接受了命运的诸多安排，蓦然醒悟，上至权倾朝野的诗书簪缨之族，下至为稻粱谋、行色匆匆的芸芸众生，都无一例外面临着人生困境和生死轮回。修炼一颗平常心，一颗悲悯心，一颗出尘心，才能助我们于困境中突围；书写充满真情的文字，才能安顿我们疲惫不堪、伤痕累累的心灵。

"永辉，加油！"来自亲人、恩师、领导、同事、朋友的鼓励，使我一次又一次在时间的缝隙里驻足，一遍又一遍地品味字里行间的深意，零零碎碎地写下自己的感悟。从小学四五年级在被窝里偷看《红楼梦》算起，四十年的光阴悄然流过。我的大学班主任贺雪飞教授，师承红学泰斗蔡义江先生，在治学和做人方面给予我很多有益的教诲和鼓励。我常常捧读蔡先生的《〈红楼梦〉

诗词曲赋鉴赏》《蔡义江新评〈红楼梦〉》，收获颇丰。皇皇巨著，薪火相传，冥冥之中的缘分，让我在研究的路上更加笃定。十余年不停地讲述，喜欢《红楼梦》的学生渐渐多起来；十余年不停地书写，属于自己的文字慢慢多起来。时光不虚，功不唐捐，终于写成了这本书，以此致敬伟大的曹公，致敬我的诸位恩师，致敬所有指导我、帮助我、支持我、关心我、鼓励我的人，致敬所有热爱文字的同行者。

　　时光酿酒，余味成花。爱"红楼"，爱文学，在道路的两旁，随时播种，随时开花。穿枝拂叶，脚踏荆棘，却不觉痛苦；心有所爱，有泪可落，却不是悲凉。

　　读《红楼梦》有什么用？经常有人问这个问题。老子在《道德经》中这样说："三十辐共一毂，当其无，有车之用。埏埴以为器，当其无，有器之用。凿户牖以为室，当其无，有室之用。故有之以为利，无之以为用。"简而言之，看似无用的东西反而有大用。正如作家三毛所说："读书多了，容颜自然改变。许多时候，自己可能以为许多看过的书籍都成过眼烟云，不复记忆，其实他们仍是潜在的。在气质里，在谈吐上，在胸襟的无涯。当然，也可能显露在生活和文字中。"当我们怀着纯粹的心去阅读，去体会，那种只可意会不可言传的欣喜，是最丰厚的馈赠和最美好的收获吧。

　　匍匐在朝圣的道路上，一叩一拜。放下身段，亲近文字，灵魂更加充实；昂起头颅，追寻美好，前路更加光明。以虔诚纯粹之心，朝圣黄叶村，朝圣文学的殿堂，朝圣那些伟大的思想和高贵的灵魂。

　　衷心感谢我的家人和求学生涯中为我传道、授业、解惑的诸位恩师！衷心感谢和感恩烟台四中所有关心、帮助、支持我的学校领导、老师、语文组的同事和亲朋好友！在我开展《红楼梦》导读的十余年中，学校的各位领导、老师都十分热情地支持我。林奎兴书记红学造诣深厚，给了我很多切实的指导和帮助；李豫威校长、田淑萍老师帮忙联系其恩师红学家张春树先生、蔡红柳老师，邀请楹联家贺宗仪先生、红学家李士彪教授来校进行红学讲座；学校的各位领导热情指导、支持我和徒弟张丽娜老师、王珊珊老师开展红学社的各项活动。烟台市高中语文教研员杨振贤老师、原芝罘区高中语文教研员林春龙老师多次亲临课堂，精心指导《红楼梦》整本书教学。烟台市县区高中语文教研员蔡青培老师、于福楠老师、周风林老师、成宝东老师、刘志州老师、王迎立老师、王涛老师、姜雪英老师、阮永欣老师，同仁李红梅老师、姚红梅老师、孙忠华老师、李丽芳老师、王小丽老师、王丽萍老师，重庆市巫山县高中语文教研员邹小平老师，都给予我热情的鼓励和帮助，学生和家长朋友们也给予我足够的理解和支持，这些温暖的力量激励我不断前行。

　　近年来，我在进行《红楼梦》导读的同时尝试散文写作，山东省写作学会名誉会长王景科教授,会长韩品玉教授,"冰心散文奖"获得者、著名评论家焦红军先生悉心指导,大力助推,文友们热情鼓励,使我的散文写作和《红楼梦》研究有了些许进步。我的高中班主任战农刚老师、肖岩老师、周爱萍老师,大学班主任贺雪飞教授、于冬云教授,以及同学和好友王诗龙先生、杨强先生、李秀英女士、王玉兰女士、赵福先生和文友们,都给了我热情鼓励,给了我坚持写下去的信心和勇气。在选题、成书的过程中,孙文中先生、高建华编辑、朱纪寒编辑、刘平娟编辑、任玉梅编辑、贺淼老师精心策划,不厌其烦,为本书倾注了大量的心血。高中语文组的同事们、同行好友梁绩科老师、成宝东老师、王春海先生、陈燕琴女士、李爱莉女士、邢芳老师、尹雪莹老师、学生倪希璐为我提供了诸多宝贵的资料和技术支持,学生许星星、许洋洋、孙茂宁、肖正康、张轩、沈兴宇、马小健、姬铭霞、白露行、王旭健、黄子铭得知我出书的消息,欣然提笔,写下自己阅读《红楼梦》的感悟。还有诸多关心我、鼓励我的良师益友,他们一直默默关注我,无私帮助我,每念及此,感激不尽,暖意盈怀。因为有你们的支持和厚爱,才有这本近三十万字的书。

是为后记。

参考文献

[1] 曹雪芹,无名氏.红楼梦[M].北京:人民文学出版社,2008.

[2] 曹雪芹,脂砚斋,吴铭恩.《红楼梦》脂评汇校本[M].北京:清华大学出版社,2019.

[3] 曹雪芹.脂砚斋重评《石头记》(庚辰本)[M].天津:天津古籍出版社,2013.

[4] 鲁迅.中国小说史略[M].北京:民主与建设出版社,2015.

[5] 周汝昌.泣血红楼曹雪芹[M].香港:作家出版社,2020.

[6] 蔡义江.《红楼梦》诗词曲赋鉴赏(修订重排本)[M].北京:中华书局,2004.

[7] 王昆仑.《红楼梦》人物论[M].北京:北京出版社,2011.

[8] 马瑞芳.马瑞芳品读《红楼梦》[M].南昌:江西人民出版社,2018.

[9] 余英时.余英时文集[M].桂林:广西师范大学出版社,2014.

[10] 刘心武.刘心武揭秘《红楼梦》[M].香港:作家出版社,2021.

[11] 蒋勋.蒋勋细说《红楼梦》[M].北京:中信出版社,2021.

[12] 欧丽娟.大观红楼[M].北京:北京大学出版社,2017.

[13] 严中.《红楼梦》与南京[M].南京:南京曹雪芹纪念馆,2005.

[14] 张春树.解读《红楼梦》[M].北京:诗联文化出版社有限公司,2006.

[15] 马瑞芳.《红楼梦》风情谭[M].北京:商务印书馆,2013.

[16] 余党绪.《红楼梦》整本书阅读课例研究[M].上海:上海教育出版社,2023.

[17] 吕启祥.红楼梦寻——吕启祥论《红楼梦》[M].北京:文化艺术出版社,2005.

[18] 余党绪.走向理性与清明——整本书阅读之思辨读写[M].上海:上海教育出版社,2009.

[19] 吴欣歆.培养真正的阅读者——整本书阅读之理论基础[M].上海:上海教育出版社,2019.

[20] 李煜晖.探索和发现的旅程——整本书阅读之专题教学[M].上海:上海教育出版社,2019.

[21] 加西亚·马尔克斯.百年孤独[M].海口:南海出版社,2017.